La Covid-19
en République démocratique
du Congo

Défis et perspectives

Sous la direction
de Léon Matangila Musadila

La Covid-19 en République démocratique du Congo

Défis et perspectives

Préface de Monseigneur Tharcisse Tshibangu Tshishiku,
Chancelier-Président du Conseil d'administration
des Universités publiques de la République démocratique du Congo

L'Harmattan

5-7, rue de l'École-Polytechnique – 75005 Paris

www.editions-harmattan.fr

ISBN :978-2-343-22348-3
EAN :9782343223483

Dédicace

A Son Excellence Monseigneur Tharcisse TSHIBANGU Tshishiku, pour le spécial cinquantenaire d'une double mission au service de l'Eglise et de la société : « Comment rendre grâce au Seigneur pour tous ses bienfaits : j'élèverai la coupe du salut, j'invoquerai le Nom du Seigneur » (Ps 115,12-13).

Aux célébrités qui constituent le mémorial de la Faculté des Lettres et Sciences Humaines de l'Université de Kinshasa en République Démocratique du Congo pour leur exemplarité de vie, leur contribution scientifique et historique pour le rayonnement de notre pays. Ils ont marqué la communauté nationale et internationale de leurs emprunts indélébiles : Georges Ngal, Yves Mudimbe, Paulin Hountondji, Isidore Ndaywel, Elikia M'Bokolo, Ignace -MarcelTshiamalengaNtumba, Léon de Saint Moulin, Jean Kinyongo,MarcelKadima, Albert Mbulamoko, Julien Kilanga, Pius Ngandu Nkashama, Elizabeth Mudimbe-Boy, Alexis Takizala, Daniel Gambembo FumuwaUtadi, Willy Bal, Victor-Paul Bol etHubert Sylvestre.

Léon MATANGILA Musadila

Remerciements

Cet ouvrage collectif est le couronnement de l'œuvre de la renaissance et de la restauration de la Faculté des Lettres et Sciences Humaines de l'Université Kinshasa en République Démocratique du Congo dont j'ai eu la charge comme Doyen, cinq années durant, de septembre 2015 à septembre 2020. Seulement, de décembre 2019 au 25 septembre 2020, date de la remise et reprise avec mon successeur, l'université a connu une cessation des activités, suite au soulèvement des étudiants, à la grève des enseignants et à la crise sanitaire liée à la pandémie de la Covid-19. Ainsi, mon mandat au décanat a duré quatre années au lieu de cinq. C'est avec enthousiasme que je dis toute ma gratitude aux auteurs des riches contributions de ce volume.

Ma reconnaissance aux collègues qui ont constitué le bureau décanal avec moi et qui ont consenti des sacrifices et des privations pour faire de ce mandat un véritable apostolat légendaire et énigmatique qui a permis de changer le regard sur notre Faculté autant par son rayonnement que par sa véritable renaissance, devenue une référence : les Professeurs Muswaswa, Vice-Doyen à l'Enseignement, Eugène Bitende, Vice-Doyen à la Recherche et Mundeke, Secrétaire Académique Facultaire.

Mes remerciements aux personnalités qui ont porté haut l'œuvre grandiose de la renaissance de notre Faculté : Monseigneur Tharcisse TSHIBANGU Tshishiku, Monseigneur Jean-Pierre Kwambamba, les Ministres honoraires et Professeurs Emile Bongeli, Omer KutumisaKyota, Théophile Mbemba, les recteurs honoraires et professeurs Jean Berkmans Labana Lasay Abar, Bernard Lututala Mampasi, Josaphat Ndelo-di-Phanzu, Léonard Santedi, Michel Kika, Prince Kaumba Lufundu, les professeurs Barnabé Kikaya Bin Karubi, Isidore Ndaywel è Nziem, Elikia M'Bokolo, Crispin Maalu Bungi, Clément Mwabila Malela, Boniface Kabanda Matanda.

Je n'oublie pas le cercle des collègues qui ont constitué l'ossature pour la relance de notre Faculté, chacun selon son génie propre. Tous ont contribué, d'une manière ou d'une autre, à nous déterminer dans l'accomplissement de cette œuvre grandiose de la renaissance et de la restauration de notre Faculté, dans un esprit d'apostolat, de bénévolat, d'abnégation et de générosité pour les générations futures. Je pense particulièrement aux Professeurs Nsuka, Mukash, Bertin Makolo, Jean Marie Mutamba, Charles Mayola, Octave Kamwiziku Wozol, Robert Lemba, Jean-Christ Kinanga, Alex Mpoy, Jean

Malaud Mbongompasi, Rogatien Ondin, Fulgence Mungenga Kawanda, Charles Mbadu, Ilunga Casimir, Ilunga Baby, Ernest Kiangu Sindani, Raymond Sangabau, Gerry Mpereng, Lydie Mumbembe, Bob Bobutaka Bateko Botako-Babo, Alphonse Mbuyamba, Rombaud Mimbu, Pierre Sungi Mawanda, Babongisila, Tshund'Olela, Pierre Ngila Bompeti, Gilbert Mubangi Bet'u Kany, Phoba, Camille Sesep N'Sial, Nyembwe, Barthélémy Pangadjanga, Kasoro, Shelo, Willy Bongo-Pasi Moke Sangol, Célestin Ngabala, Paul Tete, Nziakwawi, Frédéric Mawoso, Kwetukadila, Ngamate, Kutangila, Evariste Kasongo, Elie Ngoma-Binda, Nkwasa, Jacques Ngangala, Jacob Sabakinu, Serufuri, Noël Obotela, Mathieu Abata, Jean Nsonsa, Majambo, Gabriel Kwambamba, Michel Balabala, Thierry Nlandu, Jean-Baudouin MokohaMonga-Adogo, Buendwa, Paulin Manwelo, Mpay Kemboly , Macaire Abe, Nzege, Michel Mbambi, Benoît Okolo,, Père Ndembe, Yengo, Mbunda, Etienne Tshimanga, Musey,Ndoma, Mbolokala Imbuli, Pierre Mutunda, Mukuna, Martin Kuzenzama, Jean Kinyongo, Raymond Mutuza Kabe, Ngweshia, Vicky Elongo, Gaspard Okitadjonga Onyikoy, Kiyulu, Pamphile Mabiala Mantuba, Matumele, Ngwaba, Dieudonné Tebangasa Apala, Kiyulu, Munkiem, Jean-Francis Photios Kipambala Mvudi, Félicien Munday, Jean-Barnabé Milala Lungala, Julien Mbwangi, Côme Khonde, Gisèle Towa, Jean Malekani, Tshudi, Kutangila, Val Masamba, Charles Sikitele Gize a Sumbula, Mumbansa, Lino Pungi, Marie-Claire Mukwasa Gipela, Jean-Vincent Ndzia Likombe, Jean-Didace Diama a Kiboba, Bruno Lapika Alexis Matangila, Léon Matangila, Le Doyen Honoraire de la Faculté de Médecine Jean Marie Kayembe et tous les membres du corps académique dont les noms ne sont pas rerpis sur cette liste .

Je dis toute ma gratitude aux étudiantes et aux étudiants, aux membres des corps scientifique et administratif de la Faculté des Lettres et Sciences humaines qui ont partagé notre quotidien et qui ont été au centre de nos préoccupations pour leur formation humaine, scientifique et intelletuelle...

Je ne dirais jamais assez toute ma gratitude aux acteurs majeurs de la renaissance et de la restauration de la Faculté des Lettres et Sciences Humaines de l'Université de Kinshasa en République Démocratique du Congo. Ces femmes et ces hommes ont consenti de passer cinq années d'apostolat au service de la communauté et des générations futures, avec abnégations et sacrifices. Je leur dis bravo et merci infiniment : Papa Yela, Secrétaire Administratif Facultaire ; Maman Cécile Moyomoyo, Intendante ; Jean Paul Koth, Célestin Kabula, Alphonse Makanda, Dieudonné Tshimanga, José Kasanzi, Assistant Principal, Dominique Iyiya, Eliézer Mayu Makusi, Secrétaireet Maman Matangila Mikubu Justine.

Merci affectueusement à toutes les femmes et à tous les hommes de bonne volontéqui nous ont apporté le meilleur d'eux-mêmes par les conseils, les encouragements etles divers soutiens dans la réalisation de cette œuvre inédite de la renaissance et de la restauration de la Faculté des Lettres et Sciences Humaines de l'Université de Kinshasa en République Démocratique du Congo, dans un contexte inédit.

Léon MATANGILA Musadila
Professeur des Universités
Professeur de Philosophie
Doyen Honoraire de la Faculté des Lettres et Sciences Humaines
Université de Kinshasa/ République Démocratique du Congo
Directeur de L'Harmattan R.D.Congo

Préface

La COVID-19 en République Démocratique du Congo
Défis et perspectives

La Faculté des Lettres et Sciences Humaines de l'Université de Kinshasa, sous la Direction de son Doyen, le Professeur Léon MATANGILA, a pris la louable et heureuse initiativede convier des chercheurs et penseurs qualifiésà apporter des contributions pertinenteset complémentaires par l'interdisciplinaritéà l'analyse des différents éléments et facteurs de la situation encore en cours dans notre Pays, la RDC, de la pandémie, dénommée COVID-19, actuellement répandue sur tous les continents de la planète.

C'est sans hésitation et avec enthousiasme que j'ai répondu à l'appel du Doyen de la Faculté des Lettres et Sciences Humainesqui m'a demandé de préfacer l'ouvrage collectif des chercheurs et enseignants de la Faculté dont le titre est *La République Démocratique du Congo face au COVID-19.*

Les textes des contributions sont regroupés en quatre axes.

1. Le premier axe porte sur l'historique qui jette un éclairage sur les leçons d'ensemble à tirer de différentes épidémies et pandémies vécues dans l'histoire du Congo.
2. Le second axe est consacré auxdifférents aspects du traitement en cours de la pandémie : pathologie, thérapie et questions éthiques.
3. Le troisième axe formule des réflexions utiles et des recommandations sur la gestion, les défiset les perspectives pour l'avenir.
4. Le quatrième axe souligne l'importance des questions du langage et de la communication, dans notre contexte particulier du Congo.

Je salue la grande richesse des contributions, rassemblées dans cet ouvrage collectif, réalisé sous la coordination du Doyen MATANGILA ;et je félicite chacun des auteurs d'avoir accepté volontiers d'apporter sa contribution à la rédaction de cet ouvrage que nous recommandons vivement, non seulement aux Universitaires et autres Scientifiques, mais aussi aux acteurs du monde médical et sanitaire ainsi qu'aux décideurs politiques, économiques, sociaux, religieux et autres de notre pays.

Mgr Tharcisse T. TSHIBANGU
Chancelier-Président du Conseil d'Administration des Universités publiques de la République Démocratique du Congo
Kinshasa, le 18 décembre 2020

Introduction générale

Le présent ouvrage collectif qui réunit les recherches de quelques enseignants, essentiellement de la Faculté des Lettres et Sciences Humaines de l'Université de Kinshasa, a pour pierre de touche La République Démocratiques du Congo face à la Covid 19 : les défis.

Troisraisons majeures nous ont poussé à mobiliser les intelligences de notre Faculté à réfléchir sur ce thème. La première raison :la question de la Covid 19 est encore non seulement d'actualité, mais, elle demeure encore énigmatique. La seconde vague, plus virulente, surtout en Occident, en constitue une illustration.

La deuxième raison : cette pandémie remet l'homme dans les limites de sa finitude et de la fragilité des affaires humaines. Ce qu'il faut bien voir, c'est que le désarroi multisectoriel causé par cette pandémie est sans précédent, déroutant ; ce, de manière universelle. En effet, c'est le désenchantement du monde ; le moment de la prise de conscience, jadis oubliée, du vain de l'être et du vain de l'avoir ; c'est l'ébranlement de l'anthropocentrisme comme modèle de pensée de notre époque qui voudrait faire de l'homme la mesure de toute chose, l'unique référence. Ni la rationalité, ni la modernité, ni la technologie, ni l'économie, encore moins la politique ne peuvent garantir une quelconque assurance à l'homme. Voilà pourquoi, il faut prendre conscience du vain de notre prétendue maîtrise du monde, de la nature et de notre existence. Dans ce désarroi, la condition humaine entre dans une chaîne dubitative qui donne à penser.

La troisième raison : la question de la Covid 19 interpelle notre conscience commune et collective tant il est vraiqu'il ne s'agit pas d'un problème d'individualité, mais d'une question universelle qui exige une solidarité interhumaine et intergénérationnelle. En cela, l'élite a une responsabilité historique et ne peut demeurer dans l'indifférence. C'est cette conviction qui a mobilisé généreusement les contributions de cette oeuvre.

L'objectif visé est le partage et l'échange des connaissances et des expériences afin d'inciter les lecteurs à avoir toujours l'esprit éveillé face à cette pandémie. Les différents articles restent ainsi des contributions qui , chacun en son domaine, éclairent les différents champs de recherche sur la Covid 19. Ces réflexions pourront guider les principaux acteurs dans la lutte contre le virus, la population comme les décideurs.

Certaines questions ont mobilisé les auteurs de ce collectif. Quel est le protocole éthique requis pour l'expérimentation d'un vaccin ? Comment faire en sorte qe les mesures barrières telles que promulguées soient communiquées et comprises par tous ? Comment mettre à contribution nos langues locales et nos pratiques singulières pour une communication efficace ? Le Congo a connu et connait encore certaines pandémies ces dernières années dont le virus Ebola et autres, quelles leçons pouvons-nous tirer de l'histoire des pandémies en RD Congo pour éclairer le contexte actuel? Quelles organisations sociopolitiques et économiques promouvoir pour le développement des pays africains et la promotion des politiques sanitaires préventives ?

. Au-delà de la pertinence des articles présentés ici, cet ouvrage collectif n'a pas la prétention d'épuiser les réflexions sur la Covid-19. Des recherches ultérieures sont donc souhaitables pour enrichir la question de la Covid-19 qui demeure encore énigmatique.

Notre champ des réflexions est la République Démocratique du Congo. Mais, nous reconnaissons que les différentes réflexions développées dans le contexte de la RD Congo peuvent être corroborées par d'autres contextes africains et d'ailleurs.

Autre considération ; nous sommes bien conscients de la démarcation entre les travaux des laboratoires, les cogitations théoriques et leur mise en œuvre. Cependant, l'élite doit oser. Il ne s'agit pas d'un mimétisme aveugle. C'est par l'ascèse critique et le jugement bien pesé que nous avons à penser les savoirs endogènes aptes à faire face aux différents défis de la Covid 19, tout en restant ouverts aux résultats des recherches qui se font ailleurs.

Notons également le débat sur le genre du terme Covid. Faut-il utiliser le féminin ou le masculin, *la* Covid-19 ou *le* Covid-19 ? Les médias français restent équivoques, utilisant à tour de rôle la Covid-19 et le Covid-19. A la suite de l'académie française, nous avons retenu le féminin, *la* Covid-19. Cependant, certains articles de ce collectif usent le masculin, *le* Covid-19.

. Les richesses des articles contenus ici et leur diversité, due à l'interdisciplinarité, ont exigé un travail ardu quant à leur harmonisation et leur regroupement thématique. . Le regroupement en quatre axes principaux (historique, éthique, défis et perspectives, et langage et communication) ne devrait donc pas être considéré comme installant une cloison étanche entre eux. . Il faudrait plutôt les lire dans une logique de complémentarité interdisciplinaire.

Léon MATANGILA Musadila
Professeur des Universités
Professeur de Philosophie
Doyen Honoraire de la Faculté des Lettres et Sciences Humaines
Université de Kinshasa/ République Démocratique du Congo
Directeur de L'HarmattanR.D.Congo

Axe 1

Pandémies : Repères historiques en République Démocratique du Congo

Les pandémies dans l'histoire de la République Démocratique du Congo : des leçons à l'heure du Covid-19

Par KHONDE NGOMA DI MBUMBA Côme
Faculté des Lettres/Université de Kinshasa

Introduction

D'où viennent les épidémies? Pourquoi se propagent-elles si vite ? Peut-on les prévenir? Difficiles à maîtriser, elles ont bouleversé et modelé les sociétés au fil des siècles. L'émergence de nouveaux virus suscite plus que jamais de vives inquiétudes, certains apparaissant ou se réactivant brutalement et se répandant largement à la faveur des flux humains. La crise actuelle liée à la pandémie de la Covid-19 confirme que malgré des avancées remarquables qui ont permis de lutter efficacement contre nombre de maladies, l'homme moderne reste vulnérable.

Devant cette situation, quelle serait alors notre contribution dans la lutte contre cette pandémie de la Covid-19 qui frappe le monde entier et qui n'épargne pas la République Démocratique du Congo, notre pays ? C'est donc avec enthousiasme que nous avons répondu à l'appel du Doyen de la Faculté des Lettres et Sciences Humaines, le professeur Léon Matangila, de l'Université de Kinshasa, invitant les chercheurs de cette faculté à apporter leur contribution dans cette lutte. De ce fait, nous sommes en droit de le remercier pour l'occasion qu'il nous a donnée de pouvoir participer à la reconstruction de l'histoire sanitaire de notre pays, car une grande partie de notre population n'a aucune connaissance de la souffrance qu'ont endurée nos populations pendant toute la période coloniale.

Comme son titre l'annonce, il s'agit de suivre les traces des épidémies qui ont endeuillé le monde, tout en mettant un accent particulier sur celles vécues en République Démocratique du Congo tout au long de son histoire. Il sera donc question d'appréhender la définition du terme pandémie, ses caractéristiques avant d'aborder la question de l'histoire sanitaire congolaise. Ce travail constitue une opportunité pour les chercheurs de comprendre les différentes épidémies que le Congo a connues.

Témoin, comme tout le monde parmi nous, de la résurgence de certaines épidémies depuis ces dernières décennies, on assiste à une mise en question de nos systèmes de santé en Afrique en général et en République Démocratique du Congo en particulier. Les efforts menés par les pionniers de la colonisation ont été souvent freinés par la mauvaise politique de la gestion de la santé.

L'apparition des « nouvelles maladies », jusque-là inconnues, doit être comprise dans le cadre des contacts avec l'extérieur, ensuite la diffusion accélérée de leurs germes à partir des terrains fertiles d'expansion que sont les concentrations humaines dans les villes et naguère, dans des centre extra-coutumiers, des cités d'ouvriers, des colonies scolaires ou des lieux de grand marché. Nous connaissons aussi des cas des maladies qui se sont imposées non pas par diffusion à partir de l'extérieur mais par innovation locale, comme dans le cas de la fièvre Ebola qui porte d'ailleurs un nom issu du terroir.

Le dossier qui nous interpelle tous est que l'accès aux soins dans notre pays demeure un casse-tête pour la plupart de nos compatriotes, faute de mutuelles de santé. Une réflexion de fonds devrait être envisagée pour préconiser de nouvelles politiques, adaptées à notre environnement, pour permettre à tous de bénéficier des soins les plus élémentaires.

I – Des origines à l'utilisation du terme pandémie

La définition du terme pandémie est, si j'ose dire, à géométrie variable selon les ouvrages d'épidémiologie. Une pandémie (du grec *pan:* tout; *demos* : peuple, population) est une *« épidémie de grande ampleur », « une forme d'épidémie s'étendant à un continent, voire à la terre entière », « une épidémie sur une vaste zone, affectant généralement une grande partie de la population et s'étendant ou survenant largement sur une région, un pays un continent ou à l'échelle mondiale ».*

Si les définitions s'accordent sur un point, en l'occurrence celui de considérer qu'il s'agit d'une grande épidémie, elles ne précisent pas pour autant si celle-ci est sévère, explosive, voire nouvelle. Pour l'Organisation mondiale de la santé, ce caractère de nouveauté prime. En effet, selon l'OMS: *« on parle de pandémie en cas de propagation mondiale d'une nouvelle maladie ».*

I.1 - Etat des lieux

La première apparition du mot pandémie remonte à 1666. Le médecin Gideon Harvey (1636/7–1702), né aux Pays-Bas, l'emploie dans le premier chapitre intitulé *On the original, contagion, and frequency of consumptions* de son ouvrage *Morbus Anglicus* édité en 1666 à Londres. Il écrit: *« aPandemick, or Endemick, or rathera Vernacular Disease (adiseasealwayesreigning in a Countrey) ».*[1]

Bien que Harvey rédige son ouvrage seulement un an après la grande peste, il mentionne le terme « pandémie » dans un écrit sur la phtisie *(consumption),* terme démodé désignant la tuberculose pulmonaire. Pour Harvey et ses contemporains, la peste n'est qu'une « pestilence ».

C'est en 1752 que pour la première fois, dans son édition du *Dictionnaire universel français et latin, vulgairement appelé Dictionnaire de Trévoux*, ainsi que dans le dictionnaire de l'Académie de 1762, apparaît en français, le mot pandémie. Il est alors considéré comme un synonyme d'épidémie. Au XIXe siècle, Larousse donnait la définition suivante : *« maladie qui s'attaque à presque tous les habitants d'une contrée ».*

Le terme pandemic sera introduit pour la première fois aux Etats-Unis dans un dictionnaire élaboré par le célèbre Noah Webster (1758-1843).Ce dernier publie en 1783, à l'intention des écoles américaines son célèbre *The American Spelling Book*, qui constitue le premier volume de son *Grammatical Institute of the English Language.*

Mais sa plus grande contribution dans ce domaine porte sur la fièvre jaune. Les travaux de Webster pour l'épidémiologie étaient plus motivés par un intérêt humanitaire et par le souci d'appréhender l'origine des maladies afin de les prévenir et les contrôler. Webster souhaite amasser les faits pour les étudier de façon rationnelle afin qu'une réponse puisse émerger. Selon lui, *« Les théories sont peu utiles, mais les faits sont d'une importance infinie; et nous considérons chaque nouveau fait ou observation sur le sujet des maladies pestilentielles comme méritant une attention particulière ».*

Grâce à une impressionnante littérature accumulée en 1798, sur les épidémies à travers le monde, il publie en décembre 1799, *A briefhistory of epidemic and pestilentialdiseases*, deux volumes qui résument parfaitement tout ce que l'on peut lire alors sur les faits historiques et les théories sur les épidémies. Pour William Osler (1849-1919), célèbre médecin qui exerça au Canada, aux États-Unis et en Angleterre, cet ouvrage « *est le plus grand livre médical écrit dans ce pays par un profane* ».

Dans son dictionnaire, Webster ne mentionne pas la grippe pandémique mais seulement la grippe épidémique. De fait, au début du 19e siècle, le terme *epidemic* signifie autant épidémie que pandémie, ce dernier tombant de plus en plus en désuétude.

Comme nous l'avons dit, c'est en 1828 que le mot *pandemic* (pandémie) fait son entrée dans un dictionnaire en langue anglaise : *An American Dictionary of the English Language* de Noah Webster. L'ouvrage, qui

---

[1]. Gideon HARVEY, « Morbus anglicus or a theoretick and practicaldiscourse of consumptions and hipochondriackmelancholy » in *MorbusAnglicus*, Ed. Ominia. Bibliothèque interuniversitaire de santé, Paris 1674.

renferme plus de 70 000 mots, indique cependant que les termes *epidemic* et *pandemic* sont synonymes.

Il faudra attendre la pandémie de choléra de 1831-1832 pour que la presse populaire accorde pour la première fois, quotidiennement et pendant plus d'un an, une large place à la propagation mondiale d'une maladie infectieuse. A cette époque, le rail en progression constituait un facteur majeur dans la propagation de la maladie. En effet, celle-ci progresse inexorablement vers l'Europe à partir de l'Asie par l'intermédiaire des voyages ferroviaires et des routes commerciales.

Ainsi au 19e, le terme pandemic va être utilisé à l'échelle mondiale pour décrire l'émergence d'une épidémie de grippe. La publication dans la revue médicale britannique *The Lancet* en 1894, d'un article comportant le mot pandémie dans son titre pouvait témoigner de l'ampleur que prenait cette maladie.[2]

La pandémie de grippe de 1889 en Russie semble avoir contribué à forger le sens du mot pandémie. En effet, la nouvelle de la « grippe russe », comme la « grippe espagnole » en 1918, sera très suivie grâce à la presse. Cette grippe va tuer environ 50 millions d'individus dans le monde. Dès lors, le terme pandémie devient alors un mot assez courant.[3]

Dans le même temps, du fait d'un meilleur contrôle des pandémies majeures que sont le choléra et la peste, le terme pandémie se trouve associé à des événements contemporains plutôt qu'historiques.

I.2 - Définition absente de textes de référence

Il a été remarqué que vers la fin du XXe siècle de nombreuses publications médicales ne prenaient plus la peine de proposer une définition de terme pandémie. Même les textes faisant autorité sur les pandémies ne le mentionnent pas dans leurs index, « qu'il s'agisse d'ouvrages entièrement consacrés à l'histoire de la médecine, de traités d'épidémiologie, de rapports officiels sur les maladies infectieuses émergentes, comme celui de l'Institute of Médicine en 1992 aux Etats-Unis ou celui du Sénat sur les nouvelles menaces de maladies infectieuses émergentes en 2012 en France ».

Il faudra par ailleurs attendre 2011 pour que le mot *pandemic* entre dans le thesaurus des mots clés (MeSH) de la base de données biomédicales PubMed de la National Library of Medicine (Bethesda, Maryland, États-Unis).

Ici on voit formellement qu'il n'existe pas de définition claire et unanimement acceptée du terme pandémie, alors même que le monde a

---

[2]. CLEMOW F. Lancet 1894; 1:139–43, 329–31.

[3]. Celui-ci va rapidement dériver jusqu'à désigner tout phénomène de grande ampleur, telles que des infections non grippales et maladies chroniques associées au mode de vie.
C'est ainsi que l'on en est venu à parler de pandémie concernant le tabagisme, la mortalité par accident de la route, l'obésité, et même les fermetures d'usines ou la contagion de certaines peurs. Dès lors, une pandémie ne désigne plus seulement une épidémie qui affecte « tout » le monde, mais un événement médiatique mondial.

connu l'émergence de fléaux infectieux majeurs tels que la grippe, la peste, le choléra, la dengue, le sida, la gale, la maladie du Nil occidental *(West Nile disease),* le SARS (syndrome respiratoire aigu sévère) et aujourd'hui la maladie Covid-19 (pour *Corona Virus Disease 2019*).

Bref, nous pouvons terminer ce premier point en disant que le terme « pandémie » a une longue histoire. En effet, le concept de pandémie concerne des maladies infectieuses très différentes, survenues sous la forme d'événements mondiaux au fil des siècles. Un seul dénominateur commun aux pandémies reste invariable : une vaste extension géographique, même si une propagation rapide et des taux d'attaque élevés sont souvent observés.

II - Caractéristiques communes aux pandémies

Selon David Morens, Gregory Folkers et Anthony Fauci, il est possible, sur base de différentes épidémies qui ont traversé le monde, « *d'identifier plusieurs caractéristiques clés s'appliquant à toutes, si ce n'est quasiment toutes, les pandémies* »[4].

II.1 – Caractéristique géographique

L'histoire épidémiologique nous renseigne que les maladies sont circonscrites dans le temps et dans l'espace.

Généralement le terme « pandémie » désigne des maladies qui s'étendent sur de vastes zones géographiques – C'est le cas de la peste du XIVe siècle, communément appelée « la peste noire », le choléra, la grippe et le virus de l'immunodéficience humaine (VIH/sida). Les pandémies peuvent généralement être classées comme transrégionales« lorsqu'elles touchent au moins deux régions adjacentes, interrégionales (au moins deux régions non contiguës) ou mondiales ». En 2009, 178 pays ont ainsi été concernés par l'infection au virus grippal H1N1. Aujourd'hui, la pandémie au nouveau coronavirus s'est étendue dans plus de 160 pays.

II.2-Le déplacement de la maladie

En plus de l'extension géographique, la plupart des utilisations du terme « pandémie » impliquent un mouvement ou une propagation inattendue de la maladie par le biais d'une transmission qui peut être repérée d'un endroit à l'autre. Parmi les exemples de mouvements de maladies : la propagation de personne à personne de maladies causées par des virus respiratoires (grippe, SRAS, Covid-19) ou une bactérie *(Vibriocholerae),* ou par des insectes tels que les moustiques du genre *Aedes (A. aegypti* et *A. albopictus*), vecteurs de la dengue.

---

[4]. David MORENS, Gregory FOLKERS et Anthony FAUCI, « *Whatis a Pandemic?* »in *Journal of InfectiousDiseases* en 2009.

II.3-Les taux d'attaque élevés et une propagation exponentielle

Ici, on assiste à la survenue d'un très grand nombre de cas en peu de temps. Cette caractéristique épidémiologique est propre à la fois aux infections ayant pour origine une même source et des maladies hautement contagieuses et à incubation courte, comme par exemple, la peste au 14ème siècle, le choléra en 1831-1832, la grippe en de nombreuses occasions, le Covid-19.

II.4-L'immunité initiale de la population vis-à-vis de l'agent infectieux, sachant que l'immunité collective représente un rempart contre la pandémie. « Néanmoins, l'immunité de groupe n'est qu'un concept relatif comme cela a été montré dans certaines pandémies de choléra et de grippe associées à de nouveaux sous-types ou souches ayant subi des mutations génomiques caractéristiques. » Les biologistes parlent alors de glissement antigénique. Le risque pandémique est ainsi important s'il s'agit d'un tout nouveau virus que le système immunitaire humain n'a jamais rencontré auparavant.

II.5- Une autre caractéristique apparaît désormais évidente de nos jours, la rapidité de l'information: quand une pandémie survient, le reste du monde le sait immédiatement.

III – Aperçu historique de quelques épidémies dans le monde

Notre histoire a été marquée par de nombreuses épidémies. Certaines ont été plus virulentes que d'autres, toutes avaient une part d'inconnue quand elles se sont développées, mais en fonction des époques, elles ont laissées des traces différentes.

Le monde a été fortement touché par de grandes pandémies, en voici quelques-unes:

- la grippe asiatique, identifiée au départ dans la province de Guizhou en Chine, qui se répandra à travers le monde, en 1957-1958, tuant entre un et quatre millions de personnes et qui sera à l'origine, entre 1968 et 1969, d'une autre pandémie moins connue que l'on appellera la fièvre ou la grippe de Hong Kong.
- La grippe de Hong Kong : pour l'épidémiologiste Antoine Flahault[5], la grippe de Hong Kong est entrée dans l'histoire comme la première pandémie de l'ère moderne, peut-être parce que, comme la définit Serge Jaumain, historien à l'Université Libre de Bruxelles, elle se caractérise par sa vitesse de propagation, due à l'évolution très rapide des moyens de

[5]. Directeur de l'Institut de Santé Publique à l'Université de Genève, ancien directeur de l'EHESP

transport et la multiplication des transports aériens rapides. Mais aussi parce qu'elle a été la première pandémie à avoir été surveillée par un réseau international et qu'elle est à l'origine de nombreux travaux de modélisation pour prédire de nouvelles pandémies.

- la peste antonine, entre 165 et 180, a fait cinq millions de morts ;
- la peste de Justinien, partie d'Égypte en 541, a fait près de 25 millions de morts sur tout le pourtour méditerranéen ;
- la peste noire, partie de la mer Noire a fait, entre 1347 et 1352, près de 200 millions de morts, décimant entre 30 et 50 % de la population européenne ;
- la variole a tué 56 millions de personnes en 1520 ;
- le choléra, avec ses six pandémies, a fait un million de morts entre 1817 et 1923 ;
- la redoutable grippe espagnole a fait entre 40 et 50 millions de morts entre 1918 et 1919
- VIH (virus de l'immunodéficience humaine – sida), révélé aux États-Unis dans les années 1970 et qui a déjà causé la mort de 25 à 36 millions de personnes, suivant les sources ;
- la tuberculose qui a fait en 2015 plus de 1,8 million de morts à travers le monde et qui sévit toujours de façon persistante dans les pays économiquement défavorisés ;
- La lèpre est connue depuis la plus haute antiquité. Elle continue de sévir aujourd'hui dans plusieurs régions du monde, mais on sait désormais la guérir avec des antibiotiques. On sait aussi que cette maladie infectieuse et mutilante n'est en fait pas très contagieuse. Pourtant, au Moyen Âge en Europe, les épidémies de lèpre ont conduit à une véritable politique de stigmatisation, d'exclusion à vie de ceux que l'on désignait comme « lépreux ». Le professeur d'immunologie Patrice Debré, co-auteur avec Jean-Paul Gonzalez de *Vie et mort des épidémies*,[6] revient sur le sort terrible qui leur fut réservé : la lèpre ou l'épidémie de l'exclusion ;
- Peste d'Athènes est la première épidémie documentée de l'histoire : la peste d'Athènes, rapportée par l'auteur et historien grec Thucydide. Un récit qui continue d'interroger philosophes, historiens et médecins. Probablement due au typhus, cette épidémie a sévi par vagues à Athènes au Ve siècle avant notre ère, faisant plusieurs dizaines de milliers de morts, marquant aussi la fin d'une époque privilégiée. Comment ce récit emblématique de l'épidémie d'Athènes par Thucydide peut-il nous éclairer aujourd'hui ? Pistes de réponses de la philosophe, médecin et

---

[6]. Patrice DEBRE, Jean-Paul GONZALEZ, *Vie et mort des épidémies*, Ed. Odile Jacob
Dans ce livre, les auteurs retracent toute l'histoire des grandes épidémies passées, des pestes à la tuberculose, et démontrent que l'émergence de maladies infectieuses est un phénomène qui participe de la logique même du vivant. Ils soulignent surtout que, malgré les peurs, jamais nous n'avons été aussi bien armés pour lutter contre elles.

historienne Anne-Marie Moulin[7], spécialiste de l'histoire des épidémies, pour ne citer que les plus importantes.

- Aujourd'hui nous assistons à la pandémie de Covid19.Cette infection est marquée par sa rapidité dans sa propagation à travers le monde.

IV – La République Démocratique du Congo face aux pandémies

Depuis la création de l'Etat du Congo à nos jours, l'organisation médicale a toujours suivi de très près l'évolution politique et administrative au Congo. Pendant la période de l'Etat Indépendant du Congo, ainsi que le rapporte le Dr Schwetz dans ses mémoires parus en 1946, la médecine coloniale est une médecine au profit des Européens et de leurs collaborateurs congolais. Ainsi, la lutte contre les épidémies qui ont sévi la RDC et qui continuent à se manifester jusqu'à ce jour est du ressort de l'Etat congolais.

IV.1 – Histoire médicale de la République Démocratique du Congo

Dès la création de l'Etat Indépendant du Congo, en 1885, plusieurs mesures sanitaires et administratives ont été prises dans le sens de l'amélioration de la situation sanitaire de la population congolaise.

En effet, par arrêté du 7 décembre 1887, paraissent les premières mesures d'hygiène et de police sanitaire pour les ports de Boma et de Banane au Bas-Congo. Le décret du 5 août 1888 organise la couverture médicale dans les centres les plus importants, au fur et à mesure que des progrès de l'occupation du terrain et des ressources financières de l'Etat le permettaient.

Des efforts ont été également signalés dans le cadre de la recherche biologique, C'est ainsi qu'en juillet 1894, le docteur H. De Marbaixinstalle à Boma un premier laboratoire de recherche sur la physiologie et la pathologie congolaises ainsi que le premier office vaccinogène de l'Etat Indépendant du Congo, le fameux Institut Vaccinogène de Boma. Le docteur Van Campenhout, médecin militaire qui s'est séjourné deux fois au Congo, rejoint de nouveau le Congo en 1899, après un stage de perfectionnement à Rome et à Greenwich, pour y fonder provisoirement un laboratoire à Boma et à Léopoldville.

En vue de faire face aux épidémies de variole et de la maladie du sommeil, des commissions d'hygiène sont instituées à partir de 1899 dans les chefs-lieux de districts ou de zones, et des mesures administratives sont prises dans les centres en réponse à la menace que font peser ces fameuses épidémies. En ce qui concerne la malaria, d'importants travaux d'assainissement sont entrepris dans le cadre d'un début d'urbanisme colonial, notamment à Léopoldville et à Coquilhatville. Des subventions ont

---

[7]. Anne-Marie MOULIN est médecin et philosophe, directrice de recherche émérite au CNRS et membre du comité d'orientation de la concertation citoyenne sur la vaccination.

été allouées en 1899 pour la création à Léopoldville d'un laboratoire médical pour la recherche et la préparation de vaccins. Ce laboratoire deviendra en 1937 l'Institut de Médecine Tropicale Princesse Astrid.

- Les efforts dans la recherche scientifique

A partir de 1900, l'Etat va orienter ses efforts dans le domaine de la recherche scientifique. En effet, c'est dans un petit laboratoire de Léopoldville que va naître « l'école belge de l'étude scientifique des maladies tropicales », filiale de l'Institut des maladies tropicales d'Anvers. Des nombreuses initiatives furent également menées par des médecins travaillant dans les zones rurales. Le cas du Dr Jean Hisetteœuvrant dans une Mission catholique au Sud-Kasaï a été édifiant dans l'étude de maladies des yeux. Dans son travail de médecin de brousse, le Dr Hissette a été ourdi par « la multitude d'aveugles signalés par un missionnaire dans cette région. Il signale en 1931 une corrélation avec l'onchocercose des lésions oculaires qu'il découvre et il désigne le vecteur de ce parasite, ce qui déclenche ainsi des gros débats dans le monde scientifique ». Suite à ce constant, en 1934, le gouvernement belge envoie et finance une mission scientifique américaine, sous le nom *d'expédition HARVARD.* Cette mission va confirmer les études du Dr Jean Hissetteà qui ils vont attribuer la découverte de la cause de cette «cécité des rivières» appelée ainsi parce que c'est dans ces sites que prolifèrent les vecteurs des parasites, des petits moustiques du nom de «simulies»

Entre 1919 et 1939, entre deux guerres, une maladie grave connue sous le nom de grippe espagnole s'abat aussi sur le Congo et y fait des ravages tant parmi les Congolais que parmi les Européens, avec comme conséquence la diminution des effectifs de la Colonie. Les années qui ont suivi la fin de la guerre ont été marquées par la reprise des programmes sanitaires et l'absence des crédits satisfaisants pour les établissements sanitaires de l'Etat.

La création, en 1922, du Service d'Hygiène Publique et la nomination d'un Médecin en Chef dépendant directement du Gouverneur Général donneront au domaine médical la plus grande autonomie de fonctionnement. C'est à cette époque qu'on voit naître la plupart des institutions philanthropiques et des fondations médicales : La croix rouge du Congo en 1924 ; la FOMULAC (Fondation Médicale Universitaire de Louvain en Afrique Centrale en 1926.

Le voyage au Congo en 1928 du Roi Albert et de la Reine Elisabeth a été très riche en actions médicales, aussi bien dans le domaine de l'Etat que dans celui des Sociétés et des Missions. Leur passage au Congo a donné lieu à la création du FOREAMI – *Fonds Reine Elisabeth d'Aide Médicale aux Indigènes* – par un Arrêté Royal du 8 octobre 1930.Il a été également décidé de réaliser une occupation médicale renforcée, successivement dans diverses régions de la colonie. Les premières qui en bénéficièrent furent le Bas Congo, puis le Kwango. Les interventions de la famille royale se sont multipliées avec l'inauguration, le 3 novembre 1933, à l'initiative du Prince Léopold, duc de Brabant, l'Institut de Médecine Tropicale Prince Léopold.

Le premier, et le seul, plan décennal pour le développement économique et social du Congo Belge fut publié le 1er juin 1949, prévoyant près de trois milliards de francs pour la santé publique, consacrés en fait au «Plan Van Hof-Duren» visant à réaliser dans le Congo entier un véritable quadrillage médical et sanitaire. Chaque territoire serait doté d'un CMC, centre médico-chirurgical, avec maternité ainsi que d'un réseau de dispensaires et de centres secondaires.

IV.2 – Etude panoramique des pandémies en République Démocratique du Congo

Après un aperçu historique sur les pandémies dans le monde, nous allons faire une étude historique de certaines maladies pandémiques en RDC. La liste est longue, mais pour des raisons pratiques nous avons voulu sélectionner quelques maladies qui ont eu un impact visible sur les populations congolaises.

IV.2.a- Le paludisme

La première épidémie marquante dont l'histoire ait gardé la trace au Congo en général et au Bas-Congo en particulier et précisément une épidémie, autrefois qualifiée d'une « maladie nouvelle », le paludisme.

Dans leur voyage, avant qu'ils ne trouvent la mort dans la région de Mboma (Boma), Tuckey et Smith ont remarqué un taux élevé de mortalité chez les indigènes. N'ayant pas suffisamment d'informations au sujet de cette maladie, ils l'identifient à « une maladie mystérieuse ».[8] Dans sa lettre du 5 juin 1881, le père Augouard confirme l'existence de cette fièvre. Lui-même ayant été frappé par cette maladie écrit ceci : *« Le lendemain, vendredi, je fus pris d'une assez forte fièvre qui m'empêchait de me tenir debout, de sorte que je ne puis sortir de ma case. »*[9]

L'anophèle reste l'ennemi redoutable de la population africaine. Il est le vecteur du paludisme. Dans sa première causerie sur le Congo, en 1898, le Dr A. Julien, médecin au service de la Compagnie du chemin de fer du Congo, nous donne de précieux renseignements sur la fièvre en Afrique. Dans ces notes, on lit ceci: *« Semblable aux fièvres des polders, aux fièvres d'Anvers, disparues depuis les travaux du port, la fièvre du Congo rappelle dans ses formes légères, ces petits accès fébriles, ces éphémères, si communs dans nos climats aux changements de saison. (...). »*[10]

---

[8]. TUCKEY J.K. ,*Narrative of an Expedition to explore the River Zaïre*, London, 1818, cité par KHONDE NGOMA DI MBUMBA C., *Boma 1ere Capitale de l'Etat Indépendant du Congo*, L'Harmattan, 2005, pp175-176

[9]. AUGOUARD (Mgr), 1905 p.242

[10]. M.G., 1898, p.541

Le paludisme tue plus que le Sida ou d'autres épidémies connues à ce jour dans le pays africain.

IV.2.b- La maladie du sommeil

Après de vives critiques contre la politique inhumaine de Léopold II envers les populations autochtones du Congo, par des médias anglophones et par les missionnaires protestants, le roi de Belgique s'est décidé de commanditer une étude sur la maladie du sommeil à l'*Ecole de médecine tropicale de Liverpool.*

Si aujourd'hui, on peut déterminer l'agent vecteur de cette maladie, la mouche tsé-tsé, à cette époque-là, cette maladie était encore inconnue du monde médical, et pourtant elle a été à la base de décimation de nombreux villages dans la majeure partie du Congo. La maladie évolue lentement, mais finit par affecter le système nerveux central.

En finançant des recherches sur la maladie du sommeil, Léopold II espérait laver sa réputation en exprimant son inquiétude pour la santé des habitants de l'Etat Indépendant du Congo. Mais, en réalité, leur santé souffrait en premier lieu de son régime de terreur, une politique caractérisée par le travail forcé et une pression fiscale désastreuse.

De plus, la maladie du sommeil inquiétait le roi avant tout parce que celle-ci menaçait d'éroder le potentiel de ses travailleurs forcés. En fin de compte, son initiative devait servir en premier lieu ses propres intérêts économiques.

Quoi que la variole existait déjà au Congo, mais c'est la maladie du sommeil qui amènera les premiers changements. L'extension de ce fléau conduira le gouvernement à envoyer une première mission scientifique en 1903, qui sera dirigée par Dutton et Todd, deux médecins de l'Ecole de médecine tropicale de Liverpool.

En effet, pendant neuf mois, John Todd, l'un des principaux chercheurs, a parcouru le nord de l'État Indépendant du Congo. Les méthodes utilisées lors de cette mission n'ont pas laissé indifférents les membres de son équipe. *« Les traditions, la politique et les croyances locales n'ont pas été prises en compte et des méthodes très radicales, voire violentes, ont été utilisées. »*[11]

Dans une lettre à sa mère, Todd décrit comment certains missionnaires ont réagi avec indignation à la vitesse et à l'indifférence avec lesquelles les chercheurs ont effectué d'affilée des ponctions de moelle épinière très douloureuses. *"Vous devriez voir le regard des patients quand on les met par terre et qu'on les pique. En un clin d'œil, sans perte de temps"*[12], a écrit Todd lui-même.

Dans leur rapport final, les chercheurs ont recommandé que les personnes présentant le symptôme de glandes enflées soient placées en isolement.

---

[11] . Dr Jean François RUPPOL, *Mémoires du Congo et du Rwanda-Urundi*, n°28, Déc. 2013

[12] . *Idem*

Cependant, cette quarantaine n'était pas nécessaire pour ceux qui étaient encore en mesure de travailler. *« Ce faisant, l'équipe de Liverpool elle-même semblait anticiper la crainte possible d'une perte de main-d'œuvre »*[13]. D'ailleurs, les mesures qui ont suivi le rapport final, tant dans l'État indépendant du Congo que dans le Congo belge, ont été catastrophiques pour la vie des Congolais. Sous le couvert d'une politique de santé, la liberté de mouvement des Congolais a été complètement restreinte. Des mesures d'éloignement et d'isolement ont été prises.

Dans un premier temps, les personnes présentant des symptômes étaient enfermées dans des hôpitaux de campagne, dans des Lazarets. Cette situation a fait que la population locale a trouvé bon de cacher les malades à l'administration coloniale afin de leur épargner une triste fin de vie dans ces hôpitaux.

À partir de 1910, le passeport médical obligatoire a été introduit. Les Congolais qui voulaient sortir de leur propre village devaient subir un examen médical pour obtenir un document de voyage auprès de l'administration coloniale locale.

Jusqu'aux années 1930, la politique contre la maladie du sommeil était un pilier important de la politique coloniale. Certaines mesures sont allées si loin que des groupes entiers de population ont été déplacés ou regroupés, soi-disant pour empêcher la propagation de la maladie. De cette manière, les Belges espéraient résoudre d'un seul coup certains problèmes économiques et politiques.

IV.2.c- clé

Le 5 juin 1981 marque officiellement le début de l'épidémie de l'infection par le VIH. Dans sa revue Morbidity and MortalityWeekly Report, le Center of Disease Control and Prévention (CDC) d'Atlanta note alors une recrudescence de cas de pneumocystose chez cinq hommes homosexuels à Los Angeles. Les mois suivants, de plus en plus de cas sont recensés dans plusieurs autres villes des États-Unis. La plupart d'entre eux font état de personnes immunodéprimées. Les premières hypothèses évoquent un mystérieux « cancer gay », un soupçon qui repose davantage sur des préjugés que sur des observations médicales et scientifiques. Mais, l'idée qu'un agent infectieux transmis sexuellement puisse être à l'origine de la pathologie est évoquée dès juin 1982. Les autorités sanitaires se rendent aussi compte rapidement que d'autres personnes sont touchées, comme les hémophiles, les usagers de drogues par injection intraveineuse ou encore des immigrants haïtiens. Lorsque le VIH-1 est découvert en 1983, son origine animale ne paraît pas si évidente. Les premiers indices datent de 1985 quand, dans un centre de primatologie aux États-Unis, des macaques rhésus développent une maladie identique au VIH. Très rapidement, les chercheurs

[13] . Maryinez LYONS, dans son livre de 1992, *The Colonial Disease, 1992.*

isolent un virus qu'ils baptisent « virus d'immunodéficience simienne » (SIV) ayant de fortes homologies génétiques avec le VIH-2, lui aussi découvert en 1985 chez des prostituées sénégalaises. C'est en 1989 que deux chercheurs de l'Institut de Recherche pour le Développement (IRD) à Franceville (Gabon), Martine Peeters et Éric Delaporte, découvrent que le chimpanzé est l'hôte naturel d'un SIV très proche de la souche M du VIH-1. Du chimpanzé à l'homme. Dès lors, la traque vers les premiers cas humains de VIH est lancée afin de mieux comprendre l'émergence de ce virus.

En 1983, à l'Institut de médecine tropicale d'Anvers (Belgique), un jeune médecin, le Dr Peter Piot, futur directeur exécutif de l'Onusida, traite de plus en plus de patients originaires d'Afrique centrale touchés par des maladies opportunistes. La plupart viennent de Kinshasa, capitale de ce qui est encore le Zaïre et deviendra la République Démocratique du Congo (RDC). Quand il se rend à l'hôpital général Mama Yemo de Kinshasa, Peter Piot découvre des services débordés par les malades du VIH-1. Les femmes sont touchées autant que les hommes. Malgré ses nombreuses alertes, la communauté internationale est restée dans sa logique d'une maladie homosexuelle.

L'analyse par un groupe de chercheurs des séquences génétiques d'échantillons de VIH prélevés au cours du XXe siècle dans l'ex-Congo belge et dans les pays voisins va permettre de retracer l'évolution du virus. En croisant ces données avec de nombreux paramètres historiques et économiques tirés, grâce aux archives de l'époque coloniale africaine, les chercheurs ont établi les circonstances dans lesquelles l'épidémie a pu se propager.

En effet, de 1884 à 1908 le roi des Belges, Léopold II, et quelques marchands attitrés vont se lancer dans le commerce de l'ivoire, le caoutchouc et les bois précieux. Les forêts sont décimées sans vergogne. L'homme commence alors à pénétrer sur le territoire d'animaux de brousse jusqu'ici inaccessible. La viande de singe étant très prisée en Afrique subsaharienne, les premières contaminations ont pu avoir lieu au cours de braconnage, en préparant de la viande de brousse ou en consommant de la viande peu cuite, voire par des blessures infligées par les singes. Avec la déforestation et l'exploitation des matières premières, des populations sont aussi lancées sur les routes.[14]

En effet, c'est aux alentours de 1920 que Léopoldville serait devenu le berceau de l'épidémie. Le développement du trafic entre la capitale et l'intérieur par voie fluviale, et plus tard par le chemin de fer, aurait notamment joué un rôle clé dans la transmission du virus. Dès 1937,

---

[14]. Dans un documentaire intitulé *Sida, un héritage de l'époque coloniale*, l'historienne Catherine Coquery-Vidrovitch, spécialiste de l'époque coloniale africaine, évoque qu'au début du XXe siècle des dizaines de milliers d'hommes et de femmes étaient réduits en esclavage pour porter toutes ces matières premières sur d'énormes distances. Ce qui a pu faciliter la propagation du virus. Selon l'historienne, d'autres maladies l'ont aussi aidé à se propager.

l'ancêtre du VIH-1 pandémique est retrouvé à Brazzaville, la capitale de l'ancienne colonie française du Congo, située de l'autre côté du fleuve Congo. Le virus s'est ensuite disséminé vers d'autres grandes villes au sud-est de Léopoldville. Les villes de Lubumbashi et de Mbuji-Mayi, victime du trafic par le chemin de fer seront les premières victimes.

A partir des années 60, le rythme de propagation du virus à Kinshasa s'est accéléré. Les chercheurs forment l'hypothèse que cette "accélération" est due aux changements dans la société après l'indépendance. Notamment, des changements dans les attitudes sociales et chez les travailleurs du sexe – menant à davantage de clients – ont ainsi pu faire flamber l'épidémie, et faire disséminer le virus à partir de petits groupes de personnes séropositives pour infecter des populations plus étendues.

La présence des milliers de jeunes coopérants Haïtiensarrivèrent en République Démocratique du Congo en 1960, pour remplacer les fonctionnaires coloniaux limogés par le nouveau pouvoir, avant de repartir infectés dans leur pays. Les scientifiques pensent en effet que le VIH est passé par Haïti avant de gagner l'Amérique et l'Europe.A cet effet, il faudrait comprendre que c'est à Haïti, lieu de tourisme sexuel, que de nombreux pays occidentaux, qui s'y rendaient dans les années 70, ont été contaminés.[15]

IV.2.d- La maladied'Ebola en R.D.Congo

Le virus Ebola[16] a été découvert en 1976 par Peter Piot, médecin belge de 27 ans. En septembre 1976, des échantillons en provenance de Kinshasa par vol régulier de la compagnie belge Sabena, conservés dans une bouteille sont déposés au laboratoire de microbiologie de l'Institut de médecine tropicale d'Anvers.

Les échantillons sont réceptionnés par un jeune médecin de 27 ans, Peter Piot. Le Laboratoire d'Anvers décrit l'état dans lequel se trouvaient les échantillons : *« Dans le Thermos, barbotant dans des glaçons à moitié fondus, se trouvaient deux tubes en verre, dont l'un était cassé*, se souvient Peter Piot, aujourd'hui directeur de la prestigieuse London School of Hygiene and Tropical Medicine. *Du sang s'était mêlé à l'eau des glaçons. Heureusement, le second tube était intact»,* ajoute-t-il.[17]

Une note manuscrite d'un médecin belge exerçant au Zaïre accompagne les échantillons. Les tubes, apprend Peter Piot, contenaient le sang d'une sœur missionnaire décédée, pour laquelle il soupçonnait un cas de fièvre jaune. *« Comme notre laboratoire travaillait sur les arbovirus, type de virus*

---

[15]. Faria N et al., «Theearlyspread and epidemic ignition of HIV-1 in humain populations, Google scholar, 2014 ; lire également De Saint Moulin L , Villes et organisation de l'Espace en République Démocratique du Congo, L'Harmattan, Paris 2010

[16] . Ebola : nom de la rivière qui longe le village de Yambuku à l'Equateur en RDC

[17] . Peeter Piot, « Myjourney back to Ebola groundzero », paru dans le Financial Times. Traduit de l'anglais par Alexandra Le Lay, le 3/8/2014

auquel appartient l'agent de la fièvre jaune, il nous a logiquement adressé les prélèvements », explique Peter Piot.[18]

Le même Peter Piot révèle que l'examen microscopique des cellules contenait un virus géant, ressemblant à un ver. Il dira alors à ce sujet : *« A l'époque, nous n'avions pas Google. Il a fallu aller consulter un atlas des virus en bibliothèque. On a trouvé une ressemblance avec celui de Marburg, responsable d'une fièvre hémorragique. »*[19]

Pendant ce temps d'attente des résultats de laboratoire, au Zaïre l'épidémie se développait, avec un taux élevé de létalité. *« Nous avons reçu un télégramme de l'Organisation mondiale de la santé (OMS) nous enjoignant de cesser toute recherche sur ce virus, considéré comme très dangereux. Mais, nous en avions déjà envoyé un échantillon aux Centres de contrôle des maladies américain, à Atlanta, qui nous ont appris qu'il ne s'agissait pas du virus de Marburg. »*

Devant cette situation de blocage, la solution politique était l'unique voie pour contourner cette injonction de l'OMS. Aussi, avec détermination le jeune microbiologiste va trouver son rêve se réaliser grâce à l'intervention du ministère belge des affaires étrangères et de la coopération qui le sollicite dix jours après pour lui demander s'il pouvait partir dès le lendemain pour Kinshasa.

Plus tard il écrira : *« Cette décision était politique. Une mission se rendait au Zaïre et était composée d'Américains, d'un Français – Pierre Sureau de l'Institut Pasteur qui était expert pour l'OMS –, d'un Sud-Africain... Il fallait un Belge. J'étais le plus jeune car beaucoup de gens plus expérimentés que moi ne voulaient pas y aller. Moi, j'ai sauté sur l'occasion. »* Une grande inquiétude taraudait l'OMS, celle d'une épidémie s'étendant à la capitale Kinshasa, qui comptait à l'époque 3 millions d'habitants.

L'équipe envoyée au Congo arrive à Bumba dans l'ex province de l'Equateur. Dès leur arrivée, elle au prélèvement des échantillons de sang des malades afin de confirmer que le virus présent est le même que celui observé à Anvers. Les médecins avaient également la mission de comprendre le mode de transmission de ce virus. En fait, il s'agit de vérifier si la transmission se faisait d'individu à individu, ou par l'intermédiaire d'un vecteur, d'un moustique ou d'un animal. En interrogeant les habitants de Yambuku et des villages environnants, Peter Piot et ses collègues remarquent d'abord que, plus ils s'éloignent de l'hôpital de la mission, moins il y a de cas.

L'équipe découvre vite un autre mode de transmission. Beaucoup des personnes infectées ont assisté à un enterrement la semaine précédant les symptômes. Elles ont participé aux rites funéraires, notamment, au lavage du

---

[18]. Peeter PIOT, idem

[19]. Ibidem

cadavre, souvent souillé par des vomissements, une diarrhée ou du sang provenant des hémorragies dues à la maladie. Des sécrétions hautement contaminants, comme dans l'épidémie actuelle. Au bout de ce travail, l'analyse des prélèvements confirmera qu'il s'agit bien d'un virus jusque-là inconnu.

Quelques années plus tard, Peter Piot est retourné au Zaïre pour combattre un autre virus, le VIH, démontrant que la maladie qui frappait initialement des hommes homosexuels pouvait aussi se transmettre entre hétérosexuels. Un itinéraire que l'ex-directeur exécutif d'Onusida a relaté dans son autobiographie, *No Time to Lose* (W. W.Norton&Co, pas encore traduit en français).

De 1976, date à laquelle la maladie d'Ebola, le virus Ebola a frappé onze fois la République Démocratique du Congo. La dernière épidémie celle 2020 qui a fait jusqu'à ce jour, est en cours et a déjà fait au moins plusieurs morts dans la partie de l'Est, du Nord et à l'Equateur.

Chronologie de la maladie Ebola en République Démocratique du Congo :

- 1976 – Découverte du virus Ebola, sous-type Zaïre (Yambuku)

Le virus tient son nom de la rivière qui longe le village de Yambuku où il sévit pour la première fois en 1976. « Cette maladie était encore inconnue. C'était mystérieux», se souvient le professeur Jean-Jacques Muyembe, premier chercheur à se rendre sur le terrain. Après quelques diagnostics sur place, ce spécialiste décide de ramener une malade – une religieuse belge – à Kinshasa. Elle ne survivra pas.

Des échantillons de sang des malades sont alors envoyés à l'Institut de médecine tropicale d'Anvers, en Belgique. C'est là-bas que Peter Piot, un jeune médecin belge (il n'avait que 27 ans) identifie, pour la première fois, le virus de la fièvre Ebola. L'épidémie fait 280 morts.

- 1977 – Réapparition du virus (Tandala)

L'année suivant sa découverte, Ebola se signale de nouveau en RDC. Cette fois-ci, l'épidémie est vite maîtrisée à Tandala, à quelque 500 km de Yambuku. Seul un adolescent affecté est décédé. « Les mesures d'isolement étaient rapidement mises en place pour éviter la propagation du virus », indique Jean-Jacques Muyembe.

- 1995 – Première occurrence d'Ebola en milieu urbain (Kikwit)

Jusqu'ici, Ebola ne sévissait que dans des villages reculés du pays. En 1995, le virus touche, pour la première fois, un grand centre urbain. La ville de Kikwit, située dans l'ouest de la RDC, et ses environs sont ainsi frappés de plein fouet par l'épidémie.

- 2007 – Ebola touche le centre de la RDC (Mweka))

Après Yambuku et Bandala, dans le Nord, et la ville de Kikwit, dans l'Ouest, le virus Ebola gagne le territoire de Mweka, dans le centre de la RDC. Là-bas, la fièvre hémorragique atteint 264 personnes et fait 187 morts.

- 2008 – 2009. Réapparition du virus dans le Centre (Mweka et Luebo)

« Ebola est endémique et ancré dans notre pays », explique le professeur Jean-Jacques Muyembe pour justifier les récurrences de l'épidémie en RDC. Le virus réapparaît ainsi dès l'année suivante à Mweka, dans le Kasaï occidental, et sévit également dans le territoire voisin de Lwebo. Détectée à temps, la fièvre hémorragique fait toutefois 15 morts.

- 2012 – Ebola Bundibugyo débarque en RDC (Isiro)

Cinq ans après sa découverte à Bundibugyo, dans le sud-ouest de l'Ouganda, une nouvelle souche du virus Ebola (sous-type Bundibugyo) se signale à Isiro, dans le nord-est de la RDC. Sur 36 cas diagnostiqués positifs, l'on enregistre 13 décès.

- 2014 – Ebola, ici et ailleurs, (Tshuapa))

Alors qu'Ebola fait des ravages en Afrique de l'Ouest où il cause la mort de milliers de personnes, le virus sévit de nouveau en RDC. Mais, il est vite maîtrisé : 66 cas, 49 morts en trois mois. « Il n'y avait aucun lien avec l'épidémie qui frappait la Guinée, la Sierra Leone, le Liberia ou le Mali », rappelle le docteur Muyembe, directeur de l'Institut national de recherche biomédicale (INRB). Ce chercheur congolais fait partie de l'équipe des spécialistes congolais dépêchés en Afrique de l'Ouest pour participer à la lutte contre Ebola. Il sera honoré l'année suivante par le Prix Christophe Mérieux pour « encourager ses travaux de recherche sur les maladies infectieuses dans le bassin du Congo », notamment Ebola qui a déjà fait plus de 700 morts en RDC depuis la première épidémie de 1976.

- 2017 – Huitième fois en 41 ans (Likati)

Le 11 mai, l'Institut national de recherche biomédicale (INRB) de la RDC confirme au gouvernement congolais un cas positif au virus Ebola. Le patient est mort dès son arrivée à l'hôpital. Même sort pour le chauffeur de taxi-moto qui l'a transporté jusqu'au centre de prise en charge médicale.

- 2018 : Bikoro (Neuvième fois)
- 2018-2020 : Beni (Dixième fois)
- 2020 : Mbandaka (Onzième fois)

La République Démocratique du Congo devrait continuer à appliques les mesures barrières imposées par l'OMS et les Autorités sanitaires.

IV.2.e – La Poliomyélite

La poliomyélite, également appelée paralysie spinale infantile ou simplement polio, est une maladie infectieuse aiguë et contagieuse spécifiquement humaine causée par le poliovirus sauvage. L'infection, transmise par voie digestive, est le plus souvent asymptomatique ou s'exprime par des symptômes le plus souvent bénins et non spécifiques. La poliomyélite antérieure aiguë proprement dite est l'atteinte de la moelle spinale. Elle peut entraîner une paralysietouchant le plus souvent les membres inférieurs et pouvant atteindre l'appareil respiratoire. Dans le premier cas, le pronostic est fonctionnel avec risque de séquelles paralytiques ; dans le deuxième cas, le pronostic est vital avec risque d'arrêt respiratoire. Dans tous les cas, le traitement est symptomatique, la médecine ne reconnaissant pas de traitement curatif.

Heine et Medin l'étudient et la décrivent au XIXe siècle. Des années 1880 jusqu'à la seconde moitié du XXe siècle, la maladie sévit dans le monde entier sur un mode épidémique et handicape ou tue plusieurs millions de personnes. Les progrès de l'hygiène et surtout la vaccination font considérablement reculer son incidence. Les travaux de Salk et de Sabin, dans les années 1950, mènent à la création de deux vaccins efficaces, permettant ainsi de combattre la maladie. Depuis 1988, l'éradication de la poliomyélite fait l'objet d'une initiative mondiale sous l'égide de l'OMS, de l'Unicef et du Rotary International. Ce programme a ainsi permis de faire passer l'incidence annuelle de 350 000 cas en 1988 à 74 cas en 2015 et 37 cas en 2016, avec une maladie qui reste endémique dans trois pays, le Nigeria, le Pakistan et l'Afghanistan.En fin 2011, la Région Africaine compte un pays endémique (Nigeria) et trois pays à circulation rétablie (Angola, Tchad, République Démocratique du Congo).

A ce qui est de la République Démocratique du Congo, Il est à noter que 100% des cas ont été détectés le long du fleuve Congo et de nombreux lacs qui l'entourent et où se concentre également la majorité de la population des 7 zones de santé ayant enregistrés des cas. Il se trouve que d'autres zones des autres antennes PEV présentant la même caractéristique géoéconomique n'enregistrent pas de cas. Il est à noter également que les activités économiques des zones de santé touchées gravitent autour du commerce du poisson, facteurs favorisant le mouvement des populations. D'où, la propagation du virus.[20]

Officiellement, la RDC est certifiée ''pays sans polio'' par l'OMS depuis novembre 2015. Mais, le pays demeure particulièrement à haut risque de voir la maladie se réinstaller.

---

[20] . Ministère de la Santé : *Plan d'urgence pour l'interruption de la circulation du poliovirus sauvage en RDC.* Décembre 2012

V – La leçon à tirer de la crise de la Covid-19 en République Démocratique du Congo

A la lumière de toutes les pandémies de l'histoire humaine, et pour tenter de prendre un peu de recul sur ce qui nous arrive avec la pandémie de coronavirus-19, il est en droit de nous poser la question de savoir quelles leçons humaines, politiques et sanitaires tirées de toutes les pandémies qui ont ravagé et façonné notre humanité. Comment mieux comprendre les constantes et les périls auxquels nous sommes confrontés ? Comment éclairer notre présent à la lumière du passé ?

Durant plusieurs décennies, la République Démocratique du Congo a été l'un des pays du monde à traverser plusieurs épidémies. L'expérience acquise et la maîtrise du personnel soignant arrivent à vaincre les différentes épidémies, et cela au prix des sacrifices humain, matériel, moral et économique. Partant alors de ce passé, nous pouvons retenir quelques grands enseignements valables pour cette crise de Covid-19. Il est donc important de signaler à travers ce point les leçons tirées de la dernière pandémie. Nous avons pour cela sélectionné quelques domaines vitaux de la société congolaise qui ont souffert de cette crise pendant la période de pandémie et pour lesquels quelques solutions peuvent être envisagées.

V.1.Impact sur la formation

La menace de propagation de la pandémie du Covid-19 dans le pays ne pourrait qu'avoir une incidence négative sur le secteur éducatif et cela, à différents niveaux. En effet, le risque élevé de contamination devrait perturber le bon déroulement des activités scolaires et académiques. Pour lutter contre la contamination en milieux scolaire et universitaire, depuis le 19 mars 2020, le gouvernement congolais a pris la décision de fermer momentanément, pour une durée de 4 semaines, les portes de toutes les écoles et universités du pays, cette mesure était reconductible selon le niveau de la prévalence ou le rythme de propagation du Covid-19. La fermeture prolongée des écoles a eu un impact négatif en termes de perte en éducation et retard dans les programmes.

En effet, la lutte contre la pandémie avec la prise en charge des personnes infectées a eu un impact négatif sur le budget de l'Etat, notamment les dépenses éducatives alors que « le gouvernement s'est engagé à assurer la gratuité de l'éducation de base et réaliser d'importants investissements en infrastructures scolaires».

En réponse à cette crise, les pays développés ont mis en place des nouveaux canaux de formation : cours en lignes, visioconférence, plateformes de e-leaning, cours télévisuels ou radiophoniques. La RDC a mis en place des émissions de Tv consacrées à l'enseignement. A l'avenir, notre pays, la République Démocratique du Congo, devra désigner son offre internet, équiper les écoles et universités pour une meilleure offre numérique.

V.2. Impact alimentaire

Le constat assorti de cette crise est que, dans les pays développés, en milieu rural les petits exploitants agricoles et la main d'œuvre agricole seraient les plus affectés, tant ils ne seraient plus en mesure de mener leurs activités de subsistance. En milieu urbain où il y a une forte dépendance aux marchés, comme principale source de nourriture, l'arrêt des activités économiques, sources de revenus réduirait sensiblement l'accès d'un grand nombre de ménages à la nourriture, surtout parmi la couche la plus pauvre de la société. Cette même situation s'est fait sentir dans nos pays africains et spécialement en République Démocratique du Congo où la majeure partie de la population vit de sa production agricole. Il est à noter que le confinement et la fermeture des frontières ont causé un coup dur aux petites économies tant du côté de la population rurale qu'urbaine.

Par conséquent, au plan alimentaire et nutritionnel, il y a beaucoup à craindre, notamment, du fait d'un ralentissement important de l'activité agricole, du resserrement des capacités des opérateurs économiques à importer, d'une mobilité réduite des personnes et des biens, et d'une baisse de l'offre alimentaire pour des niveaux de prix devant croître considérablement au fil des jours ou des semaines. Cette situation a conduit à une plus forte détérioration d'une situation de sécurité alimentaire et nutritionnelle déjà précaire.

Pendant la période de confinement, on a connu un déficit en céréales et en tubercules entrainant ainsi des flambées des prix et des problèmes de sécurité ; on a observé l'augmentation de nombre des personnes qui ont des difficultés d'accès à une nourriture équilibrée, surtout en milieu urbain.

Cette situation s'est fait surtout remarquer à l'annonce de mesures de confinement de la ville de Kinshasa par le Gouverneur NGOBILA. A cette occasion, on a assisté à une flambée spectaculaire des prix des denrées alimentaires de première nécessité. Dans ces conditions, il est à craindre le risque de plonger la population dans une grave crise alimentaire en casd'une prolongation à répétition de la durée de la pandémie. Ainsi, des mesures importantes devraient être prises pour encourager la politique agricole et d'élevage dans nos milieux ruraux, cela afin d'éviter la rupture de stocks pendant de grandes crises sanitaires ou d'autres natures. C'est, d'ailleurs, une des tâches de service de la Réserve Stratégique, censée être le grenier alimentaire de la République.

V.3. Secteur du tourisme

Dans plusieurs pays du monde, le tourisme constitue une source de revenu important pour des millions de personnes et permet également à des milliards d'apprécier leur propre culture, celles d'autres peuples, ainsi que le monde naturel. Dans certains pays, le tourisme à lui seul peut réaliser plus de 20% du PIB et, globalement, il est le troisième secteur d'exportation de l'économie mondiale. Il est par conséquent l'un des secteurs les plus touchés par la pandémie de COVID-19, avec des effets incalculables sur les économies, les moyens de subsistance, les services publics et les opportunités dans le monde. La République Démocratique du Congo n'échappe pas à cette crise, spécialement dans les provinces de l'Est et du Sud avec la suspension des vols pendant toute la période de confinement.

Profitant de cette pandémie, il convient de saisir l'opportunité pour la redynamisation de ce secteur et d'en faire une véritable source de revenu, en mettant l'accent sur l'optimisation des retombées de l'activité touristique sur les destinations visitées ainsi que sur le renforcement de la capacité de résilience des communautés et des entreprises grâce à l'innovation, à la numérisation, à la durabilité et aux partenariats.

En dépit de ces avantages que procurent le secteur du tourisme, il faudrait aussi noter qu'il est également vecteur des épidémies. En effet, les voyageurs internationaux en forte hausse depuis de trois décennies et la croissance du tourisme de masse accélèrent les transferts d'insectes, de bactéries et de virus à travers toute la planète. Toutes ces évolutions s'accompagnent de nouveaux risques épidémiologiques, avec les conséquences dramatiques que nous voyons aujourd'hui dans le cadre de la crise du Coronavirus COVID-19. On assiste aujourd'hui à des épidémies « nationales » qui deviennent transfrontalières. Ces dernières passent du stade « épidémie » au stade d'alerte « pandémie » puis d'« urgence de santé publique de portée internationale ».[21]

Quoique depuis plusieurs années le tourisme a perdu son influence dans notre pays, par suite de l'insécurité qui règne dans l'Est et Sud de notre pays, il est quand même important de souligner que ce secteur est pourvoyeur des devises par les nombreux voyageurs qui circulent à travers le pays. En effet, la limitation des flux de personnes et de biens à l'international a aussi une grande incidence sur les recettes publiques, notamment celles découlant des secteurs transports et tourisme, y compris celles après-vente des visas et les taxes administratives perçues lors des sorties du pays estimé à 31 millions USD par an.

Afin de préserver ce domaine et d'éviter le facteur transfrontalier de transmission des épidémies, il serait prudent pour la République Démocratique du Congo, notre pays, de maintenir les mesures barrières pour tous les voyageurs au départ comme à l'arrivée par nos frontières tant terrestre, maritime que aérienne.

---

[21]. BIT: *COVID-19 et le secteur de la santé* (19 avril 2020)

V.4. Impacts écologiques

L'effondrement économique mondial causé par la dernière pandémie a également porté un coup à l'écologie.

En effet, pendant longtemps protégés par la nature, les évolutions sociétales et les modifications des écosystèmes ont créé de nouvelles dynamiques d'émergence et de dissémination des pathogènes connus et d'autres, inconnus, avec de nouvelles lignes de vulnérabilités. Effectivement, les climats des forêts tropicales humides primaires s'ouvrent toujours plus à l'homme ; la diminution accélérée de la biodiversité qui offrait des barrières biologiques à la circulation des pathogènes devient très inquiétante » Le développement de systèmes de production animale toujours plus industrialisés, entraînant modification de l'alimentation et renforcement de la promiscuité entre animaux et entre animaux et hommes créent de nouveaux facteurs de risques d'émergence de nouvelles zoonoses ». Il est un fait que la République Démocratique du Congo subit depuis un temps la déforestation et le déboisement de son espace écologique, provoquant ainsi le réchauffement et la fuite des espèces animales. La grande forêt du Mayombe, jadis réputée pour son bois et ses Chimpanzés, aujourd'hui, devient de plus en plus un espace éclairé. Cette perméabilité ne se passe pas sans conséquence immédiate dans la circulation de virus.

Il est donc important que la République Démocratique du Congo repense sa politique écologique, en réintroduisant la politique de reboisement et de la protection des espèces rares comme la réserve biosphère de Luki dans le Mayombe, au Kongo Central.

V.5. Impacts économiques et financiers

Plusieurs sources[22] du monde de travail révèlent qu'en raison de la survenue de la pandémie du Covid-19 et de sa propagation dans le monde, on devrait s'attendre à un ralentissement de la croissance économique si pas une baisse significative de l'activité économique, un resserrement sensible de l'espace budgétaire de l'Etat, une dégradation importante des comptes extérieurs (compte courant et compte capital consolidé), une baisse des financements extérieurs (investissements directs étrangers (IDE), aide publique au développement...), une perturbation des échanges commerciaux, une fragilisation de la stabilité externe et financière et un risque de montée des tensions inflationnistes. Compte tenu de la forte élasticité de l'offre congolaise de minerais par rapport aux cours mondiaux des matières premières et aux perspectives de croissance économique de la Chine, premier partenaire commercial de la RDC, avec l'arrêt de la production des

---

[22]. OIT Monitor: *COVID-19 et le monde du travail. 1ère édition* (18 mars 2020), 2e édition (7 avril 2020), 3e édition (29
avril 2020) ; BIT: *Diagnostics rapides pour évaluer l'impact au niveau national du Covid-19 sur l'économie et le marché du travail* (Mai 2020) ; BIT: *COVID-19- Impact sectoriel, réponses et recommandations* (Avril 2020)

entreprises minières Boss mining et Mutandamining en 2019 (deux des quatre principaux acteurs du secteur), on devrait s'attendre à fin 2020, à un repli de l'activité minière en RDC de près de 20,6 %. Ceci devrait déboucher sur une baisse de l'activité économique dans les autres segments de l'économie nationale et un ralentissement majeur de la croissance.

En effet, la crise de coronavirus a remis en cause des piliers de l'économie actuelle comme la mondialisation extrême ou l'hégémonie du pétrole. La crise sanitaire a révélé la vulnérabilité de notre système mondialisé. En effet, la très forte dépendance de nos économies à l'étranger sur des produits de première nécessité devait « nous amener à réfléchir à plus de souveraineté industrielle et agricole via une relocalisation nationale voire territoriales

Mais, également, la crise et le confinement brutal ont cultivé l'élan de solidarité mondiale et le développement de la politique de télétravail pour les pays industrialisés.

V.6. Impacts sur le bien-être social

Le manque et le ralentissement de la production dans tous les secteurs de la vie économique pendant le premier semestre de cette année, par suite du confinement, devront entrainer une détérioration généralisée des conditions de vie de la population, notamment à travers la destruction des emplois aussi bien dans le secteur formel que dans le secteur informel. Cette situation a conduit « à la baisse des revenus, l'accès difficile à l'alimentation, à l'éducation et aux soins de santé, la détérioration du cadre de vie, et le renforcement des inégalités, y compris les inégalités dues au genre ». Selon plusieurs observateurs, les mesures de lutte contre le Covid-19 n'ont pas été toujours positives mais ont joué également « négativement sur le processus d'accumulation du capital humain et sur le bien-être social ».

En effet, la baisse spectaculaire des matières premières ainsi que le rythme des importations et des exportations, et de l'approvisionnement en facteurs de production, ont occasionné une baisse de la rémunération moyenne du travail formel, mais aussi du travail informel. Dans l'avenir, au de paralyser l'appareil économique en cas d'une pandémie, il faudrait au contraire encourager la poursuite des activités économiques dans les zones non touchées pour suppléer aux déficits causés par la pandémie dans les zones touchées. Il est, également, important d'inciter les provinces non touchées par la pandémie, en tenant compte de leurs spécificités en vue de répondre aux besoins exprimés pendant la période de la pandémie.

Depuis l'apparition de la pandémie, la République Démocratique du Congo s'est mise dans un programme d'appui aux solutions locales innovantes susceptibles de contribuer à la riposte au Covid-19 ainsi qu'à la promotion de l'entreprenariat local dans divers domaines d'activités y compris la recherche scientifique. Il serait souhaitable que ces efforts puissent s'accentuer même après la crise dans un programme de compétition par l'attribution des prix aux meilleurs inventeurs.

V.7. Impact sanitaire

Selon CISSS[23] de la Montérégie-Ouest du 16 juin 2020, la pandémie que nous traversons actuellement est du jamais vu. Cette situation exceptionnelle amène l'organisation à réfléchir au projet du futur hôpital sous un nouvel angle, en ayant en tête flexibilité et polyvalence pour répondre aux besoins futurs, advenant la gestion d'une telle situation. Cette crise de la Covid19 amène concrètement nos ingénieurs, en collaboration avec le volet clinique, à réfléchir sur la construction de nouveaux types d'hôpitaux avec des équipements adaptés, car la crise de la pandémie Covid-19 a conduit le monde entier à recourir au marché chinois pour résoudre les problèmes des masques, des respiratoires et des tests.

La République Démocratique du Congo a dû faire face à cette crise en faisant appel à l'expertise locale. Il est grand temps que notre pays se lance dans la recherche en finançant toutes les initiatives tendant à libérer le pays de l'emprise extérieure.

Il est à noter que les travaux menés par le Comité scientifique sous la direction du Ministère de la Recherche Scientifique sont révélateurs d'un savoir-faire congolais, capable d'apporter des solutions locales à des crises pandémiques qui pourraient de nouveau frapper notre pays. L'Etat devrait donc allouer un budget conséquent pour la recherche, restaurer ou créer des nouveaux centres de recherches au niveau des Universités.

Conclusion

Les nouvelles pandémies telles que la Covid-19 font partie de la mémoire collective de l'humanité (peste, choléra, grippe espagnole…) et ont ravagé à plusieurs reprises certaines régions du monde dont l'Europe. Tombées dans l'oubli, elles ont réintéressé le monde de la santé que lorsque la nouvelle pandémie liée à l'émergence du virus H5N1 a commencé à se développer. Comme l'écrit Patrice Bourdelais[24] : *« À la fin des années 60, on a confiance dans le progrès en général, et le progrès médical en particulier. Il y a encore beaucoup de mortalité infectieuse dans les pays développés, mais la plupart des épidémies y ont disparu grâce aux vaccins, aux antibiotiques et à l'hygiène. La grippe va donc, inéluctablement, disparaître. »* Pour la communauté scientifique, la pandémie de Hong Kong est donc un choc:*« Elle a sonné l'alarme, réveillé la peur de la catastrophe de 1918 et boosté les recherches sur le virus».* Pour les épidémiologistes, la grippe de Hong

23 . CISSS : Centre Intégré de Santé et des Services Sociaux.

24 . Historien de la santé publique à l'École des hautes études en sciences sociales

Kong est entrée dans l'Histoire comme la première pandémie de l'ère moderne, celle de la mondialisation des échanges et des transports aériens rapides.

La Covid-19 continue de se propager à travers le monde avec une trajectoire difficile à prévoir. L'éradication du virus ainsi que le rétablissement à la vie normale dépendent des politiques sanitaires, humanitaires et socio-économiques que les Etats mettent en œuvre.

S'agissant de la République du Congo, la crise de Covid-19 a eu un impact multidimensionnel, à la fois sur l'offre et la demande du travail, sur l'éducation des élèves et les étudiants, sur l'économie et la santé de la population et enfin sur les mouvements et l'alimentation de la population.

Il faudra alors pour lutter contre cette crise qui a poussé de nombreuses familles dans la pauvreté et aggravé les inégalités existantes, un ordonnancement judicieux des politiques de relance de l'économie, de l'agriculture et des progrès technologiques.

Bibliographie

- BIT: *Diagnostics rapides pour évaluer l'impact au niveau national du Covid-19 sur l'économie et le marché du travai*l (Mai2020)
- « Épidémie », article de l'*Encyclopédie Larousse* [en ligne] faisant partie du dossier consacré à l'immunité.
- BOUHDIBA, *Sofiane Pavillon jaune : histoire de la quarantaine, de la peste à Ebola*. Paris : l'Harmattan, 2016. 231 p.
- BOUH p] Gualde, Norbert, *Les épidémies racontées par la littérature*. Paris : l'Harmattan, 2016. 268 p.
- BROSSOLLET, Jacqueline ; Duby, Georges ; Gachelin, Gabriel et Miège, Jean-Louis. « Épidémies », article de l'*EncyclopædiaUniversalis* [en ligne]
- GUILBAUD, AURIANE et SANSONETTI, Philippe, *Le retour des épidémie*s, Paris : PUF, 2015. 94 p.
- Gideon HARVEY, « Morbus anglicus or a theoretick and practical discourse of consumptions and hipochondriackmelancholy », in MorbusAnglicus, Ed. Ominia. *Bibliothèque interuniversitaire de santé*, Paris 1674
- GOZLAN, Marc. « Pandémie : histoire d'un mot et d'un concept ». *Réalités biomédicales* [en ligne], publié le 17 mars 2020.
- MORAND, Serge, *La prochaine peste : une histoire globale des maladies infectieuses*, Paris : Fayard, 2016. 301 p.
- MOORE, Peter, *Pandémies : les pires épidémies et maladies infectieuses du monde*. Saint-Constant : Broquet, 2015. 144 p.
- DEBRE, Patrice. « L'homme et les microbes. L'émergence des épidémies : réflexion prospective ».

- OIT Monitor: *COVID-19 et le monde du travail.* 1ère édition (18 mars 2020), 2e édition (7 avril 2020), 3e édition (29avril 2020).
- OIT COVID-19. *Impact sectoriel, réponses et recommandations*, (Avril 2020) fournit des recommandations politiques détaillées sur les secteurs essentiels et certains des secteurs les plus durement touchés.
- Peeter PIOT, « My journey back to Ebola ground zero », parut dans le *Financial Times*. Traduit de l'anglais par Alexandra Le Lay, le 3/8/2014
- Dr Jean François RUPPOL, *Mémoires du Congo et du Rwanda-Urundi*, n°28, Déc. 2013
- De Saint MOULIN L, *Villes et organisation de l'Espace en République Démocratique du Congo*, L'Harmattan, Paris 2010.

L'histoire des révolutions scientifiques :

des enjeux herméneutiques du renouveau de l'ethnobotanique médicale et de la médecine ancienne à l'heure de la Covid -19

Par JBML Jean-Barnabé MILALA LUNGALA
Faculté des Lettres et Sciences Humaines
Département de Philosophie
Domaine de recherche : Histoire et Epistémologie des sciences

A l'Université de Liège à la Faculté de Philosophie et Lettres au Département des Sciences de l'Antiquité, des études sur la médecine ancienne sont remises au goût du jour il y a de cela près de vingt ans. Une vision des sciences interdisciplinaires qui se jouent entre l'alimentation, l'hygiène et la médecine. On étudie en fait le vocabulaire de l'administration des médicaments à base des plantes tel que présentée par le philosophe considéré comme le fondateur de la Botanique : Théophraste. Ces études sont justement consacrées à la langue de Théophraste et sa philosophie qui occupent des position-clés dans l'histoire de la botanique et aussi, par l'intermédiaire de son livre IX des *Recherches sur les plantes*, dans l'histoire de la pharmacologie.

Il faut noter à la suite de son importance la mise en œuvre du projet international Theophrastus, qui a pour but de rassembler, d'éditer, de traduire et d'interpréter tous les fragments et œuvres mineures de Théophraste. Bien sûr que des tels projets peuvent également portés sur Dioscoride, ou l'Encyclopédie de Pline l'Ancien sur leurs études ethnobotaniques.

Les enjeux au temps de Covid -19 de l'histoire épistémologique en sciences naturelles en rapport avec les trois grands paradigmes de la classification botanique que sont : utilitaire, morphologique et phylogénétique (connaître les relations évolutives entre les organismes) portent sur le fait qu'il y a un recours massif évident au paradigme utilitaire ou ethnobotanique pour le besoin de la recherche. Les recherches portent sur les études ethnobotaniques théophrastiennes et pliniennes des Traités zoologique et botanique, avec les remèdes antiques de l'ethnobotanique du domaine romain, grec, Indou, africain, etc.

Une des questions qui se pose aujourd'hui est de savoir comment le médecin guéri le Covid-19, parce qu'il y a des patients guéris ? Le Docteur Muyembe aurait suggéré l'usage de l'eau. Une telle réponse n'a rien d'étonnant quand on connait le répertoire ethnobotanique de Pline l'Ancien dans son livre Histoire naturelle, Tome second, Livre XXXI, traitant des remèdes tirés des eaux.

Au premier siècle av. J. C, à propos de la recherche ethnobotanique les problèmes se posaient en termes de colonisation et des transmissions de savoirs médicaux antiques alors qu'avec la prochaine conquête de Nouveau Monde médicinal qu'était l'Inde, le problème se posait en termes d'exploitations économiques colossales de cette manne, de cette mine d'or médical des Indes occidentales. L'or amère de l'Inde est d'abord le quiquina, cet arbre inconnu venu de l'Inde, qui reconfigure les routes, les mouvements des bateaux vers l'Inde occidental et la géopolitique mondiale d'alors. La querelle de quiquina prendra cinq siècles à propos de ses effets thérapeutiques réels ou imaginaires. Madagascar a payé aujourd'hui les frais d'une telle querelle avec d'autres tisanes. Le fameux médiatique Dr Raoul a presque perdu de son prestige de médecin sur la question.

En fait, la Covid -19 a renouvelé les vastes et importants problèmes mondiaux vécus entre l'Amérique, les Jésuites, l'Europe et l'Inde pendant plus de cinq siècles. L'usage de poison issu des plantes médicinales face à l'horizon de la mort et de la peur. Le cola, drogue frisée, va amener l'Amérique a contrôlé les ressources économiques de Mexique, et plus tard de la Colombie. Les nouveaux problèmes liés aux multinationales pharmaceutiques s'y sont greffés notamment celui de vaccin. Les enjeux thérapeutiques, de transmission des savoirs médicaux des Indes, d'exploitations économiques se répètent avec la guerre que se livrent la Chine et les Usa par Institution internationale interposée, en l'occurrence l'Organisation Mondiale de la Santé, l'OMS en sigle.

Pour revenir à Pline l'Ancien, cet encyclopédiste romain de l'Histoire naturelle qui combattait l'hellénisme, les questions se sont posées face à l'Inde sur l'authenticité de ses écrits, qui semblaient être une compilation, probablement d'ailleurs tout aussi semblable à celle qu'a fait Aristote et son école, même si celui se posait la question des causes des choses.

L'ethnobotanique du domaine européen et africain

Le domaine s'organise de plus en plus, depuis 2000, les divers thèmes abordés au cours des séminaires d'ethnobotanique du domaine européen ont été : Matériaux pour une ethnobotanique du domaine européen : histoire et objet de l'ethnobotanique, aspects naturalistes et taxinomiques, ethnobotanique du végétal cultivé, ethnobotanique urbaine - Méthodologie de l'enquête de terrain en ethnobotanique - L'arbre dans l'usage et l'imaginaire du monde - La plante, de l'aliment au remède - Les plantes alimentaires, du ramassage au jardin - Du symbolique à l'ornemental - Du géranium au paysage - La plante et l'animal - Les céréales - Les plantes des femmes - L'imaginaire contemporain du végétal - Du lis à l'orchidée, du nénuphar au ginseng, d'Aphrodite à Saint Valentin, écologie végétale du territoire amoureux - Les plantes et le feu - Les plantes et l'effroi - Les fruit, nourritures ambiguës des corps et des esprits .

Il y a une sorte de renouveau de ce domaine traditionnel du paradigme utilitaire. L'ethnobotanique du domaine africain peut servir à beaucoup de choses : épices, assaisonnement, plantes aromatiques, parfum, mastic, huile, médecine, pharmacopée, matériau de construction, poison et antipoison, aliment, condiment, fruit, fleurs, encens, boisson, vin, tissu, charbon de bois, peinture, teinte, fourrage pour animaux, confiserie, huttes, etc.

Au demeurant, si Aristote peut être considéré comme le père de la biologie, à la suite de son Traité Zoologique, le père de la botanique est assurément son disciple Theophraste (370-285 av. J.-C), son successeur à son école. Auteur d'une histoire naturelle des plantes « De historia plantarum », il établit une classification artificielle en quatre groupes principaux : les herbes, les sous-arbrisseaux, les arbrisseaux et les arbres. Il y rangeait cinq cents plantes. Puis, vint Dioscoride (1er siècle après J.-C), médecin militaire grec dans l'armée romaine qui est un des premiers à ne se consacrer qu'à la botanique médicale, dans son ouvrage « De materiamedica » il décrit plus de six cents espèces (dont cent nouvelles par rapport à la classification de Theophraste) en énumérant pour chacune les emplois médicaux puis en donnant une description qui devait permettre au récolteur des essences de la reconnaître. Cet ouvrage joua un rôle considérable en médecine pendant près de 16 siècles. Aujourd'hui, il y a un afflux des recherches interdisciplinaires à ces catalogues.

Après le paradigme utilitaire ou ethnobotanique, vint donc à la Renaissance européenne, période faste pour l'observation de la nature a permis le développement de la botanique basée sur la morphologie des plantes et non plus seulement sur leurs propriétés. Le 17ème siècle confirma cette direction et peut être considéré comme le siècle des bases de la botanique moderne.

L'œuvre d'Andréa CESALPINO (1519-1603) installe, croyait-on, définitivement la botanique du côté scientifique en laissant de côté l'aspect utilitaire et artistique. Il rejeta, en effet, totalement pour l'identification des plantes l'utilisation de leurs propriétés et proposa dans « De plantislibriXVI » une classification reposant à la fois sur celle de Theophraste, c'est à dire groupant les plantes en arbres, arbuste et herbes et aussi sur les variations du fruit, prenant en compte le nombre de graines du fruit, la réalisation d'un fruit charnu ou sec, le nombre de loges que comporte ce fruit.

Au plan théorique, les enjeux épistémologiques de la classification morphologique des plantes ont été philosophiques dans la détermination des espèces, genre, famille, ordre, classe et règne des catégories botaniques. Ce qui a fait qu'à la fin du 17ème siècle, on a vu les notions de famille (MAGNOL), de genre (TOURNEFORT) et d'espèces (Ray), d'opposition monocotylédones /dicotylédones et de nomenclature binomiale (BAUHUN) établies. La botanique médicale décrivait des espèces de plantes en énumérant pour chacune les emplois médicaux puis en donnant une description qui devait permettre au récolteur de ces essences de les reconnaître. C'est donc un enjeu d'identification de la pharmacopée africaine qui peine à décoller comme l'a si bien fait des pays comme la Chine.

Illustration de l'étude de Pauline GREGOIRE, de son catalogue raisonné des plantes répertoriées dans les chapitres 8 à 20 du livre IX des Recherches sur les plantes de Théophraste

Cette étude qui se limite à l'alimentation, l'hygiène et le médicament a consisté à repérer, dans les chapitres 8 à 20 du livre IX, tous les passages évoquant l'administration d'un produit issu des plantes ou d'une partie de celle-ci. Une fois sélectionnées, les quarante-neuf espèces désignées en grec dans le catalogue, sont classées par ordre alphabétique et reçoivent un numéro. Chaque notice se présente de la manière suivante : d'abord figure le nom grec de la plante étudiée, puis sa traduction ou translittération en français, et sa dénomination scientifique usuelle, par exemple, le dictame, Origanumdictamnus L. Le nom et l'identification de la plante sont suivis du passage du traité où apparaît le vocabulaire relatif à l'administration de remède, avec une brève introduction qui rappelle dans quel contexte Théophraste le mentionne.

On fournit ensuite les passages relatifs à leur récolte lorsque les modalités de celle-ci sont précisées par Theophraste, par exemple, pour la thapsie, le chèvrefeuille entrelacé et la mandragore. Enfin, on tente d'élucider comment est administré chacun des essences et quelles sont ses propriétés médicinales et/ou toxiques. Ainsi, on parle d'« indication thérapeutique » lorsque la substance s'avère un remède, et d' « effet toxique » pour un poison. Les plantes sont destinées en majorité aux humains, mais parfois aux animaux. Parce qu'il y a des plantes disparues ou qui ne sont plus identifiées, les études de langage et de philosophie du langage s'avèrent indispensables.

Nous reprenons, ici, quatre plantes sur un catalogue de plus de quarante espèces, à titre d'illustration.

La jusquiame blanche, *Hyoscyamusalbus L.*

Un exposé sur le poison peut servir à préparer les antidotes. En ce temps où la culture d'empoisonnement prend de plus en plus d'ampleur en RDC, il ne serait pas anodin de parler des antidotes contre le poison.

La jusquiame blanche est une plante hautement toxique, elle entre dans la composition d'un poison puissant, comme on peut le lire en RP, IX, 16, 5 (p. 44, 24-26 – 45, 1-23) : « Pour que la drogue soit efficace, on la compose, paraît-il, d'une certaine manière et ce n'est pas à la portée de tout le monde ; aussi les médecins qui ne savent pas la composer s'en servent-ils comme agent septique, entre autres usages. Quand on la boit, elle ne produit aucune sensation, ni dans du vin, ni dans de l'eau miellée. Elle est composée de manière à donner la mort dans des délais déterminés, par exemple, deux, trois ou six mois, une année, parfois même deux ans. La fin la plus misérable est celle qui se fait le plus attendre, car l'organisme dépérit ; la plus confortable est la mort immédiate. Nous n'avons pas découvert, comme nous l'avions entendu dire, l'existence d'une autre plante capable de neutraliser le poison. Mais, il y a des moyens de porter secours à ceux qui en ont pris. Les gens du pays sauvent quelques personnes avec du miel, du vin et certains produits de ce genre mais cela rarement et laborieusement ».

Mode d'administration : La drogue entre dans la composition d'un médicament septique. Ce dernier pouvait se composer de différents produits, comme le signale Aristote, qui se penche, dans l'Histoire des animaux, sur l'influence des lieux sur la vie de ceux-ci et, en particulier, sur celle des serpents, « l'aspis (cobra africain) se trouve en Lybie : c'est le serpent dont on fait le produit septique, et dont la morsure est d'ailleurs sans remède ». Ce mélange devait être appliqué. Notre hypothèse est confirmée grâce à un passage du traité hippocratique Maladies des femmes, I, 94, 1 (VIII, p. 222, 17 L.), dans lequel est décrite une composition de ce médicament.

Il s'agit bien d'une application en onction. Dans notre passage, Théophraste nous informe que la drogue, utilisée comme poison, est administrée en potion.

Effet toxique : poison létal sans antidote.

Contrairement à Théophraste qui note surtout sa toxicité, Dioscoride relève les propriétés ophtalmologiques, odontologiques et gynécologiques de la jusquiame blanche et aussi, l'usage de sa graine comme analgésique. Aujourd'hui, les propriétés à la fois toxiques et thérapeutiques de la plante sont connues. De fait, là-bas, ajoutée à la composition d'un poison, elle en augmente l'efficacité grâce à ses propriétés antiémétiques. En outre, comme thérapeutique, on l'utilise pour ses propriétés sédatives, antispasmodiques, contre les douleurs de vessie. Ses graines ont des propriétés hypnotiques. Dans ce passage, Théophraste note que la préparation de la drogue est du ressort non des médecins, mais d'experts en la matière. L'auteur ne les dénomme pas et ne fournit pas de précision, ni sur la nature de leurs compétences, ni sur leurs rôles par rapport à celui des médecins.

La littérature antique fournit les mentions des divers artisans qui participent à l'élaboration de la drogue. D'abord, interviennent ceux qui sont chargés de couper les racines. É. Samama signale que « Théophraste, ainsi que Dioscoride les mentionnent comme des herboristes chargés de la seule cueillette, selon des habitudes qui relèvent très souvent de la superstition ou de la magie, et qu'ils cèdent les herbes au médecin ou pharmacopole, alors chargés de la composition des remèdes et de la vente ». Au Ve siècle avant notre ère, une foule de petits marchands dénommés selon la nature de leur marchandise, se pressent sur l'agora. On rencontre ainsi les vendeurs d'aromates ou les vendeurs d'huiles parfumées et d'onguents, ou encore les vendeurs d'encens. Parmi-eux, les vendeurs de drogues ou droguistes, sont également des préparateurs. De fait, Théophraste, lui-même, au livre VI des RP, atteste cette activité puisqu'il note, à propos du marrube aux propriétés expectorantes, désinfectantes et sédatives, que « c'est celui que les droguistes utilisent pour certains remèdes ». On peut donc trouver chez ces pharmakopôlai, à la fois vendeurs et préparateurs de drogues, une grande variété de substances et de produits. Cet aspect nous est montré par Aristophane, dans les Nuées, où, au vers 766, à Strepsiade qui lui demande comment se débarrasser de ses créanciers, Socrate recommande d'acheter du cristal, pour mettre le feu à la plainte engagée contre lui. Il trouvera cette pierre chez les pharmakopôlai.

La guimauve officinale, *Althaea officinalis L.*

Cette plante est décrite dès le chapitre 18, possède des vertus thérapeutiques (RP, IX, 18, 1 [p. 51, 2-4]) : « On l'utilise (la racine) pour les lésions et les toux dans du vin doux et sur les ulcères dans de l'huile ».

Modes d'administration : Ce passage est très elliptique. Les modes d'administration ne sont pas expliqués clairement. On suppose donc, que pour les lésions et les toux, on l'administre en potion dans du vin doux. On sait que le vin doux est un expectorant plus actif que le vin blanc fort.

Pline l'Ancien, à la suite de sa notice sur la mauve et ses usages thérapeutiques, se penche sur le cas de l'althaea en signalant d'emblée que « la racine de la guimauve est plus efficace dans tous les emplois indiqués ci-dessus, surtout pour les déchirures et les ruptures ». Pour calmer la toux, il ne note pas tout à fait le même mode d'administration que Théophraste, puisqu'il prescrit les feuilles sèches et bouillies dans du lait. Dioscoride confirme l'usage en potion de la décoction de racine pour soigner différentes pathologies et, parmi elles, les lésions. Ces deux auteurs, contrairement à Théophraste, signalent un très grand nombre d'usages de la guimauve en thérapeutique. Selon eux, elle est efficace contre les oreillons, les inflammations, les abcès, la dysenterie, les taches sur la peau, les blessures et aussi pour remédier à la constipation. Pline rapporte également les traitements qui sont mentionnés dans la Collection hippocratique. Sur les plaies, selon Théophraste, on applique la racine en onction dans de l'huile. De nos jours, P. Schauenberg souligne qu'elle est « indiquée contre les irritations et les inflammations, catarrhes des voies respiratoires et de la gorge (...). On prépare des sirops et des tisanes de guimauve ; on l'utilise également en cataplasmes ».

Indications thérapeutiques : béchique ; traite les lésions de tissu et les ulcères. Parfois, dans le texte du livre IX, il est difficile d'identifier la nature des pathologies que désigne Théophraste et il est également délicat de les traduire en français au moyen du vocabulaire médical. Pour ma part, la traduction française d'Amigues de « ruptures » demeure plutôt vague et suscite certaines interrogations : de quelles ruptures s'agit-il et à quel endroit peuvent-elles survenir ? Dans le premier livre du traité hippocratique Des maladies qui date des années 380, au chapitre 20, 21 (Potter, Loeb V, 1983 publié en 1988 = VI, p. 176, 20 L.) : « Chez quelques-uns, quand les convulsions dans les chairs ou dans les veines sont faibles, il n'y a pas suppuration, mais il surgit des douleurs de longue durée qu'on appelle aussi ruptures » (trad. Littré, 1849).

Au chapitre 16, 4 (Potter, Loeb VI, 1983 publié en 1988 = VII, p. 142, 11 L.), les accidents de la pleurésie sont décrits ainsi : « L'expectoration est de couleur subbilieuse, comme celle de la grenade, à moins qu'il n'y ait des ruptures ; s'il y en a, le malade expectore aussi du sang, que les ruptures fournissent » (trad. Littré, 1851). Dans ce passage, l'expectoration de sang par le malade survient à la suite de lésions dans les tissus. On le trouve encore dans le contexte de maladies affectant les voies respiratoires, notamment dans la description de l'hémoptysie et de ses accidents. Ainsi, au chapitre 1 (Potter, Loeb VI, 1983 publié en 1988 = VII, p. 172, 2 L.) du traité hippocratique Des affections internes (années 400-390), on trouve des remèdes contre la maladie et ses effets (toux sèche et crachats de sang) : « On lui donnera encore les racines de centaurée qui sont bonnes pour ces ruptures et dont on mettra les râclures dans du vin ; ou bien, dans du vin, des râclures de dracontion ; ou bien, à cause de la toux, des râclures de dracontion, à prendre en éclegme dans du miel » (trad. de Littré, 1851). Nous constatons que les lésions pouvaient survenir dans des tissus de nature différente (muscles, os ou veine) avec épanchement ou non de sang. En conclusion, en considérant le terme dans son sens large, vu les différentes pathologies qu'il peut recouvrir, la traduction par « lésion de tissu » nous semble plus adaptée. Quant au terme Amigues traduit en français par « ulcère », que désigne- t-il ? Galien, un de ceux qui ont promu la médecine romaine (X, 232) le définit comme « une solution de continuité dans la chair d'un tissu ». L'ulcère, dans le vocabulaire médical d'aujourd'hui, est « une perte de substance d'un revêtement épithélial cutané ou muqueux sans tendance à la cicatrisation spontanée ». Il peut survenir dans différents organes ou tissus (ulcère de l'estomac, de la cornée, du poumon, etc.).

Il y a fort à parier que cette maladie ressemble à l'ulcère africain que nous appelons à Kinshasa Mbasu.

La « vigne sauvage » ou bryone, *Bryoniacretica L.*

Cette plante, dont les racines ont un effet échauffant, est décrite par Théophraste dans le chapitre 20, où elle entre dans la préparation de cosmétiques (RP. IX, 20, 3 [p. 58, 10-12]) : « Comme drogue échauffante et âcre, il y a encore la racine de la « vigne sauvage », utilisée par conséquent comme dépilatoire et pour éliminer les taches de rousseur ; le fruit sert à dépiler les peaux ».

Mode d'administration : Utilisée en application sur la peau, la bryone a une action détergente confirmée par Dioscoride.

Indication thérapeutique : échauffant.

Indications cosmétiques : dépilatoire ; élimine les taches de rousseur.

L'aristoloche, *Aristolochiarotunda L.*

L'aristoloche est décrite dans RP, IX, 13, 3 (p. 36, 4-12), ainsi que les nombreux usages de sa racine : « (Sa racine) a de nombreux usages : excellente pour (les plaies à) la tête, elle est bonne également pour les autres lésions, contre les serpents, comme somnifère et pour la matrice. On recommande donc de l'employer dans le premier cas en application après l'avoir détrempée à l'eau, et dans les autres, en rognures incorporées à du miel et à de l'huile ; pour les morsures de serpent, en potion dans du vin piqué et en emplâtre sur l'endroit mordu ; comme somnifère, finement râpée dans du vin rouge sec ; s'il y a prolapsus de la matrice, en injection avec de l'eau ».

Modes d'administration : Contrairement à d'autres passages des RP, la description de l'utilisation de la racine, particulièrement précise et claire, enrichit notre lexique relatif au vocabulaire de l'administration des essences. Sur les plaies de tête, on applique en cataplasme la racine détrempée à l'eau. Sur tout autre type de plaie, on applique des raclures de racine incorporées à du miel et à de l'huile. On sait que le miel, pour sa douceur dans les potions et pour sa texture comme liant dans les cataplasmes, ainsi que l'huile, servent d'excipient dans la préparation des médicaments. Pour les morsures de serpents, la racine de l'aristoloche est administrée sous deux formes : en potion à base de vin piqué et en emplâtre sur la zone mordue. Comme somnifère, elle est donnée en potion à base de racine râpée et de vin rouge sec. Comme le note J. Jouanna, les Grecs anciens le dénommaient, le vin rouge. Dans l'antiquité, les variétés de vin ainsi que leurs propriétés étaient multiples : blanc ou noir, parfois jaune, doux, léger ou fort, odorant ou sans odeur, astringent, supportant ou non d'être mélangé à l'eau.

Nous nous arrêtons à ce niveau, et ce à titre illustratif. Il est clair qu'il faut des travaux pratiques pour identifier la plante en question et procéder à sa préparation. Les études phylogénétiques des essences peuvent suivre après coup.

Au demeurant, qu'est-ce qu'il faut ici retenir pour un homme de Lettres ?

Les Départements classiques de la Faculté des lettres et Sciences Humaines, sont devenus des parents pauvres des Départements pour la simple et mauvaise raison qu'ils n'ont plus d'étudiants. Lorsque nous revenons à la proposition du professeur Lino Pungi de remettre sur la table l'ensemble des Cours dont disposent la Facultés et essayer de les redistribuer en les mélangeant avec les Départements des grands effectifs avec l'idée de brassages complémentaires, ce procédé peut être attractif pour les autres étudiants.

La conception unitarienne des sciences rejoint, pour nous, le sens originaire de l'Université qui est, comme on a tendance à l'oublier, un raccourci qui vient du latin d'abord 'universitaslitterarum'(totalité des sciences) puis 'universitas, ou magistrorum et scholarium' (totalité ou communauté des maîtres et des étudiants, des professeurs et des étudiants). Cela indique l'idée ancienne qui mettait soit toutes les disciplines scientifiques ensemble soit tous les professeurs et tous les étudiants des diverses disciplines ensemble en vue du dialogue interdisciplinaire entre professeurs qu'entre professeurs et étudiants. Ces liens historiques qui nouaient tout cela ont été perdus. C'est ce que nous essayons de reconstituer.

Telle est l'utilité d'une telle étude. Pour nous, la majeure partie des reformes qui sont pensées et mises en place aujourd'hui en Afrique à la suite de ce qu'on appelle le processus de Bologne et de l'Assurance -Qualité au niveau du Supérieur, non seulement qu'elles se limitent au niveau du Supérieur justement -non sans être utile- n'aborde pas suffisamment la réforme de contenus des sciences de l'enseignement en général, allant du Fondamental au Supérieur. Ces réformes ne touchent souvent qu'à la forme de la réforme, sans s'attaquer au fonds du problème, c'est-à-dire, aux conceptions de l'Histoire des sciences, qui ont alterné de la conception autonomiste actuel de chaque discipline à la conception dite unitarienne de l'ensemble des disciplines scientifiques.

Toutes les sciences ont leurs problèmes et ces problèmes sont souvent, on peut s'en douter, éludés et souvent à dessein par les grandes puissances, et ce dès l'enseignement fondamental jusqu'à l'université. Il est utile de montrer les mensonges, les plagiats concoctés dans l'histoire de l'acquisition scientifique ? Indiquer pour cela dans l'histoire générale des sciences leurs berceaux. Aussi, est-il utile de montrer les liens entre les sciences et ses effets sur la psychologie de l'apprentissage des connaissances scientifiques ?

D'où, les questions de savoir : Faut-il continuer d'enseigner la science achevée dans sa maturité à tous les niveaux de scolarité ou enseigner les sciences à partir de leurs origines et des étapes de leurs développements ? Quels sont les avantages et les inconvénients de chacune de ces deux options d'enseignement par rapport à l'apprentissage ?

Il y a, en effet, lieu de faire un plaidoyer pour l'instauration du Cours de l'Histoire des sciences dès l'enseignement fondamental, comme une discipline philosophique consacrée aux révolutions scientifiques. Un des intérêts de cette option est de montrer les liens entre des disciplines scientifiques. Définir ainsi les objectifs des reformes de l'ordre pédagogiques, épistémologiques, idéologiques, politiques, méthodologique et ludiques, émancipatoires, etc.

L'abondance des informations à l'heure de la société de l'information ne demande-t-elle pas que l'on ordonne et recentre les connaissances à partir d'un certain nombre des critères de son développement liés à chaque époque?

A chaque Histoire des sciences particulières correspond un certain nombre de courants des pensées. Les courants des pensées de l'histoire générale des sciences sont entre autres : l'expérimentalisme, le formalisme combinatoire, l'atomisme, le sécularisme, le gnoso- inductivisme, le constructivisme, le rationalisme, l'empirisme, l'idéalisme, etc. Nous pouvons partir de l'expérimentalisme vers le rationalisme, ou l'inverse.

Notre thèse réside aussi, ici, pour montrer l'importance des lieux antiques de production de connaissance. Les lieux de production scientifique antiques tels que les empires fluviaux antiques autour du Nil, du fleuve Euphrate et Tigre, de l'Indus et du fleuve jaune marquent les débuts des sciences antiques. Il est important pour les africains de présenter l'histoire des sciences en Afrique antique et sa place dans l'histoire générale des sciences.

Il faut souligner l'émergence tardive de la Grèce antique et la nature de sa révolution scientifique, le fameux miracle grec. Montrer la nature de la rupture et/ ou la continuité des sciences antiques et les sciences des temps modernes.

En ce qui concerne l'étendue des terrains des recherches, Théophraste visiblement l'a mené en touchant les coffins de Croissant Fertile qui allait de l'Egypte antique à la Mésopotamie en passant par l'Arabie et la Syrie antiques, une recherche qui distinguait des végétaux exotiques, des plantes à parfum d'Arabie, de Syrie et d'Inde. En outre, le philologue américain M. Wellman signale des indices au sein des *Recherches sur les Plantes* qui montrent les contacts ou les influences suite aux découvertes effectuées lors de l'expédition d'Alexandre le Grand jusqu'à l'Indus.

Pharmacopée et sciences médicales de la vallée de l'indus

En fait, les textes en persan furent parmi les premières sources que les européens modernes utilisèrent dans leur découverte des traditions et du savoir indiens, où ont puisé en partie Aristote, Théophraste et Pline l'Ancien dans l'Antiquité, y compris dans les autres domaines scientifiques. Beaucoup plus tard, les anglais gardèrent en Inde le persan comme langue officielle de l'administration pendant plus d'un demi-siècle, jusqu'en 1835. En 1856, le médecin James Thornton rapporte qu'il était obligatoire de passer un examen de conversation en hindoustani avant de pouvoir être qualifié comme officier médical pour des postes locaux de l'IndianMedical Service. Des études récentes ont montré qu'au début de la présence coloniale, les occidentaux rencontrèrent des difficultés pour adapter leur savoir et leurs remèdes aux conditions indiennes et qu'au moins pendant une certaine période, ils s'intéressèrent aux substituts et aux remèdes locaux.

Plusieurs siècles durant, les contacts avec l'ancien savoir indien et sa pharmacopée raffinée élargirent le champ des ressources thérapeutiques disponibles pour les médecins indo-musulmans, avant l'Inde anglaise et française, la pharmacologie étant sans doute la discipline médicale pour laquelle ces contacts déterminèrent le plus important renouvellement de connaissance, si l'on compare cela à l'héritage de la tradition arabo-persane plus ancienne.

La chirurgie est une science très ancienne qui plonge ses racines dans la protohistoire sinon dans la préhistoire. Les Égyptiens anciens la pratiquaient ainsi que la civilisation de l'Indus, ce qui montre une grande parenté entre ces deux civilisations. On y a trouvé des crânes qui ont subi la trépanation. Cette tradition multimillénaire a dû se transmettre et se perpétuer jusqu'à l'époque védique de l'Inde et plus tard. Le premier chirurgien indien qui ait laissé des écrits sur cette science est Susruta. Dans son traité, le SusrutaSamhita, cet éminent chirurgien fait preuve d'une grande érudition et d'une méthodologie rigoureuse qui se comparent favorablement avec les textes modernes. Il arrange méthodiquement les différentes expériences chirurgicales et les pratiques des chirurgiens plus anciens. Il dénombre 125 instruments chirurgicaux différents (beaucoup de ces instruments sont pratiquement en usage encore aujourd'hui).

Les sciences médicales, que ce soit sous l'aspect fondamental (anatomie, pathologie, physiologie), l'aspect préventif (asepsie, diététique), l'aspect curatif (pharmacologie, thérapeutique) ou l'aspect opératoire (chirurgie) … sont entre autres sorties de l'observation des phénomènes ambiants pour aboutir à des applications pratiques pour améliorer le bien-être de l'humanité, le but ultime. Un bien- être au sens le plus large, le plus englobant possible : bien-être spirituel, psychique, physique, matériel...

Un ample traité médical sanscrit fut traduit pour un anglais, William Blaguire, par Ḥasanī al-Kirmānī en 1210/1803. Le titre original de l'ouvrage est transcrit et sa traduction persane, en quarante-huit chapitres, fut intitulée.

La Medical and Physical Society of calcutta publia en 1833, la traduction anglaise du Ta'līf-i Šarīfī de ŠarīfḪān, réalisée par George Playfair, chirurgien en service au Bengale. Dans son introduction, Playfair souligne que les médicaments des médecins indiens avaient des effets très bénéfiques pour de nombreuses maladies pour lesquelles la pharmacopée européenne n'avait pas de remèdes adéquats.

La deuxième partie de ce même ouvrage, en trente-huit chapitres, est consacrée à la pathologie et au traitement, incluant dans l'ordre : les maladies de la tête, des yeux, les blessures de la bouche et la fièvre, les troubles du bād (en plusieurs paragraphes), de la bile et du sang, la dyspnée (żīq al-nafas), les troubles du ventre, des dents, les enflures (āmas), la toux, le hoquet, les problèmes causés par l'ingestion de certaines substances, les troubles du thorax et des testicules, la toxicologie. Pour la médecine vétérinaire et la zoologie, Abū al-Fażl, soulignait que les hindous ont composé de nombreux traités sur l'éléphant et son traitement, décrit la gestation et l'embryologie, les classifications physiques et tempéramentales des éléphants.

La production des sciences hindoues relevait d'une sorte des jeux. C'est ici le mode général de productivité scientifique qui se prolonge par des commentateurs plutôt successifs des prêtres et des savants. Nous le verrons avec les autres disciplines scientifiques outre le droit sur lequel nous nous étendons plus largement à une autre occasion.

Ḥakīm'abd al-laṭīf, un membre de l'influente famille de médecins yūnānī des 'azīzī de lucknow, souligne dans son ouvrage Hamārīṭibb men hindūonkāsājhā(la relation de l'Inde avec la médecine occidentale),que la ṭibb, la médecine, n'est pas simplement une yūnānīṭibb, une médecine grecque, mais une synthèse des médecines grecque, arabe, iranienne et indienne, et que d'un point de vue historique, l'origine indienne est prédominante.

En 1936-37, un financement particulier fut assigné à la médecine ayurvédique indienne. Le gouvernement de Hyderabadre connut officiellement vingt institutions académiques ayurvédiques en Inde, et en 1941 le niẓāmayurvediccollege and Ṣadrdawā-ḫāna de Hyderabad fut intégré dans le département sanitaire de l'état.

Les conceptions médicinales sont diverses. Il y a eu aussi plusieurs échanges de l'Inde avec la Chine dans le domaine médical. L'acupuncture (600 av.J.C.) donne sur le corps humain 657 points sur 12 méridiens sans substratum atomique. Les méridiens du poumon, s'allonge sur le bras gauche ; de reins, va de la poitrine au pied gauche, et du gros intestin, du nez au bras droit. L'acupuncture et les différents types de massages orientaux stimulent le flux d'énergie afin de rétablir l'équilibre optimal et de maintenir le corps en santé. Il s'agit de la transmission d'une force : le Ts'i, un flux énergétique.

En Inde antique toutes les sciences se tiennent. D'après le VisnhovDharmottava, le plus ancien traité sur l'esthétique, la couleur des choses peintes doivent imiter la nature, mais tout le côté de la peinture qui tend à exprimer les émotions, des sentiments, doit suivre les règles de correspondance entre les émotions et les couleurs. Ainsi, l'amour est bleu foncé, le rire est blanc, la compassion est grise, la colère est rouge, le courage, l'héroïsme, sont d'un blanc doré, la peur est noire, l'étonnement ou le sentiment du surnaturel est jaune, le dégoût est indigo.

Les expériences individuelles dans les domaines des soins et de l'hygiène rassemblées et codifiées lors des symposiums forment la base de l'Ayurveda, le traité des sciences médicales indiennes, que ce soit en médecine proprement dite, en chirurgie ou en obstétrique. Les versets du Rig Veda suivent pas à pas le progrès de l'homme dans le domaine médical. Susruta était aussi célèbre pour ses extractions de calculs. Il développe la méthode à utiliser dans un rare cas de « Sukrasmari » (il s'agit de concrétion produite par le liquide séminal chez l'homme). L'existence de cette pathologie inconnue n'a été découverte ou redécouverte qu'au XXe siècle par des médecins occidentaux.

De tous les scientifiques indiens de ces temps reculés, Susruta semble être le savant le plus « moderne » par sa pensée, ses techniques, sa vision scientifique et aussi par son comportement. Il devait jouir d'un très grand prestige, car il a pu se permettre de passer outre ou de contourner avec impunité les tabous religieux et les interdits sociaux de son époque. Les conseils qu'il prodigue à ses disciples n'ont rien à envier au célèbre serment d'Hippocrate.

De l'Egypte et de l'Inde antiques

La seule grande question qui se posait étonnement dans l'histoire des sciences entre l'Egypte et l'Inde antiques, portait sur le fait de savoir qui a colonisé l'autre ? La réponse était pour le moins étonnante, et tous ou presque tous les savants occidentaux de la fin du 19 e siècle l'admettaient : les égyptiens seraient venus de l'Inde ! Et pourtant, l'Afrique est le berceau des peuples noirs ? Au demeurant, cette thèse a depuis était battue en brèche. Toutes fois, 'les rapports entre les égyptiens et les Indous sont prouvés aujourd'hui par des fouilles archéologies.

Ces savants concluent au fait que 'les faits anthropologiques, ethnologiques et linguistiques s'accordent donc pour démontrer que les organisateurs des premières dynasties égyptiennes venaient du bassin de l'Indus et qu'ils étaient proches parents des habitants de Mohenjo-Daro et aussi des ancêtres des populations de l'Inde, qui parlent les langues dites dravidiennes. Les peuples noirs antiques de la vallée de l'Indus qui parlent les langues dravidiennes, comme le Tamoul, ressemblent sur le plan anthropologique et linguistique avec les Egyptiens antiques, notamment aujourd'hui avec la langue Copte.

Dans son Histoire des sciences P. Marage (2006-2007), donne la chronologie suivante des premiers empires, en commençant par l'Égypte antique avec les dates suivantes :

-4225 premier calendrier
-3000 première dynastie ; numération décimale
-2680 les grandes pyramides
- 2200-1970 temples de Karnak
- 2000 Les lois de Sesostris
-1675 introduction du cheval (chars)
-1650 papyrus mathématique de Rhind
-1364 Akhenaton
-1290 Ramsès II
-331 Fondation d'Alexandrie
L'auteur situe l'émergence de l'Indus et de Mohenjo-Daro, Hurappa vers -3300
-1800 av.J.C.

Les briques de l'Egypte et celles de l'Indus ont la même forme ; des architectes ont signalé dans les temples et les tombeaux des traits de construction communes à l'Egypte et à l'Inde. Les taureaux des sceaux de MohenjoDaro rappellent le bœuf Apis des Egyptiens ; et les cobras qui figurent sur les couronnes des rois d'Egypte sont rares en Afrique, mais sont encore sacrés pour les Indiens ; les dieux et les rois apparentés et plus ou moins associés à des animaux attestent des conceptions religieuses plus indiennes que sémitiques chez les anciens Egyptiens, qui n'auraient pas fait de momies du temps des deux premières dynasties. Au commencement, Ménès ou Manes fonde la première dynastie égyptienne et unifie deux Etats, de Haut Egypte et de la Basse Egypte en un seul.

Dès 1924, J. Horneîl a écrit un mémoire paru dans le Journal of the Royal Anthropology. Institut of Great-Britain, dans lequel il signale l'origine commune d'une section raciale importante des anciens Egyptiens et de la masse de la population de l'Inde du Sud. Les conclusions auxquelles nous a conduit la comparaison des langues dravidiennes et de l'ancien égyptien ne font donc que confirmer celles formulées par d'autres spécialistes. Les Dravidiens modernes et les fondateurs des premières dynasties égyptiennes représentent la population civilisée de l'Inde, qui a bâti Mohenjo-Daro et Harappa.'(p.16)

'Voici quelques exemples des correspondances phonétiques relevées entre le copte et les langues dravidiennes ; les mots coptes cités représentent régulièrement des formes égyptiennes anciennes, les lettres non en italique dans les mots dravidiens représentent des cérébrales.

Egyptienktt « petit » - tamoul kutti - canara giddu. ;

Egyptienkrkr « pierres en tas » - dravidien (tous les dialectes) kal Copte koi « montagne » tamoul ko. Copte koot « maison » - canara, tamoul kudi - brahuikôti. Copte kêpe « toit » dravidien kappu. Copte hko « faim » - telougou ako - n.

Egyptienmnk « achever » - copte mounk — tamoul muki — canara mugi.

Egyptientk" « brûler » - tamoul taki.

En égyptien un même hiéroglyphe représente n ou l dans les mots empruntés au sémitique ; en copte, on trouve soit n soit l représentant l'égyptien n selon les mots ; d'autre par, m et b peuvent être des variantes dialectales, tant en Inde qu'en Egypte ; enfin les langues dravidiennes distinguent à l'intérieur plusieurs types de nasales, alors que le copte écrit avec les caractères grecs ne différencie que m et л et écrit quelquefois avec л des mots égyptiens avec m. Exemple : égyptien m « dans » = copte л = dravidien et telougou na, mais koui Id'i « à l'intérieur ». De tels faits ne facilitent pas l'étude des correspondances des nasales ; voici quelques exemples qui paraissent clairs :

Egyptien mn « rester, demeurer » = copte moun, mên — tamoul man ; égyptien mn-t « racine » (le / suffixe du féminin a disparu en copte) = tamoul, canara mûla ;

Egyptienmdw « parole, parler » = copte moute = canara mâtu, telougou mata ;

Egyptienлл-л « nous » = canara nam, tamoul nâm (incl.) ; égyptien nw « voir », copte паи = vieux tamoul no ;

Egyptien des pyramides dng « nain » cf gond thêng-al « homme de petite taille » (fem. ïhzng- ahk.) Le nom « ébène » se rattache au grec 'eben-os dérivé de l'égyptien hbny = canara bilà -ra. Le canara a b = tamoul et telougou, etc., v ; plusieurs exemples égyptiens montrent que le b est ancien : cf égyptien wbn « briller » = canara bela-gu, telougou velu-gu ;

Egyptienbyn « mauvais » copte ebion « le mal », bôôn « être mauvais » = canara binu-gu (v.), tamoul vinne (s.).

Egyptien w à l'initiale a donné ou en copte, lorsqu'il n'a pas été éliminé. Copte oua «un» (fem. ouit) = dravid'en or, neutre o-ndu (fem. or-utti) (r est une consonne également éliminée en copte) ; égyptien wnm « manger », copte wôm = I dravidien ; un, II canara, telougou nama-lu « mâcher, ruminer ». L'opposition - a fem. it dont « un » nous offre ci-dessus un exemple en copte = canara - да fem. - ti, -i, -ati ; il s'agit là d'un fait non sémitique, mais il n'est pas possible de signaler les autres traits morphologiques communs à l'égyptien ancien et aux langues dravidiennes, mais non conservés en copte.

Conclusion

Il n'a pas d'industrie médicinale et pharmacologique sans la promotion d'un artisanat local. Et, cela y va de tous les domaines.

Les liens entre l'Egypte antique et l'Inde antique semblent n'avoir pas été suffisamment investis par les chercheurs égyptologues et les indianistes. Ce champ nouveau est porteur de beaucoup de fécondité. Ethnophilosophie et l'ethnobotanique peuvent renouveler les connaissances des paradigmes puristes de philosophie et de la science botanique pour la santé spirituelle, physique et mentale de l'humanité. Ainsi, revenir à nouveau frais à ces débats lancés par Paulin Hountondji en renouvelant des champs des recherches d'une médecine chimique autonomiste et d'une philosophie où des idées et des pratiques locales seront reprises à nouveau frais en revisitant leurs histoires et la nature de leurs révolutions paradigmatiques tout en étant institutionnalisé dans le système éducatif.

Bibliographie sélective

1. Joël REYNAUD (Dr), Alexandre PIROUX, Evolution des classifications botaniques : utilitaires, morphologiques, phylogéniques, Rockefeller 69008 LYON DESS Ingénierie documentaire ,2002.
2. Fabrizio SPEZIALE. *Les traités persans sur les sciences indiennes : médecine, zoologie, alchimie. Institut Français de Recherche en Iran*, D. HERMANN - F. SPEZIALE. *Muslim Cultures in the Indo-Iranian World during the Early-Modern and Modern Periods*, Klaus Schwarz Verlag, pp.403-447, 2010, Bibliothèqueiranienne vol. 69 - IslamkundlicheUntersuchungen, vo. 290. halshs-00584792.
3. HOMBURGER L. « L'Inde et l'Afrique » In*Journal de la Société des Africanistes*, 1955, tome 25. pp. 13-18;doi : https://doi.org/10.3406/jafr.1955.1869https://www.persee.fr/doc/jafr_0037-9166_1955_num_25_1_1869
4. Soucé Antoine PITCHAYA, *Les sciences dans la pensée indienne.* file:///E:/sciences-indiennes-pitcha12.pdf)

RAPPORT

- *Rapport final, Temps des plantes, temps des humains*, Douzième séminaire d'ethnobotanique du domaine européen, Salagon, musée et ethnopôle, Forcalquier, 10 et 11 octobre 2013.

MEMOIRE

- Pauline GREGOIRE, « Entre alimentation, hygiène et médecine : le vocabulaire de l'administration des simples » dans *Le livre IX des Recherches sur les plantes* de Théophraste, 2008-2009.

Axe 2

La Covid 19, pathologie, thérapie et questions éthiques

L'écocitoyenneté face à la Covid-19 : Élaboration d'un curriculum intégrateur de l'Ére[25]

Par Marie-Claire MUKWASA GIPELA

Le contexte de cette étude s'inscrit au cœur de l'épidémie de la maladie à coronavirus qui sévit actuellement notre planète. Notre exposé porte sur l'écocitoyenneté face à la COVID-19. Aucun pays, aucune nation, aucun continent, aucun citoyen ; aucune personne n'est épargnée de sa rigueur et sévérité. La planète terre est à genoux devant sa létalité. Tournons-nous vers l'ERE et l'écocitoyenneté pour nous s'en sortir.

Notre problématique porte sur le comment et le pourquoi de la lutte contre le coronavirus. Des mesures drastiques ont été prises pour lutter contre cette pandémie. On est obligé de se plier, d'adopter des nouvelles habitudes et de se conformer au respect des normes sanitaires et environnementales.

L'intérêt d'une telle réflexion découle de ce péril mondial. Dans la situation actuelle, tout le monde doit s'impliquer pour arrêter cette catastrophe et tout premier lieu, les scientifiques. D'où l'utilité de cette étude qui offre des indications pour lutter contre la COVID-19. Aucune lutte contre cette pandémie ne peut se réaliser en dehors d'une bonne éducation, d'une bonne formation et d'une bonne instruction. Nous préconisons une éducation basée sur des méthodes, des stratégies et des moyens idoines.

L'objectif de ce travail consiste à sensibiliser la population de la RD Congo et d'ailleurs sur la lutte contre la COVID-19. Spécifiquement, nous voulons fournir une information essentielle sur cette maladie en vue de provoquer une réflexion et une implication de tout citoyen. Devant les risques de contamination de coronavirus, il y a nécessité d'instruire, de former et d'éduquer le citoyen. Une bonne formation nécessite une éducation à l'environnement, car cette crise mondiale qui est sanitaire est avant tout une crise environnementale.

[25]. Marie-Claire MUKWASA GIPELA, Docteur en Sciences de l'Education, Professeure UNIKIN Faculté des Sciences de l'Education, Université de Kinshasa.

Nous partons de l'hypothèse selon laquelle la victoire contre la COVID-19 procède de la protection et du respect de l'environnement. La propagation de la COVID-19 est liée à l'écologie. Mieux les règles d'un environnement sain seront respectées, mieux l'homme sera sauvé de cette maladie. Cela signifie que tout homme doit aujourd'hui, qu'il le veuille ou non, devenir un écocitoyen. Formelle ou non formelle, l'ERE à l'ère de la COVID-19 devient une nécessité impérieuse car, comme disent les Saintes Écritures, « Mon peuple est détruit parce qu'il lui manque la connaissance» (cf. Osée, 4,6).

Notre étude se structure en deux grands moments. Dans un premier temps, nous présentons l'écocitoyen face à la Covid-19. Dans un deuxième temps, notre étude élabore une ébauche de programme d'ERE en période de la Covid-19.

I. L'écocitoyen et la Covid-19

Ce premier point est d'abord consacré aux données scientifiques sur la pandémie de la maladie à coronavirus. La deuxième étape de ce point nous décrit l'écocitoyenneté.

1.1. La pandémie de la maladie a coronavirus

La maladie à coronavirus est une pathologie virale chez l'homme, provoquée et causée par le SARS-CoV-2. Sa transmission est aéroportée et sa la contamination se fait par des sécrétions respiratoires, par contact, d'une façon directe avec la surface contaminée. La Covid-19 affecte les individus de différentes manières.

1.1.1. Les symptômes de la COVID-19 sont de plusieurs ordres et peuvent se repartir ainsi :

- Les symptômes les plus fréquents sont la fièvre, une toux sèche, la fatigue.
- Les symptômes les moins fréquents sont les courbatures, les maux de gorge, la diarrhée, la conjonctivite, les maux de tête, la perte de l'odorat ou du goût, l'éruption cutanée, ou la décoloration des doigts ou des orteils
- Les symptômes graves sontla dyspnée, les difficultés à respirer ou essoufflement, la sensation d'oppression ou une douleur au niveau de la poitrine, la perte d'élocution ou de motricité.

La personne qui présente des symptômes graves, doit consulter immédiatement un professionnel de santé. Les individus présentant des symptômes légers, mais qui sont par ailleurs en bonne santé, doivent se soigner chez eux.

1.1.2. L'incubation dure au minimum 2 jours et au maximum entre 14 et 27 jours. Ainsi, en moyenne, l'apparition des symptômes chez une personne infectée par le virus prend cinq à six jours. Cependant, ce délai peut s'étendre jusqu'à quatorze jours.

1.1.3. Le diagnostic se fait par prélèvement nasopharyngé ou bronchique et par scanner des poumons. La COVID-19 est différente des autres infections virales, de la grippe et de toutes les autres infections pulmonaires bactériennes et virales et de la tuberculose.

1.1.4. Son traitement est symptomatique, antiviral, oxygénothérapique normobare, immunothérapique, immunodépresseur et avec un sérum immun. Actuellement, aucun traitement efficace n'est prouvé. Les médicaments n'offrent que des soins de support. La mortalité est estimée, selon l'Institut Pasteur, à 0.5 % des cas (une majorité n'étant pas testée).

Ainsi, la COVID-19 est une maladie grave et a été déclarée pandémie mondiale par l'OMS. De l'incubation à la guérison ou au décès de la personne, en passant par ses symptômes, son traitement, sa protection et sa prévention, la COVID-19nous rappelle la relation intime et délicate que l'humanité et la planète entretiennent. Elle est liée à l'environnement et à l'écologie. En tant que fléau dont le péril est mondial, elle nécessite un effort conjugué de tous les citoyens du monde. Ainsi, une éducation à l'écocitoyenneté devient impérieuse pour que les efforts déployés pour rendre notre monde plus sûr ne soient voués pas à l'échec. Ces efforts doivent porter sur l'interface cruciale entre l'être humain et les agents pathogènes et sur la menace existentielle qui rendent notre planète moins habitable.

1.1.5. Durée d'infection du coronavirus

Plusieurs études ont tenté d'estimer le temps durant lequel le virus restait infectieux sur des surfaces inertes, mais les chiffres sont plus complexes à appréhender qu'il n'y paraît au premier abord.

Le virus n'est pas un « vivant » pour survivre. Il faut parler plutôt de maintien de l'infectiosité. Combien de temps reste-il infectieux ? La stabilité du virus SARS-CoV-2 (responsable de la maladie COVID-19) dépend du type de surface considéré. Les conditions matérielles (température, humidité, par exemple) n'étant pas connues, il est relativement difficile d'apprécier la validité d'une telle durée, et toute conclusion serait au mieux imprudente et hâtive, au pire totalement fausse.

Les résultats montrent que le virus peut persister sur ces surfaces entre deux heures et six jours (moins longtemps si la température ambiante approche des 30 °C). Les chercheurs ont ainsi retrouvé des souches viables du virus jusqu'à cinq jours après pulvérisation sur l'acier, le verre ou la céramique, sans avoir pu mesurer quelle quantité a été retrouvée sur chacune de ces surfaces. Des résultats assez variables (de deux à six jours) ont été obtenus pour le plastique, tandis que sur le latex et l'aluminium, quelques heures suffisent à faire disparaître toutes les souches.

Certaines études ont testé la résistance du virus sur certains matériaux, comme le carton et le cuivre, ou dans l'air, en le pulvérisant par aérosol. Les résultats montrent des durées de persistance de trois heures (aérosols) à trois jours maximum (acier, plastique), en passant par des valeurs intermédiaires (vingt-quatre heures pour le carton), pour une même quantité de virus pulvérisée. Le plastique et l'acier sont les surfaces où la stabilité du virus est la plus longue. Le matériel génétique du virus déposé sur un lieu, peut-être détecté jusqu'à dix-sept jours après.

En résumé, selon les surfaces, le virus SARS-CoV-2 peut persister suivant les durées suivantes :

Tableau 1 : Durée d'infection du coronavirus

Matières		Durée minimum	Durée maximum
1.	Plastique	2 jours	6 jours
2.	Verre et céramique	5 jours	5 jours
3.	Acier inoxydables	3 jours	5 jours
4.	Papier, carton	1 jour	1 jour
5.	Aluminium	2 heures	8 heures
6.	Cuivre	4 heures	4 heures
7.	Textiles	Aucune donnée scientifique sur la capacité du virus à y résister. Celui-ci est détruit facilement dès 30 °C.	

Source : Marianne BOYER et Gary DAGORN, art.cit.

1.1.6. La prévention de la COVID-19 se fait au moyen des gestes barrières consistant entre autres à ne pas entrer en contact avec le virus. Une précaution cruciale consiste à imposer le confinement de la population et la limitation de certains droits individuels ou collectifs. Plusieurs pays ont préconisé un État d'urgence sanitaire conformément à leurs textes constitutionnels. Les gouvernements des pays touchés par cette pandémie ont procédé à la fermeture des écoles et universités, des entreprises, des frontières interétatiques ou interrégionales, des Églises et des lieux de culte, des bars et des stades, des lieux des loisirs et des espaces publics. Des restrictions ont été exigées lors des funérailles et d'inhumation. Un contrôle permanent a été préconisé, grâce à un dépistage volontaire ou massif des personnes suspectes et de leurs contacts.

Est également indiquée une batterie des mesures suivantes : (1) garder une distanciation appropriée autant que possible en évitant tout contact avec une personne infectée, (2) tousser et éternuer dans des mouchoirs à usage unique jetables en toute sécurité, (3) utiliser le coude fléchi pour tousser ou éternuer, (4) se laver régulièrement des mains au savon ou au gel hydro-alcoolique désinfectant (au moins 60% d'alcool), (5) utiliser des masques faciaux, (6) éviter de se toucher le nez, la bouche, les yeux avec des mains non lavées, (7) désinfecter les personnes et les locaux suspects, (8) éviter d'entrer en contact avec des animaux.

Toutes ces mesures sont des gestes barrières, mieux des écogestes. Chaque citoyen est appelé à devenir un écocitoyen et un écosseur. Une éducation à l'environnement devient indispensable pour endiguer cette pandémie et pour protéger la planète.

1.2. L'eco-citoyenneté face à la Covid-19

1.2.1. L'écocitoyenneté

L'écocitoyenneté est la qualité des relations que les individus entretiennent entre eux, avec leur milieu de vie et ceux qui le composent. En cette période de la pandémie de la maladie à coronavirus, l'écocitoyenneté devient un réflexe de survie et de vie. A la lumière du diagnostic, de la prophylaxie, du traitement et de la prévention de la COVID-19, tous ses gestes et toute attitude comptent pour épargner les populations de l'hécatombe.

Aussi, l'écocitoyen réfléchit-il avant d'agir. Il fait attention à la portée de ses gestes. Il ne jette pas les masques souillés n'importe où et les détritus dans la nature. Mais, il trie les déchets qu'il dépose dans les bornes adaptées. L'écocitoyen ne pollue pas les cours d'eau; il économise l'eau et l'énergie, il choisit les emballages biodégradables. Avec les mesures de distanciation sociale, il évite les transports en commun sans protection, il participe aux débats de son quartier et de sa ville sur les mesures de protection contre la COVID-19, il fait attention aux autres. L'écocitoyen est solidaire avec tous les autres citoyens. Devant la COVID-19, il prend conscience des équilibres écologiques, il sensibilise, il communique, il agit de manière responsable en participant à la gestion de son milieu.

Cette prise de conscience commence à l'école. Chaque élève doit devenir un écocitoyen. Son engagement a un double impact. A l'échelle locale, il y a des impacts directs sur l'établissement scolaire et son cadre de vie (milieux désinfectés). A l'échelle planétaire, les impacts sont sur l'environnement et la solidarité internationale. Par exemple, les déplacements entre le domicile et l'école (enseignants, parents, élèves) doivent contribuer à réduire les pollutions locales, les conséquences sur la santé et les encombrements des voies. Au niveau planétaire, il y a un important bénéfice sur les changements climatiques.

L'écocitoyenneté, c'est aussi un engagement collectif. Dans notre vie "publique", nous devons nous engager dans des instances locales de réflexion citoyenne où tous, habitants, acteurs, associations, entreprises, partenaires, techniciens et élus sont invités à « co-penser » la lutte contre la COVID-19 et « co-construire» ensemble des cités, des quartiers et des pays sans COVID-19. Aujourd'hui, il nous faut une nouvelle gouvernance qui intègre la gestion de cette pandémie et qui nous impose de vivre avec elle (exemple : le port obligatoire et convenable des masques entre dans nos habitudes vestimentaires).

La nouvelle gouvernance est l'ossature du développement durable à l'ère du corona virus. Dans ce cas, la dimension environnementale englobe de nombreux domaines : le climat, la biodiversité, les ressources naturelles, la qualité de l'air et de l'eau, la gestion des déchets, la maîtrise de l'énergie, l'aménagement du territoire, etc. La prise en compte des risques majeurs est par ailleurs liée à tous ces axes.

En cette période où toute la planète lutte contre le coronavirus, il faut tenir compte des facultés limitées dont dispose la Terre pour absorber les déchets et les pollutions. Cela suppose d'autres modes de consommation, d'autres pratiques du tri surtout sélectif, d'autres mesures de protection de la diversité biologique, etc. Avec la COVID-19, la dimension environnementale implique plusieurs actions. En effet, tous nos gestes aujourd'hui doivent :

(1) militer pour la sauvegarde des équilibres climatiques par la réduction des émissions de gaz à effet de serre, comme le dioxyde de carbone.

(2) conduire à la réduction de la consommation d'énergie grâce à des solutions alternatives notamment les énergies renouvelables issues de phénomènes naturels, réguliers ou constants provoqués par les astres.

(3) parvenir l'économie et à la purification de l'eau. Plus d'un milliard d'êtres humains n'ont pas accès à l'eau potable et 2,5 milliards n'ont pas d'installation d'assainissement. De ce fait, la COVID-19 s'ajoute aux maladies hydriques qui causent la mort de plusieurs personnes.

(4) protéger les forêts. Les forêts sont un instrument naturel de régulation des eaux, puits d'absorption du carbone (lutte contre l'effet de serre) et lieux de recréation.

(5) veiller à la protection de l'écosystème. Ceci est vital pour l'homme à l'ère du coronavirus. Les écosystèmes servent à l'approvisionnement (nourriture, eau, bois, fibre, ressources génétiques) ; à la régulation (du climat, des inondations, de la qualité de l'eau, des maladies) ; à la vie culturelle (récréative, esthétique, spirituelle) ; au soutien (formation des sols, pollinisation, cycle des éléments nutritifs).

1.2.2 Les qualités d'un éco-citoyen

Avec le coronavirus, le monde doit user des stratégies novatrices pour la protection de la planète et des populations. Une de ces stratégies et la plus importante de toutes est celle de former un écocitoyen. Un écocitoyen formé est un citoyen réveillé, critique, pleine d'initiatives, apte à se prendre en charge. Dans le cas de la gestion de la pandémie de la maladie à coronavirus, un écocitoyen est celui qui respecte ces trois principes : s'informer, s'indigner et s'impliquer.

Il s'informe en voulant savoir ce qu'est-ce la COVID-19. Et face à cette maladie, il cherche à connaître et à intérioriser les principes de l'environnement comme ceux de précaution ou de l'interdépendance. Il se forme en vue d'être transformé. Un élève écosseur doit intérioriser, qu'aujourd'hui, face à la COVID-19, tout geste non écologique, a des conséquences sur lui, sur son milieu proche ou lointain. Par exemple, jeter des médicaments périmés dans des cours d'eau ou dans la nature, brûler des sachets plastiques dont la fumée provoque des maladies pulmonaires et contribue à augmenter la pollution de l'air. Ce savoir ne doit pas être seulement un savoir acquis à l'école, mais aussi un savoir endogène.

Un écocitoyen est celui qui s'indigne et se révolte devant une situation anormale et le manifeste dans tous ses gestes surtout en cette période de la pandémie de la COVID-19. Car, en plus du savoir, il doit avoir le savoir-faire. Cela signifie qu'il doit poser des éco-gestes ou gestes responsables à tout moment.

Un écocitoyen est celui qui s'implique et s'engage à respecter les gestes barrières durant cette pandémie de la maladie à coronavirus. Il respecte l'environnement et mène des actions pro-environnementales pour lutter contre la COVID-19. Il doit savoir que cette question est existentielle et vitale pour lui et pour les autres. Pour cela, il n'y a pas de concessions à faire. C'est son affaire et il doit donc s'engager sincèrement. Le savoir et le savoir-faire ne sont efficaces qu'avec le savoir-être. Face à la COVID-19, il s'agit d'aimer son environnement et d'éviter de porter atteinte à son intégrité pour le souci des générations futures.

1.2.3. Les principes de base d'une écocitoyenneté

Ces qualités d'écocitoyen procèdent de quatre principes suivants : précaution, solidarité, pollueur-payeur, responsabilité.

1° Le principe de précaution. Le principe de précaution consiste à évaluer les risques encourus en s'appuyant sur les travaux des chercheurs tout en adoptant des mesures provisoires, sans attendre qu'une catastrophe intervienne. A l'ère du coronavirus, l'application de ce principe est axée sur une analyse de la réversibilité de nos actions sur l'environnement. L'impact de ces actions s'étend non seulement autour de nous, mais aussi sur les autres. Elle prend en compte des seuils écologiques dans l'utilisation des ressources. L'adoption de ce principe de précaution s'explique par le fait qu'il y a des découvertes et des inventions dont on ignore toutes les conséquences sur l'environnement ou la santé. Ce principe a été mis en avant à l'occasion du sommet de la Terre, organisé en 1992 à Rio de Janeiro

(Brésil). Aujourd'hui, il est appliqué par des gestes barrières, des mesures de distanciation sociale et le confinement de la population.

2° Le principe de solidarité. L'esprit de solidarité et la volonté de coopérer. La solidarité devient une valeur inévitable pour lutter contre la COVID-19. Des nombreux secteurs d'activités doivent y contribuer (santé pour tous, régime de santé universelle, économie solidaire, tourisme solidaire, finance solidaire,...). Elle exprime la reconnaissance de l'existence d'une communauté d'intérêts avec ses co-citoyens, mais aussi les autres peuples et les générations futures.

3° Le principe du pollueur payeur. Contre la pandémie de la maladie à coronavirus, ce principe voudrait que «qui dégrade répare, qui décide rend compte». Il recommande la restauration de l'environnement et l'application stricte de ce principe. Les gouvernements et le personnel soignant doivent rendre compte des mesures préconisées et des décisions prises pour protéger la population.

4° Le principe de responsabilité. C'est un principe qui vise l'amélioration des connaissances et la désignation des responsabilités. En matière de gestion de la pandémie actuelle, il faut une ferme volonté de participation citoyenne et une transparence de l'information. L'enjeu majeur de ce dernier principe est de sauver la planète avec un environnement vivable, de laisser un environnement sain aux générations futures, de s'assurer un développement viable et respectueux de l'environnement. Devant cette pandémie, il nous faut une société plus équitable, celle qui cherche à diminuer, à éliminer la disparité et la discrimination, à assurer le respect des individus, des races et des cultures. Pour cela, il faut d'avantage de solidarité entre les peuples et entre les générations. C'est l'une des qualités de l'écocitoyenneté qui relève d'une bonne éducation.

1.3. Education environnementale à l'ère de la Covid-19

Pour une bonne écocitoyenneté, plusieurs chercheurs préconisent une éducation environnementale de base. Ainsi, dans son allocution à la 73ème Assemblée mondiale de la Santé, le 18 mai 2020, TedrosAdhanomGhebreyesus prêche cette approche.

1.3.1. Approche de l'ère

TedrosAdhanomGhebreyesus déclare que «La pandémie de COVID-19 est le plus grand choc subi par notre monde depuis des décennies. Des centaines de milliers de vies ont été perdues, et l'économie mondiale connaît sans doute sa pire récession depuis les années 1930. Les pertes d'emplois et de revenus qui en résultent auront d'autres répercussions négatives sur les moyens de subsistance, la santé et le développement durable ».

Les recommandations sont faites pour un monde en meilleure santé et plus soucieux de l'environnement après la COVID-19. Ces exhortations sont des indicateurs pour proposer un programme d'ERE incorporant les nouvelles données issues de la pandémie de la maladie à coronavirus. Ses indicateurs complètent ceux déjà présentés par trois autres études. Il s'agit d'une Encyclique du Pape François, des assises de la Conférence de Paris et de notre étude sur les compétences de base d'un écocitoyen. Ces quatre documents sont des références indispensables à l'élaboration d'un bloc-programme de l'ERE en cette période de la pandémie.

1.3.2. Quatre référentiels

Pour élaborer un tel programme d'ERE, nous nous appuyons sur ces quatre textes. Il s'agit de :

1°. L'Encyclique du Pape du 18 juin 2015est intitulée «Laudatio si'» portant sur la sauvegarde de la «maison commune». Ses défis centraux sont l'éducation et la formation. Tous les secteurs éducatifs sont impliqués, principalement «l'école, la famille, les moyens de communication, la catéchèse ».

Laudato si' traite de plusieurs problèmes en rapport avec l'homme et l'écologie. Le Pape s'arrête sur les plus urgents touchant la crise humano écologique tels que l'eau, l'air, la forêt, le sol et la biodiversité. La sauvegarde de la maison commune propose les stratégies suivantes pour former un écocitoyen : (1) Miser sur un autre style de vie ; (2) Éduquer pour l'alliance entre l'humanité et l'environnement ; (3) La conversion écologique ; (5) Amour civil et politique. Il y a là autant de stratégies qui concernent notre environnement cruellement touché par la COVID-19.

2°. La Conférence de Paris sur le climat, la COP21 traite de la limitation du réchauffement mondial entre 1,5 °C et 2 °C d'ici 2100. Elle met aussi l'accent sur les programmes d'études. L'éducation environnementale doit incorporer cette résolution, soit sous forme de modules dans des cours existants, soit encore l'aborder à l'intérieur d'un cours spécifique d'EE (objectifs 3 et 4).

Ces enseignements scolaires devront tenir compte : (1) de vingt-six principes environnementaux ; (2) du plan d'action comprenant cent neuf recommandations environnementales ; (3) du Programme des Nations unies pour l'environnement (PNUE) ; (4) de dix indicateurs du réchauffement climatique.

3°. MUKWASA (Notre étude de 2020) préconise 10 thèmes pour une ERE qui s'adaptent merveilleusement à la période de cette pandémie. Il s'agit de 1°. L'eau ; 2°. L'air ; 3°. Le sol ; 4°. L'énergie ; 5°. La forêt ; 6°. La maison ; 7°. La famille ; 8°. L'école ; 9°. Les déchets ; 10°. Le transport.

4°. Le dernier texte référentiel est celui du Dr TedrosAdhanomGhebreyesus, Directeur général de l'OMS. Dans sa récente Allocution (déjà citée), il estime que le monde a droit à une meilleure santé et doit être plus soucieux de l'environnement après la COVID-19. D'où, ses 7 recommandations suivantes : 1° La nature : source de la santé humaine, 2°

L'écocitoyenneté et les services essentiels, 3° L'énergie et la santé, 4° Systèmes alimentaires sains et durables, 5° Des villes saines et vivables, 6° Lutter contre la pollution, 7° Santé et environnement.

II. Ébauche d'un programme d'ère en période de la Covid-19

Le deuxième moment de cette étude est une élaboration d'une ébauche de programme d'ERE en période de la COVID-19.Il commence par les thèmes de l'ERE, puis l'importance de l'éducation environnementale à l'ère de la COVID-19 pour se terminer par un modèle programme d'étude.

Les quatre référentiels indiqués plus haut, nous permettent d'élaborer un programme de l'ERE et sont relatifs à la lutte contre la COVID-19. Ce programme comprendra, les thèmes et contenus retenus, les compétences de base, les objectifs et les considérations méthodologiques.

2.1. Thèmes de l'ère à l'ère de la Covid-19

Les quatre auteurs retenus proposent ensemble les thèmes suivants résumés dans ce tableau :

Tableau 2 : Thèmes communs aux quatre auteurs

THÈMES	Cop21	FRANÇOIS	OMS	MUKWASA
1) Air, Eau, Sol	x	x	x	x
2) Biodiversité. Environnement, Forêt, Nature	x	x	x	x
3) Services essentiels, Énergie, Déchets	x	x	x	
4) École, Maison, Famille, Alimentation	x	x	x	
5) Pollution	x	x	x	x
6) Transport, Villes	x	x		

Source : FRANÇOIS (Pape), op.cit. ; Tedros ADHANOM GHEBREYESUS, art.cit. ; Marie-Claire MUKWASA, op.cit.

2.2. Les objectifs

I7 objectifs pour ce programme de ces recommandations. Il s'agit de : 1° Sauvegarder la nature qui est source de la santé humaine, 2° Développer l'écocitoyenneté et les services essentiels, 3° Veiller à l'énergie et à la santé, 4° Créer des systèmes alimentaires sains et durables, 5° Construire des villes saines et vivables, 6° Lutter contre la pollution, 7° Santé et environnement.

2.2.1. La nature : source de la santé humaine

Pour une meilleure santé de la population mondiale, il faut préserver et protéger la nature. Les économies sont le produit de sociétés humaines saines, qui à leur tour dépendent de l'environnement naturel, source originelle de l'air pur, de l'eau et de la nourriture, dans leur ensemble.

Les pressions exercées par l'être humain, depuis la déforestation jusqu'aux pratiques agricoles intensives et polluantes, en passant par la gestion dangereuse et la consommation de la faune sauvage, mettent en péril ces services. Elles augmentent aussi le risque de maladies infectieuses émergentes chez l'être humain qui pour plus de 60 % d'entre elles proviennent de l'animal, essentiellement de la faune sauvage.

Les plans globaux pour le relèvement post-COVID-19, et en particulier les plans pour réduire le risque d'épidémies futures, doivent remonter plus en amont que la détection précoce et l'endiguement des flambées de maladie. Ils doivent aussi réduire notre impact sur l'environnement, de façon à réduire le risque à la source.

2.2.2. L'écocitoyenneté et les services essentiels

Chaque citoyen doit devenir écosseur qui investit dans des services essentiels, depuis l'eau et l'assainissement jusqu'aux énergies non polluantes surtout dans les établissements des soins.

Des milliards de personnes n'ont pas accès aux services les plus essentiels qui sont indispensables pour protéger leur santé de la COVID-19 ou de tout autre risque. Les équipements pour le lavage des mains sont indispensables pour prévenir la transmission des maladies infectieuses, mais font un peu partout cruellement défaut.

Les pathogènes résistants aux antimicrobiens sont largement présents dans l'eau. Les déchets et une gestion rationnelle de ces pathogènes est nécessaire pour éviter qu'ils ne se propagent à nouveau parmi les êtres humains. En particulier, il est essentiel que les établissements de soins soient équipés de services d'eau et d'assainissement, notamment, d'eau et de savon, la toute première mesure pour interrompre la transmission du SARS-CoV-2 comme d'autres infections ; qu'ils disposent de l'accès à une source d'énergie fiable qui est indispensable pour effectuer en toute sécurité la plupart des interventions médicales, et que les agents de santé bénéficient d'une assurance professionnelle .

Globalement, les risques environnementaux et professionnels évitables entraînent environ un quart de tous les décès dans le monde. Les investissements dans des environnements plus sains pour assurer la protection de santé, favoriser la réglementation environnementale, et veiller à ce que les systèmes de santé résistent aux changements climatiques, sont à la fois des garde-fous essentiels contre de futures catastrophes, mais offrent aussi certains des meilleurs retours sur investissement pour la société. Par exemple, chaque dollar investi dans le renforcement de la Loi contre la pollution de l'air aux États-Unis d'Amérique s'est traduit par 30 dollars gagnés par les citoyens américains, sous la forme d'une amélioration de la qualité de l'air et de gains en santé.

2.2.3. L'énergie et la santé

Il est urgent, au cours de cette épidémie, d'assurer une transition énergétique rapide dans l'intérêt de la santé. Actuellement, plus de sept millions de personnes décèdent chaque année du fait de l'exposition à la pollution de l'air, soit un décès sur huit. Plus de 90 % des citoyens respirent un air ambiant (extérieur) dont les niveaux de pollution sont supérieurs aux valeurs seuils des lignes directrices de l'OMS relatives à la qualité de l'air. Deux tiers de cette exposition à la pollution extérieure est due à la combustion de ces mêmes carburants fossiles qui sont à l'origine des changements climatiques.

Dans le même temps, les sources et le stockage des énergies renouvelables continuent à voir leur prix baissé, leur fiabilité augmentée et à engendrer la création d'emplois plus nombreux, plus sûrs et mieux rémunérés. Les décisions relatives aux infrastructures énergétiques qui sont prises aujourd'hui seront verrouillées pour les décennies à venir. La prise en compte de la totalité des conséquences économiques et sociales, et la prise de décisions dans l'intérêt de la santé publique, permettront de favoriser les sources d'énergie renouvelables, conduisant à des environnements moins pollués et à des citoyens en meilleure santé.

Est-il nécessaire de rappeler que plusieurs pays parmi ceux qui ont été touchés les premiers et le plus durement par la COVID-19, tels que l'Italie et l'Espagne, et ceux qui ont lutté avec le plus de succès contre la maladie, tels que la Corée du Sud et la Nouvelle-Zélande, ont placé le développement vert comme la santé au cœur de leurs stratégies de relèvement après la crise due à la COVID-19. Une transition mondiale rapide en faveur des énergies vertes permettrait non seulement de satisfaire l'objectif de l'Accord de Paris sur les changements climatiques qui est de maintenir le réchauffement en-dessous de 2° C, mais aussi d'améliorer la qualité de l'air de telle manière que les bénéfices pour la santé qui en résulteraient seraient plus de deux fois supérieurs à l'investissement consenti.

2.2.4. Systèmes alimentaires sains et durables

Le Secrétaire Général de l'OMS estime absolument indispensable de promouvoir des systèmes alimentaires sains et durables. En effet, les maladies causées, soit par le manque d'accès à la nourriture soit par des régimes alimentaires nocifs pour la santé, à haute teneur en calories, sont désormais la principale cause du mauvais état de santé dans la population mondiale. Elles sont aussi un facteur de vulnérabilité accrue face à d'autres risques. L'obésité et le diabète, par exemple, figurent parmi les principaux facteurs de risque de morbidité et de mortalité des patients atteints de la COVID-19.

L'agriculture, en particulier le défrichage des terres pour l'élevage du bétail, contribue à environ un quart des émissions de gaz à effet de serre. Le changement d'affectation des terres est le plus important facteur environnemental dans l'émergence de flambées de maladies. Il est nécessaire de passer rapidement à des régimes alimentaires sains, nutritifs et durables. Le monde devrait être en mesure de respecter les lignes directrices de l'OMS dans le domaine de l'alimentation. Cela permettrait de sauver des millions de vies, de réduire les risques de maladie, et de parvenir à des réductions majeures dans les émissions mondiales de gaz à effet de serre.

2.2.5. Des villes saines et vivables

La 5ème recommandation du Secrétaire Général de l'OMS porte sur la construction des villes saines et vivables. Le constat est général. Plus de la moitié de la population mondiale vit dans les villes. Les villes représentent plus de 60 % de l'activité économique comme des émissions de gaz à effet de serre. Les villes se caractérisent par une densité de population relativement élevée et un trafic saturé. Les villes surpeuplées rendent difficiles les mesures de confinement décidées par plusieurs pays au cours de cette période de la pandémie. Aussi, de nombreux déplacements peuvent-ils se faire plus efficacement en utilisant les transports publics, la marche ou le vélo, plutôt que l'automobile individuelle. Ces modes de déplacement sont aussi très bénéfiques pour la santé puisqu'ils entraînent une réduction de la pollution atmosphérique, des traumatismes dus aux accidents de la circulation, et de la mortalité, plus de trois millions de décès annuels – due au manque d'activité physique.

De nombreuses villes, parmi les plus grandes et les plus dynamiques au monde, telles que Milan, Paris et Londres, ont réagi à la crise due à la COVID-19 en rendant les rues aux piétons et en multipliant massivement les pistes cyclables, permettant ainsi des déplacements respectueux des distances physiques pendant la crise, une reprise de l'activité économique et une amélioration de la qualité de vie après la crise .

C'est dans des villes généralement que s'organise la recherche scientifique de pointe, notamment sur des virus violents ou des substances dangereuses. Des mesures de protection de l'environnement doivent être de rigueur.

2.2.6. Lutter contre la pollution

TedrosAdhanomGhebreyesus conseille de cesser d'utiliser l'argent du contribuable pour financer la pollution. Il estime que « les dommages économiques provoqués par la COVID-19 et les nécessaires mesures de lutte contre la maladie sont bien réels, et mettront à rude épreuve les finances publiques. Des réformes financières seront inévitables pour se relever de la crise due à la COVID-19, et il serait judicieux de commencer par les subventions aux énergies fossiles ».

À l'échelle mondiale, ce sont chaque année, 400 milliards de $ US environ d'impôts versés par les contribuables qui servent directement à subventionner les carburants fossiles qui favorisent les changements climatiques et sont responsables de la pollution de l'air. En outre, les coûts privés et sociaux induits par les répercussions sur la santé, entre autres, de cette pollution ne sont généralement pas intégrés au prix des carburants et de l'énergie. Si l'on tient compte des dommages sanitaires et environnementaux que ces carburants fossiles provoquent, la valeur réelle des subventions s'élève à plus de 5000 milliards de $US, soit plus que la totalité des dépenses publiques de santé dans le monde, et environ 2000 fois le budget de l'OMS.

Faire en sorte que le prix des carburants polluants reflète les dommages qu'ils causent, permettrait de réduire de moitié les décès dus à la pollution de l'air extérieur, de diminuer de plus d'un quart les émissions de gaz à effet de serre, et de récolter des recettes équivalant à environ 4 % du PIB mondial. Nous devrions cesser de payer la facture des pollueurs, à la fois avec nos impôts et au prix de notre santé. Voir ici le principe de «Pollueur-Payeur».

2.2.7. Santé et environnement

Le Secrétaire Général de l'OMS, TedrosAdhanomGhebreyesus préconise la création d'un mouvement mondial pour la santé et l'environnement. Pour lui, « la crise due à la COVID-19 a montré que les citoyens supporteront même des politiques difficiles si la prise de décision est transparente, basée sur des données factuelles, si elle ne laisse personne de côté et a clairement pour objectif de protéger leur santé, leurs familles et leurs moyens de subsistance, plutôt que de servir des intérêts particuliers ».

Ainsi, la conception des politiques doit s'inspirer de cette constatation. Dans la plupart de pays, les Ministres des finances seront aux avant-postes pour définir les mesures qui accompagneront la reprise économique post-COVID-19. Compte tenu des liens très étroits entre environnement, santé et économie, il est tout aussi important que les dirigeants dans le domaine de la santé, les Ministres et les Directeurs généraux de la santé, participent aussi directement à leur élaboration, rendent compte des répercussions qu'elles peuvent avoir à court et à long terme sur la santé publique, et donnent leur feu vert.

En outre, il est fondamental de garder à l'esprit que la protection de la vie, des moyens de subsistance et de l'environnement repose sur le soutien des populations. Les politiques qui ne cherchent pas uniquement à accroître le PIB au maximum, mais à protéger et à améliorer le bien-être, et les gouvernements qui luttent contre les changements climatiques et la destruction de l'environnement avec le même sérieux qu'ils luttent aujourd'hui contre la COVID-19, bénéficient d'un large appui public. Les millions de jeunes qui se sont mobilisés pour demander que l'on agisse pour le climat et la biodiversité, mais aussi pour revendiquer leur droit à un air non pollué, et à un avenir sur une planète vivable, en sont aussi un exemple éclatant.

2.3. Importance du programme de l'ère contre la Covid-19

Pour le Secrétaire Général de l'OMS, les sociétés doivent se protéger, et se relever, le plus rapidement possible. N'agissons pas comme nous le faisions auparavant. Aujourd'hui, le nombre est grandissant des maladies infectieuses, dont le VIH/sida, le Syndrome respiratoire aigu sévère (SRAS) et la maladie à virus Ebola. Ces pathologies ont franchi la barrière des espèces entre la faune sauvage et l'être humain. Une fois que la transmission interhumaine de la COVID-19 a commencé, les systèmes nationaux et internationaux de surveillance et de riposte n'ont été ni assez solides ni assez rapides pour stopper complètement la transmission. Et, au fur et à mesure que les infections se propageaient, l'absence de couverture sanitaire universelle a laissé des milliards de personnes, y compris nombre d'entre elles dans les pays riches, sans accès fiable et abordable à un traitement médical. Du fait d'inégalités massives, les décès et la perte des moyens de subsister ont été fortement corrélés à la situation socioéconomique, et fréquemment aggravés par le genre ou l'appartenance à une minorité.

La gestion de la pandémie et la lutte contre la COVID-19 passent par la protection et la sauvegarde de l'environnement. La tentation est forte de faire des économies en négligeant la protection de l'environnement. C'est une fausse économie devant nos systèmes de santé où les filets de protection sociale sont brisés dont la facture est d'autant plus lourde aujourd'hui. Nous devons nous préparer de plus en plus aux situations d'urgence. Le monde ne peut pas se permettre de nouveaux désastres de l'ampleur de la COVID-19, qu'ils soient déclenchés par la prochaine pandémie, ou par des dommages environnementaux et des changements climatiques toujours plus dévastateurs.

Le Secrétaire Général à la Santé estime que «dans l'adversité, la crise a aussi fait surgir certains des meilleurs côtés de nos sociétés : qu'il s'agisse de la solidarité entre voisins, de la bravoure des personnels de santé et des autres travailleurs essentiels qui n'ont pas craint de mettre en danger leur propre santé afin de servir leur communauté, ou encore de la collaboration entre pays pour apporter une aide d'urgence ou rechercher traitements et vaccins. Les mesures de confinement qui ont été nécessaires pour lutter contre la propagation de la COVID-19 ont mis un frein à l'activité économique, et bouleversé les vies, mais elles ont aussi laissé entrevoir la possibilité d'un avenir moins sombre ».

Avec le Dr TedrosAdhanomGhebreyesus, nous constatons que dans certains endroits, les niveaux de pollution ont chuté de façon si drastique que les habitants ont pu respirer un air pur, admirer le bleu du ciel et la clarté de l'eau des fleuves, ou encore se promener ou faire du vélo en toute sécurité avec leurs enfants, pour la première fois de leur vie. L'utilisation des technologies numériques a donné un coup d'accélérateur à de nouvelles manières de travailler et d'être reliés les uns aux autres, qui permettent de réduire le temps passé entre domicile et lieu de travail, d'introduire plus de souplesse dans les façons d'étudier, de mener à bien des consultations médicales à distance, de passer plus de temps avec sa famille. Les enquêtes d'opinion menées dans le monde entier montrent que les gens veulent protéger l'environnement et préserver, au fur et à mesure que nous nous relèverons de cette crise, les adaptations positives que celle-ci a vu naître.

Nous sommes heureux de constater que les gouvernements nationaux engagent aujourd'hui des milliards de dollars, en l'espace de quelques semaines, pour maintenir à flot puis faire redémarrer l'activité économique. Ces investissements sont essentiels pour protéger les moyens de subsistance des populations, et par conséquent leur santé. Soulignons que l'attribution de ces investissements, et les décisions politiques qui guideront le relèvement à la fois à court et à long terme, ont le pouvoir de façonner nos modes de vie, nos façons de travailler et de consommer pour les années à venir. Mais, n'oublions surtout pas les effets de ces actions sur la dégradation de l'environnement et la pollution, et en particulier sur les émissions de gaz à effet de serre qui sont à l'origine du réchauffement mondial et de la crise climatique.

Il faut s'imposer une discipline, celle de subordonner le financement de tout projet de ce genre à la protection de l'environnement. Les décisions qui seront prises dans l'avenir peuvent soit figer des schémas de développement économique qui causeront des dégâts permanents et croissants aux systèmes écologiques sur lesquels reposent en totalité la santé et les moyens de subsistance de l'humanité, soit, si elles sont prises intelligemment, promouvoir un monde en meilleure santé, plus équitable et plus soucieux de l'environnement.

2.4. Canevas du programme

En combinant les différents thèmes, nous retenons 17 contenus-matières nécessaires pour la formation d'un écocitoyen en cette période pandémique.

Figure 1 : Canevas d'un programme
Compétences de base
Objectifs
Contenus-matières
Indications pédagogiques

En situation d'enseignement/apprentissage, en vue de lutter contre la COVID-19, l'écocitoyen :

Compétence de base 1 : sera informé sur quelques éléments constitutifs de son l'environnement proche tant matériel qu'artificiel en vue de jouer un rôle de maintien de l'équilibre de la vie sociale.

Compétence de base 2 : sera initié à la réflexion autour de l'environnement naturel et artificiel et trouver des stratégies pour son maintien.

Compétence de base 3: sera impliqué activement à des écogestes conduisant et provoquant l'amélioration, de la vie tant physique qu'humaine.

1° Sauvegarder la nature : source de la santé humaine,

2° Développer l'écocitoyenneté et les services essentiels,

3° Veiller à l'énergie et à la santé,

4° Créer des systèmes alimentaires sains et durables,

5° Construire des villes saines et vivables,

6° Lutter contre la pollution,

7° Créer un lien entre la santé et environnement.

1) Air,
2) Alimentation,
3) Biodiversité,
4) Déchets,
5) Eau,
6) École,
7) Énergie,
8) Environnement,
9) Famille,
10) Forêt,
11) Maison,
12) Nature,
13) Pollution,
14) Services essentiels,
15) Sol,
16) Transport,
17) Villes.

1° Méthodes actives et participatives

2°Observation et discussion

3°Recours à d'autres branches

4° Focus-group et Targeted communication

5°Citoyen responsable et indépendant : par éducation

6° Informer pour transformer

Source : Données de cette étude et Marie-Claire MUKWASA, op.cit., p. 141-152.

Nous regroupons en 6 points des indications pédagogiques pour organiser une leçon sur la COVID-19 et l'environnement.

2.5. Indications pédagogiques

Nous préconisons les 6 méthodes suivantes : 1° Méthodes actives et participatives, 2° Développer la capacité à l'observation et à la discussion, 3°Recours à d'autres branches, 4° Un écocitoyen sensibilisé et sensibilisateur (Focus-group et Targeted communication), 5° Rendre le citoyen responsable et indépendant : par éducation, et 6° Informer pour transformer.

2.5.1. Méthodes actives et participatives

Les thèmes choisis sont connus de tout écocitoyen. Le facilitateur devra aider l'écocitoyen à s'ouvrir au monde qui l'entoure en cette période de pandémie. Pour cela, le facilitateur exploitera les méthodes actives et participatives. Il partira des cas concrets de maladie à coronavirus. Il laissera à chacun le temps de discuter sur les expériences que chaque citoyen a déjà vécues à la maison, à l'hôpital ou ailleurs. Pour appuyer les expériences des écocitoyens, il utilisera beaucoup d'illustrations, des posters (hôpital, école, maison, moyens de transport, forêt, etc.,). Il se référera beaucoup au milieu familial de l'écocitoyen. D'une manière générale, les leçons se feront sous formes de causeries et à la fin, initier l'écocitoyen à la pratique. Le facilitateur sortira assez souvent avec ses apprenants pour qu'ils palpent la réalité au cours des classes-promenades.

2.5.2. Développer la capacité à l'observation et à la discussion

Le programme mettra l'accent sur la famille. Pour exploiter ces thèmes, le facilitateur dialoguera avec l'apprenant, le questionnera, (sollicitera) beaucoup et aura la patience de l'écouter, s'exprimer. Ce questionnement prépare l'élève à développer la capacité à l'observation et à la discussion (les pratiques très recommandées en éducation environnementale). Le maître tiendra compte du milieu (rural ou urbain) de l'élève pour organiser les classes-promenades. Exemple : visite d'un incinérateur des objets souillés, celle d'un four à braise. Les activités ne sont pas données verbalement par le Maître, mais il devra d'abord les démontrer, lui-même, et demander aux élèves de l'imiter.

2.5.3. Recours à d'autres branches

L'enfant doit s'ouvrir de plus en plus au monde. Pour expliquer certains faits (la maladie, la forêt) l'enseignant fera recours à d'autres branches, telles que l'étude du milieu, la géographie. En ville avec les difficultés de déplacement, le maître ne doit pas avoir des excuses à concrétiser ses leçons (la forêt), il doit utiliser des illustrations, images, vidéos,…

2.5.4. Un écocitoyen sensibilisé et sensibilisateur (Focus-group et Targeted communication)

Le futur écocitoyen sera préparé à devenir un vrai écocitoyen sensibilisé et sensibilisateur. Les informations reçues doivent être partagées avec d'autres (en famille, entre amis, avec toute la communauté). Pour communiquer, il faut posséder le message et briser la timidité.

Pour permettre à certains apprenants, (cibles de l'enseignant), de se défaire de la timidité, l'enseignant utilisera l'approche « montrer et dire » ou « show and tell » communément appelée «Targeted communication». Dans cette approche, l'enseignant prépare un matériel de support (posters, figurines, films,...), sur le sujet qu'il veut présenter. L'élève en voyant ces images peut faire ses propres commentaires sur la situation et répondre aux questions de l'enseignant. Cette approche sera efficace, lorsque les élèves auront l'opportunité d'explorer la situation de leur propre environnement. A cette approche, le Maître peut associer les discussions en petits groupes (focus et discussions) où les élèves regroupés discutent entre eux sur le problème qui affecte leur environnement et leur santé.

2.5.5. Rendre le citoyen responsable et indépendant : par éducation

Le maître commencera à responsabiliser l'enfant à devenir indépendant afin de prendre à main la conduite des réflexions (débats) et l'implication (poser des écogestes). Dans ce cas, la méthode qui sera utilisée est celle qui consiste à susciter l'attention des élèves (par éducation) sur la COVID19 et d'autres faits d'actualité y relatifs.

2.5.6. Informer pour transformer

Le but de l'enseignement de l'éducation environnementale en période de la COVID-19 sera de donner à l'élève l'information sur les problèmes d'actualité sanitaire pour qu'il ne soit pas déphasé en entendant parler sur les médias des sujets tels que la COVID-19, les gestes barrières, la distanciation sociale, ...L'enseignant doit organiser plusieurs discussions ou des débats au cours desquels il donnera beaucoup d'exemples sur les forums environnementaux tenus dans le monde. En plus du contenu prévu dans le programme, il initiera ses élèves à l'organisation des journées de sensibilisation.

Conclusion

Au terme de cette étude, nous affirmons que l'un des moyens les plus efficaces pour lutter contre la COVID-19 est l'Education à l'Environnement naturel et artificiel dans lequel l'homme se déploie. Cette éducation prône la protection et le respect de l'environnement. Ainsi, tout comme, tout citoyen doit devenir un écocitoyen.

Nous nous situons au sein de l'épidémie de la maladie à coronavirus qui exige de l'écocitoyenneté. Comment lutter contre cette pandémie ? Il nous a fallu nous interroger pourquoi cette maladie. Il faut des écogestes pour nous protéger contre cette maladie. Il faut adopter des nouvelles habitudes et se conformer au respect des normes sanitaires et environnementales.

Ce travail est d'une actualité brulante. Chaque minute qui passe voit dans notre monde des nouveaux cas de contamination et des décès. D'où la nécessité d'avoir des indications claires pour lutter contre la COVID19. Une bonne éducation, une bonne formation et une bonne instruction s'avèrent être le gage de la victoire contre cette maladie. Notre réflexion a fourni des informations essentielles sur cette maladie. Elle provoque une réflexion et une implication de tout citoyen. Elle veut former un citoyen capable de s'informer, de s'indigner et de s'impliquer face à cette pandémie, devant cette crise mondiale et sanitaire qui est avant tout une crise environnementale.

Notre étude présente des données scientifiques de premier ordre sur la pandémie de la maladie à coronavirus. Ces données ont été nécessaires pour développer l'éco-citoyenneté en cette période de la Covid-19. L'éducation environnementale acquiert ainsi une importance capitale. Notre article est une contribution à la protection de la personne humaine. On ne doit pas seulement s'occuper de la maladie, mais avant tout de la personne, de l'homme. Dans ce cas, il ne faut pas soigner la maladie, mais d'abord la personne humaine.

Notre exposé a cherché à protéger notre planète contre la COVID-19. Pour ce faire, elle préconise d'agir localement et globalement. Ne pas le faire, c'est s'autodétruire et détruire les autres. Agir localement suppose l'engagement de tous les citoyens, petits, adolescents ou grands, jeunes, adultes, vieillards, hommes et femmes. Des ateliers, des forums, des rencontres, des débats devront être organisés afin de mieux échanger, partager, et répondre aux problèmes soulevés par la COVID-19. Bref, il faut une bonne éducation à l'environnement, à ce système complexe comprenant les êtres vivants, les milieux physiques et les ressources naturelles en interférence avec la COVID-19.

Enfin, le monde de la santé est de plus en plus largement un allié pour endiguer cette pandémie. Les personnels de santé sont la profession qui inspire la plus grande confiance au monde. Louons leurs compétences, leur dévouement, leur courage et leur compassion qui ont sauvé un nombre incalculable de vies au cours de cette crise de la COVID-19. Qu'ils obtiennent notre respect à des niveaux encore plus élevés au sein de leurs communautés.

Les professionnels de la santé du monde entier ont montré qu'ils sont aussi de fervents défenseurs de la protection de l'environnement, et par là-même de la santé des populations au service desquelles ils travaillent. Ils sont prêts à se lever pour des sociétés écologiques, saines et prospères pour l'avenir, comme en témoigne la récente lettre ouverte adressée aux leaders du G20, dans laquelle des professionnels du monde entier ont appelé à un monde en meilleure santé après la COVID-19.

Bibliographie

1) ADHANOM GHEBREYESUS Tedros Dr, *Allocution à la Soixante-treizième Assemblée mondiale de la Santé*, 18 mai 2020.

2) BAUSSIER Sylvie, *Encyclopédie du futur citoyen*, Paris, Casterman, 2006.

3) BOYER Marianne et DAGORN Gary, «Coronavirus : combien de temps reste-t-il infectieux sur des surfaces ? », in *Infographie Le Monde*, Publié le 26 mars 2020 à 17h20 et mis à jour le 28 mars 2020 à 15h29.

4) CANFIN Pascal, STAIME Peter, *Climat : 30 questions pour comprendre la Conférence de Paris*, Paris, Les Petits Matins, 2015.

5) FRANÇOIS (Pape), *Loué sois-tu. Laudato si...*, Paris, Cerf/Bayard/Mame, coll. « Docs églises », 2015, 120 p. Voir aussi les Éditions Salvator, Éditions de l'Emmanuel, Téqui, Parole & Silence, Qasar. Voir également Lettre encyclique Laudato si » : La sauvegarde de la maison commune, Vatican, 18 juin 2015, 192 p., PDF (lire en ligne au format texte).

6) JONAS Hans, *Le principe responsabilité. Un éthique pour la civilisation technologique*, coll. « Champs », Paris, Flammarion, 1998.

7) MUKWASA GIPELA Marie-Claire, *Compétences de base d'un écocitoyen. Stratégies de mise en œuvre d'un curriculum intégrateur pour l'éducation environnementale à l'école primaire en RD Congo*, Louvain-la-Neuve, Academia, 2020.

8) SALIF DIOP et REKACEWICK Philippe, *Atlas Mondial de l'eau. Une pénurie annoncée*, Coll. « Atlas/Monde », Paris, Autrement, 2004.

La Covid 19 : fragilité de l'existence et des affaires humaines

Le cas de République démocratique du Congo

Par Léon MATANGILA Musadila

Le texte que je donne à lire a pour pierre de touche la Covid 19 : la fragilité de l'existence et des affaires humaines. Le cas de République Démocratique du Congo. La question est plus ardue tant il convient de la placer dans les méandres du sous-développement et de la « jungle urbaine » du continent africain.

Certaines raisons justifient le choix de ma réflexion. La question de la pandémie de la Covid 19 pose, de la manière la plus ardue, le problème du sens de l'existence de la subjectivité, de la validité des affaires et des institutions humaines. Ce débat est d'autant plus urgent et plus actuel qu'aucune cogitation sérieuse, qu'aucune réflexion philosophique véritable ne peut y échapper de nos jours. La question se pose avec plus d'acuité en sol africain car elle nous renvoie à la remise en cause de nos organisations sociétales , incapables de répondre à la mise en œuvre des mesures barrières suite aux modèles de gestion sociopolitiques et économiques inadaptés, un continent pourtant riche, paradoxalement ancré dans les méandres du sous-développement. Plus des soixante ans après des indépendances de plusieurs pays africains, se posent encore des questions de fondation des Etats de droit, de l'instauration des véritables démocraties aptes à créer des conditions de paix et de développement. Tout se passe comme si l'Afrique n'avait d'élites que d'apparence. Le philosophe africain comme toute élite, ne peut plus demeurer dans une somnolence coupable face à la gravité de la situation.

Comme autre raison aussi, la Covid 19, comme une pandémie universelle de notre temps, remet l'homme dans les limites de sa finitude et de la fragilité des organisations sociopolitiques et économiques. Ce qu'il faut bien voir, c'est que le désarroi multisectoriel causé par cette pandémie est sans précédent, déroute de la sorte et cela de manière universelle, toutes nos structures organisationnelles. L'être humain, au-delà de tout orgueil, réalise qu'il est le vain. La subjectivité se retrouve plongée comme dans un néant et dans la désolation. Toute rationalité humaine est réduite dans son retranchement. Tout sembles'arrêter dans un confinement du désespoir et de la peur. Face à l'inexpliqué et à l'inexplicable, s'installent le doute et la remise en question, le socle de la certitude s'ébranle : c'est l'être et le nant, mieux le néant de l'être. C'est le moment du désenchantement du monde. C'est alors que resurgit l'occasion de la prise de conscience, jadis oubliée, du vain de l'être et du vain de l'avoir. Ce qu'il faut bien voir, c'est l'ébranlement de l'anthropocentrisme comme modèle de pensée de notre époque qui voudrait faire de l'homme la mesure de toute chose et comme la référence unique. Ni la rationalité, ni la modernité, ni la technologie, ni l'économie, encore moins la politique ne peuvent garantir une quelconque assurance au sujet. C'est alors qu'il faut prendre conscience du vain de notre prétendue maîtrise du monde, de la nature et de notre existence. La condition humaine, dans ce désarroi, entre dans une chaîne dubitative.

Autre raison, la Covid 19 n'est pas un problème d'individualité, mais une question universelle à laquelle il faut des réponses collectives. Il faut alors une solidarité interhumaine et intergénérationnelle tant il est vraie que la seconde vague est plus agressive que la première.

La dernière raison, une telle réflexion cadre avec le thème de ce collectif, la République Démocratique du Congo face à la Covid 19.

Mon objectif est la prise de conscience qu'au-delà d'une pandémie universelle, il faut davantage mener des cogitations pour des réponses contextuelles, locales, adaptées aux réalités singulières, valorisant les savoirs endogènes sans renier de tirer profit des recherches menées ailleurs. Ce qu'il faut bien voir, il convient, par réalisme, de promouvoir la valorisation des réflexions singulières et locales qui aboutissent aux modes des solutions préventives et curatives adaptées à chaque situation. Ceci éviterait le mimétisme aveugle, la transplantation à l'identique des dispositions prises ailleurs, sans tenir compte des réalités locales, africaines et congolaises surtout. Toute élite est dès lors invitée à la réflexion afin d'apporter sa pierre dans la résolution de l'énigme qu'est la Covid 19.

Dans le contexte singulier de l'Afrique, la lutte contre la pandémie de la Covid 19 illustre les limites d'une reproduction à l'identique des modèles venus d'ailleurs. Comment dès lors envisager un confinement des populations à l'occidental pour faire face à la Covid 19 sans tenir compte de la précarité des conditions de vie et d'existence en sol africain ? Le risque d'un tel confinement ne conduirait-il pas à une autre pandémie dont la malnutrition ? Comment confiner les personnes vivant le jour au jour sans les laisser mourir de faim ? Comment envisager une politique sanitaire dans un contexte de chômage généralisé et d'absence de sécurité sociale ? Beaucoup des recherches se font certes pour sauver des vies humaines en Afrique et en République Démocratique du Congo. Comment dès lors valoriser nos savoirs endogènes dans un monde de la dictature pharmaceutique et de l'argent ? L'OMS en est une illustration. La question du vaccin soulève des inquiétudes : où, comment et auprès de qui faire les expérimentations? Comment comprendre la Covid 19 ?

Ma réflexion a pour ancrage certaines hypothèses. De fait, la pandémie de la Covid19 a réduit universellement l'humanité dans les limites de sa finitude certes. Cependant, les défis locaux doivent inciter aux solutions spécifiques et singulières, adaptées à chaque contexte particulier. Il faut dès lors la valorisation des savoirs endogènes notamment. Autre hypothèse, dans un contexte qui implique « une sortie de la jungle urbaine », il faut alors envisager des institutions fortes et républicaines, gages de la paix et du développement. Ma dernière hypothèse, je reconnais l'urgence d'une collaboration internationale et la mise à profit des résultats concluants menés ailleurs. Il convient d'envisager des partenariats, des échanges des savoirs et des pratiques face à une pandémie déroutante. Cela, sans aucune dictature du monde de la pharmacie des pays développés et de l'argent.

J''aurais souhaité recourir à diverses documentations. Seulement, mes réflexions portent sur les expériences vécues et les défis pratiques face à la Covid 19 dans le contexte africain, congolais surtout. D'autres réflexions restent souhaitables pour enrichir les débats sur la question. Certaines de mes cogitations trouvent leur validité dans plusieurs pays africains. Je me limite à la République Démocratique du Congo, mon champ d'expérimentation. Aussi, cet article figure dans l'axe pathologie, thérapie et questions éthiques. Je me limite sur les questions pathologiques, tout en considérant quelques aspects préventifs en usage auprès des Congolais, notamment la valorisation des savoirs endogènes et de la pharmacopée traditionnelle. Les réflexions d'ordre éthique et celles sur la thérapie utilisée par la médecine moderne dans les hôpitaux sont élucidées dans les autres articles de ce collectif.

Ma démarche est surtout réflexive et critique, appuyée par les expériences de terrain qui ont affermi mes convictions et mes cogitations.

Ma réflexion porte d'une part sur la Covid 19 : une pandémie planétaire ou l'universalité d'un désarroi. D'autre part la RDC, la Covid 19 et défis : dans les méandres du sous-développement.

1. La Covid 19[26] : une pandémie planétaire ou l'universalité d'un désarroi

De l'Orient à l'Occident, du Levant au Couchant, de l'Est à l'Ouest, du Nord au Sud, le monde se retrouve universellement en ce début de l'année 2020 sous l'émoi et le choc provoqués par la Covid 19. On prend dès lors la mesure de la fragilité des affaires humaines et les limites des structures, des superstructures et des infrastructures des organisations sociales et humaines. L'orgueil de l'homme laisse la place à la conscience de sa limitation : tout

---

[26] Cfr Jean-Pierre WILLEM, *Tout savoir sur le virus et y faire face. Coronavirus, grippes, Ebola, SRAS et autres pathologies virales*, Paris, Edition Dauphin, 2020, 221 P. Voir aussi Jean-Pierre WILLEM, *Les huiles essentielles antivirales. La solution naturelle pour lutter contre les infections*, Paris, édition Tredaniel, 2015, 272P.

est vain. De fait, universellement, on prend la mesure de « vanité de vanité, tout est vanité ».

On comprend mieux les intuitions philosophiques antiques d'Héraclite d'Ephèse[27] en Asie, du VI è siècle Avant Jésus-Christ, pour qui la loi du devenir (évolution) est au centre. En effet, face à l'immuabilité de l'être soutenue par Parménide il y a vingt-six siècles, Héraclite prône dans les*Fragments :* « Ta panta rei, oudenmenei » qui signifie du grec « tout varie, rien ne perdure ». Ainsi, tout est éphémère, tout coule, tout passe, tout change : « Ceux qui descendent aux mêmes fleuves, des eaux toujours nouvelles les baignent »[28]. Aussi, affirme Héraclite à juste titre : « qu'on ne peut descendre deux fois dans le même fleuve »[29].On ne se baigne jamais deux fois dans la même eau d'une rivière.

On a l'impression de l'inutilité de la vie et de l'existence elle mêmes. Tout devient éphémère. C'est le temps des remises en question, de l'effondrement des économies. Rien ne résiste à la Covid 19 : l'argent et les banques, les écoles ferment, les organisations nationales et internationales s'arrêtent, les industries diverses accusent les coups. Les armes nucléaires, atomiques, chimiques, biologiques et bactériologiques perdent de sens et de signification. Les commerces nationaux et internationaux sont touchés. Les frontières sont fermées. Les pays se confinent et s'isolent. Les matières premières n'ont plus de signification. Les industries pharmaceutiques sont aux abois. Tout se passe comme si le « rester chez soi » dénude les habits de toute leur valeur : les costumes, les cravates, les jolies robes et les chaussures ne se mettent plus pour des personnes confinées dans les maisons. Le rapport humain se fissure. La mort elle-même perd de sens avec l'absence de tout culte. Le corps du défunt se retrouve souvent emballé dans un sac poubelle, loin des regards des siens.

Ce point s'articule autour de la définition, des symptômes, de la spécificité de la Corvidé 19, des modes de transmission, de la différence entre un virus et une bactérie, enfin l'origine humaine de la Covid 19.

---

[27] Héraclite d'Ephèse en Asie du VIè siècle avant Jésus-Christ. Il est disciple d'aucun maître. Il s'est éduqué par lui-même, tout seul. On le rattache à l'école des Milésiens. Il a écrit *De la Nature*. A l'immuabilité de l'être soutenue par Parménide, Héraclite défend les intuitions philosophiques selon lesquelles rien n'est fixe, « tout devient par discorde et nécessité »(*Fragment* 80) ; le « soleil est chaque jour nouveau » ; « le froid devient chaud, le chaud devient froid, le mouillé devient sec, l'aride devient humide » (*Fragments* 126) ; ainsi, « la nature aime à se cacher » (*Fragments* 123).

[28] HERACLITE, *Les Fragments,* 12

[29] *Idem,* 91.

1.1. ***Définition***

Le virus le SARS-cov-2 comme celui de la grippe, est responsable d'infections respiratoires. C'est un des virus dits « à ARN », apte à muter, donc à se modifier

1.1.2 Symptômes

Au début de l'infection à SARS-cov-2, les pathologies de la grippe comme celle de la Corvid19 ont des symptômes similaires. Il me faut signaler les symptômes respiratoires dont la toux. A cela s'ajoutent de la fièvre, des maux de tête, des douleurs musculaires (Myalgies), des douleurs articulaires (arthralgies), des troubles digestifs dont la nausée et le vomissement. Ces derniers peuvent être transitoires.

1.1.3. Spécificités des symptômes de la Covid 19

La Covid 19 se caractérise par des symptômes plus spécifiques. Le patient développe souvent l'anosmie ou la perte d'odorat. Il perd toute sensibilité aux odeurs. Il peut y avoir aussi l'agueusie qui est la perte de tout goût. Entre le septième et le dixième jour, l'état du malade à la Covid 19 peut s'aggraver très rapidement et présenter des symptômes vasculaires, cardiaques et rénaux dont l'accident vasculaire cérébral (AVC) et l'embolie pulmonaire. Ces complications résultent de l'emballement du système immunitaire à la suite de l'infection virale à SARS-Cov-2. En terme médical, on parle alors de l'orage Cytokinique.

1.1.4. Différences entre grippe et Covid 19

A la différence avec la grippe saisonnière qui envahie une zone plus restreinte, une zone limitée et circonscrite, la Covid 19 est une pandémie du fait qu'elle est planétaire. Son invasion est universelle. Elle ne se limite pas à une zone précise. Elle est mondiale et concerne toute l'étendue de la terre. Aucun coin du monde n'est épargné. Elle se répand partout, en tout lieu, sans limite géographique. La Covid 19 comme pandémie émigre de l'Est à l'Ouest, du Nord au Sud, sans aucune barrière. Elle est universelle. La grippe est circonscrite géographiquement et temporellement. Elle est limitée dans l'espace et dans le temps.

Ce qu'il faut bien voir, un mystère naturel, on ne peut pas avoir en même temps deux virus avec la même intensité de contagion et d'agressivité.

1.1.5. Modes de transmission

La Covid 19 a multiples voies de transmission. Il me convient de signaler notamment la contamination par le biais des gouttelettes de la salive projetées pendant la parole : quand on tousse, on éternue et par le canal des mains lors des salutations ou des touchers. A ce jour, on n'est pas rassuré des autres moyens de contamination.

1.1.6. Différences entre virus et bactéries

La bactérie est une cellule vivante. Cependant, ce qu'il faut bien voir, le virus n'est pas une cellule, il n'a pas de noyau. Aussi, le virus ne contient jamais en même temps de l'ADN et de l'ARN. La survie d'un virus dépend de son aptitude à la réplication. En clair, le virus requiert de se greffer dans une cellule hôte, profiter des constituants de cette dernière pour se multiplier, se répandre et développer son patrimoine génétique. Il doit profiter des cellules vivantes hôtes en jouissant de leur acide nucléaire, l'ARN ou l'ADN. On comprend pourquoi le virus ne peut survivre que comme parasite. Dès lors, la Covid 19 étant un virus, ne peut être qu'un parasite qui dépend des cellules vivantes pour se multiplier et survivre par réplication. De là, la difficulté du traitement par les antibiotiques notamment.

L'interaction du nouveau génome viral et de la cellule hôte donne de nouvelles particules virales. Plusieurs étapes sont requises entre le moment où le virus envahie une cellule et sa multiplication. Le virus a une aptitude à une mutation plus rapide et à une multiplication plus vite que la bactérie, de là la rapidité de la contagion de ce dernier.

Lors de la réplication, les mutations peuvent se faire par le remplacement d'une base azotée par une autre. Il peut aussi avoir un échange de matériel génétique d'un virus à un autre : un virus de la grippe humaine peut emprunter des gênes à des virus de la grippe porcine.

1.1.7. Origine humaine de la Covid 19

La Covid 19, comme tout virus, trouve son origine dans la rupture de l'équilibre écologique causée par l'action humaine. Dès lors, c'est de la perturbation du rapport de l'homme avec la nature par les barrages, les élevages, les guerres, la déforestation notamment qu'advient l'émergence des maladies et des pandémies. Ainsi, l'homme perturbe l'environnement du virus, provoque son transfert de l'animal à l'homme et à travers lui à la population. C'est le cas certainement avec la Covid 19 qui cause un désarroi planétaire.

1.1.8. La Covid 19, un désarroi universel : la fragilité des institutions et des affaires humaines

La Covid 19 a démontré les limites des institutions humaines. Le confinement, en Occident surtout, a entraîné la faillite de grandes entreprises. Dans le secteur économique, advient la fermeture de plusieurs entreprises avec pour conséquence la perte d'emploi et le chômage, notamment. Ceci conduit à l'instabilité dans certains foyers. Les agendas et les plannings sont sans cesse reportés sine die.

Aussi, « le rester à la maison » occasionne souvent de problème de santé et favorise des personnalités névrotiques, de dépression et de crise dans la vie familiale. On assiste, notamment, à l'augmentation des violences conjugales, avec coups et blessures, entraînant parfois mort d'homme. Ce qui conduit souvent à des poursuites judiciaires.

On comprend pourquoi, du point de vue social, après le confinement de la première vague de la Covid 19, beaucoup des couples ont divorcé. Aussi, avec les couples divorcés, il s'est posé le problème de la garde des enfants, avec pour conséquences notamment les disputes et des relations humaines conflictuelles, chaque parent voulant garder les enfants.

Pour échapper aux stress suite au confinement, en Occident surtout, on assiste à l'exode urbain pour la campagne, avec abandon des villas et du luxe, pour tenter de renouer avec la nature.

Le confinement conduit souvent à la rébellion des enfants contre les parents, ce qui pose le problème de l'éducation et de l'encadrement. Les enfants, habitués à la sociabilité et aux jeux avec les copains, supportent mal la solitude. Ils peuvent dès lors déprimer.

La formation en ligne et par visioconférence pose le problème de socialisation. Les jeunes se retrouvent dans une solitude souvent déprimante. Il leur manque ainsi un face à face, un vis-à-vis indispensable pour le devenir adulte, humain et social. Le vide créé par l'absence de l'altérité indispensable au devenir adulte conduit souvent au désarroi. L'autre, entendu comme Alter Ego, manque pour le devenir de soi. Comme l'a si bien vu Paul Ricœur dans *Soi-même comme un autre*, « le plus court chemin qui mène de soi à soi passe par la médiation d'autrui ». Il manque dès lors le contact humain indispensable à la formation de soi. Il devient difficile de rendre compte du rôle de l'autorité dans le processus de socialisation et de l'éducation.

Avec « le rester à la maison », on arrive souvent à l'augmentation des factures de l'eau, du courant et de la restauration suite à une consommation en majoration. La conséquence peut aussi être l'obésité en Occident surtout. Le confinement apparaît comme une prison à ciel ouvert.

La suspension de tout rassemblement dont les cultes religieux a aussi un impact négatif car la dimension spirituelle, spécifiquement humaine, est indispensable pour le bien-être de la personne. La distanciation affecte les relations humaines.

Le sport professionnel, le tourisme, les loisirs ne sont pas épargnés par les conséquences négatives de la Covid 19. Les hôpitaux sont submergés. Les corps médicaux sont dépassés et dépriment. Certains abandonnent, les autres changent d'emploi.

Toutefois, on assiste positivement au développement des solidarités interhumaines, intercommunautaires et trans-générationnelles. L'attention au plus faible, au malade et au plus vulnérable refait surface dans un univers où l'égoïsme et l'individualisme sont devenus des modes de vie.

Les pays africains, dont la République Démocratique du Congo, ont des défis spécifiques pour faire face à la Covid 19, défis liés surtout au sous-développement et à la mauvaise gouvernance de la chose publique.

2. La République Démocratique du Congo, la Covid 19 et les défis : dans les méandres du sous-développement et de la jungle urbaine

Ce second point a pour matrice les difficultés pour les pays africains en général, singulièrement la République Démocratique du Congo, à faire face aux défis liés à la Covid 19. De fait, plusieurs pays du continent sont pris dans les méandres du sous-développement, de la mauvaise gouvernance de la chose publique et de la jungle urbaine. J'évoque ici les questions liées à la mise en œuvre des mesures barrières, du déficit communicationnel pour la sensibilisation, du confinement, de la mauvaise gestion de la caisse de solidarité de laCovid 19, de la taxe du test Covid 19 comme nouveau business, de la question du vaccin et tous ses soupçons. Aussi, je rappelle la perception de la Covid 19 dans le mental des Congolais : un mythe ou une réalité ? Enfin, pour y faire face, la pharmacopée et les savoirs endogènes à la rescousse.

Ce qu'il bien savoir, le problème majeur pour la prise en compte des défis liés à la Covid 19 est lié à la perception de cette pandémie n milieu africain en général et congolais en particulier. De fait, beaucoup n'y croient pas et pensent qu'il est question d'une maladie d'ailleurs.

2.1. Les mesures barrières : mise en œuvre et défis

Je parle du lavement des mains, de l'usage des liquides alcooliques, du port des masques, de la distanciation sociale, de l'éternuement et de se moucher, de la salutation et de certaines barrières culturelles,

2.1.1. Lavement des mains

La question du lavement des mains avec du savon qui, ailleurs, relève de la banalité existentielle, n'est pas toujours évident dans le contexte congolais. La République Démocratique du Congo regorge des ressources d'eau mondialement reconnues qu'il n'est plus besoin de le rappeler dans le cadre de ma réflexion. Toutes les villes congolaises sont situées aux bords des cours des eaux : des rivières, des lacs et du fleuve. Paradoxalement, en milieu urbain congolais surtout, il se pose le problème de la carence d'eau. Tous les quartiers et toutes les communes ne sont pas toujours desservis. Il y a en outre le phénomène de délestage pour ceux qui sont alimentés. L'eau est une denrée rare. Le lavement fréquent des mains pose problème.

En milieu rural, il faut parcourir des kilomètres pour s'alimenter en eau dans les rivières, les ruisseaux et les sources naturelles. Le Congo rural n'est pas modernisé ni technicisé.

Il faut aussi signalé que dans la compagne congolaise, l'approvisionnement en savon n'est pas évident. Il faut préalablement savoir où le trouver et avoir les moyens pour les acheter. Il faut souvent attendre les éventuels et rares marchés occasionnels qui rassemblent les commerçants en provenance de grandes villes. Ce qui exige de parcourir des kilomètres à pieds pour l'approvisionnement occasionnel en savons notamment. Aussi, les éventuels achats sont conditionnés par la vente préalable de ses propres denrées. L'argent est rare comme le savon lui-même. Ce qu'il faut bien voir, l'acte banal de laver fréquemment les mains relève d'un défi pour plusieurs Congolais.

En dépit de ces difficultés, il me semble important de sensibiliser la population au lavage fréquent des mains avec du savon pour faire face à la contamination du virus. Il y a aussi l'usage des liquides alcooliques.

2.1.2. Usage des liquides alcooliques

Ce qu'il faut déjà souligner, c'est la presque inexistence du lavement des mains avec de l'alcool en milieu rural congolais. Si les Congolais urbains en font usage, il faut avoir les moyens pour les acheter ; ce qui n'est pas évident. Ce qui est certain, cette pratique commence à intégrer le mental de la population urbaine. Il faut dès lors encourager ceux qui peuvent à s'en procurer et à en faire usage. C'est le même effort à faire pour le port des masques.

2.1.3. Le port de masque

La question du masque, dans un contexte de paupérisation, se pose avec acuité. En milieu urbain, il reste encore un luxe tant il faut les moyens financiers pour s'en procurer. Le masqué, sensé se porter pendant quatre heures, est mis toute la journée, avec des conséquences pour l'hygiène. Certains ramassent les masques jetés, les lavent pour les revendre. Ceci conduit à la propagation des microbes et des maladies.

En milieu rural, on ne sait même pas où en trouver et comment s'en procurer. La solution reste la fabrication des masques locaux, qui ne répondent pas toujours aux conditions indispensables pour la protection compte tenu de la qualité des linges utilisées et le manque de professionnalisme.

Cependant, de nos jours, le port du masque semble être une des protections les plus rassurantes. Il convient de mobiliser davantage la population pour son usage. Je reconnais la difficulté d'en changer toutes les quatre heures. Pour des raisons d'hygiène, je préconise l'l'utilisation de ceux en tissus. Seulement, il faut veiller à les laver le plus souvent afin de les maintenir propres pour éviter la propagation des microbes. Outre le port du masque, la distanciation sociale est requise.

2.1.4. La distanciation sociale

Parler de la distanciation sociale relève d'un mythe, compte tenu de la promiscuité dans le quotidien des Congolais. Le transport en commun et les marchés surpeuplés ne favorisent pas la distanciation sociale. Le repas en commun pour ceux qui ne peuvent manger qu'à la main empêche la mise en œuvre de cette mesure barrière. La distanciation sociale est presque impossible en milieux de formation et d'enseignement. Les salles des cours, à tous les niveaux, sont surpeuplées. La formation à distance est impossible pour des institutions de formation en manque d'équipements appropriés. On assiste dès lors à la fermeture des établissements scolaires et universitaires, avec un impact négatif quant à la formation de la jeunesse.

L'option actuelle des enseignements par module dans l'unique optique de rattraper le calendrier académique, en milieu universitaire, ne favorise pas une formation de qualité. La conséquence inéluctable semble être une formation au rabais, avec des têtes bien pleines et non bien faites. Le but des études semble devenir ainsi non la vie, mais les diplômes, les points et l'école. Le risque est de former une jeunesse inapte à se prendre en charge et à prendre la société en charge, de fournir à la société des futures cadres incapables de résoudre les énigmes de la vie. Cette situation conduit souvent à une formation bâclée, l'objectif étant de rattraper le temps perdu. Tout se passe comme si les enseignants en milieu universitaire étaient plus préoccupés à la vente des syllabi et à la quête d'argent tant on sait qu'il faut faire payer aux étudiants les travaux pratiques et autres.

Dans le contexte du Congo, je propose la fermeture de l'année en court et l'obligation du port obligatoire des masques pour une reprise apaisée des activités académiques. A court ou à long terme, nous devons penser à la modernisation de nos équipements et de nos infrastructures pour mieux faire face aux éventuelles pandémies futures. Cela passe notamment par l'informatisation des salles des cours, l'acquisition des équipements appropriés. Ceci suppose la bonne gouvernance financière et une responsabilisation accrue des animateurs des différentes institutions de formation. Une dépolitisation des établissements de formation, universitaires surtout, s'impose pour la promotion de la méritocratie et de l'excellence. Ceci éviterait une gestion clientéliste, un favoritisme, sans toujours de résultat qualitatif.

Il convient aussi d'initier la population aux manières, vielles certes mais oubliées, de se moucher et d'éternuer.

2.1.5.Eternuement et se moucher

Dans un contexte de la Covid 19, l'éternuement implique le respect élémentaire des conditions hygiéniques. Il faut alors utiliser des papiers mouchoirs à usage unique. Si cette pratique est assez courante en ville, il n'en est pas ainsi en campagne. Cela implique aussi les moyens financiers élémentaires. Les mouchoirs en tissus en usage courant ne semblent pas indiqués pour la protection requise et la lutte contre la propagation du virus. Bien au contraire, il y a risque de la propagation des microbes s'il n'est pas propre. Il convient alors d'en avoir plusieurs à la fois et de les laver le plus souvent pour les maintenir propres.

Il y a à repenser nos relations interpersonnelles et interhumaines, par des manières prudentes et adaptées pour se saluer notamment.

2.1.6. La salutation

Traditionnellement, la salutation habituelle se fait par la main ou le baiser. On se sert les mains en dépit du bonjour verbal. Il faut à présent s'habituer à s'en passer et à s'en tenir à la salutation verbale ou à hocher simplement la tête. Cette innovation requiert une formation et une éducation. L'apprentissage devient indispensable pour cette nouvelle forme de socialisation. Il faut dès lors la remise en cause des habitudes acquises.

Les traditions congolaises comportent certaines valeurs culturelles qui, de nos jours, comportent des véritables défis face à la pandémie de la Covid 19. Je pense ici aux diverses cérémonies lors des cultes des morts, aux obsèques et aux rituels des deuils notamment. Ces pratiques semblent devenir de nos jours des barrières face à la lute contre la propagation de la Covid 19.

2.1.7. Barrières culturelles : culte des morts

Habituellement, en République Démocratique du Congo, les cérémonies funéraires sont paradoxalement non seulement des moments de tristesse, mais aussi de festivité, de solidarité et de sociabilité. L'inhumation est précédée par la veillée mortuaire accompagnée des pleurs, des prières, de l'animation culturelle avec la musique et les danses folkloriques.

A l'heure actuelle, ces rassemblements, occasions propices pour la propagation du virus, sont interdits. Il me semble prudent d'instaurer dans la durée la pratique actuelle qui interdit les veillées funéraires et exige que le corps soit directement conduit au cimetière après la levée de la morgue. Aussi, on éviterait trop des dépenses et des tracasseries liées aux obsèques pour une population souvent démunie qui n'arrive pas toujours à assurer les soins à ses malades par manque des moyens financiers.

Outre les mesures barrières en général, le confinement est le plus difficile à mettre en œuvre en République Démocratique du Congo.

2.2. Le confinement

La problématique du confinement est une question ardue pour la République Démocratique du Congo. En effet, il apparaît comme une mission impossible. Cela, à cause des désillusions d'une société ancrée dans les méandres du sous-développement qui est pourtant très riche, mais paradoxalement désorganisée comme une jungle urbaine, livrée aux prédateurs sans merci, sans loi ni foi. Ce qu'il faut bien voir, c'est que l'impunité et le pillage des ressources sont institués en mode de gestion. Dans un contexte de déstructuration généralisée, la question du confinement se pose avec acuité.

Contexte sociopolitique

Le contexte sociopolitique du Congo reste toujours marqué par l'instabilité politique et l'insécurité en dépit des élections de 2018. La coalition actuelle au pouvoir n'arrive ni à un travail consensuel, ni à faire décoller et sortir le pays du sous-développement. On est toujours à la guerre de positionnement comme vient de le dénoncer récemment La Conférence Episcopale du Congo (CENCO) dans leur mémorandum remis au Chef de l'Etat et à certains acteurs politiques. Pour la CENCO, ceci résulte des mauvaises élections de 2018, sans respect de la volonté du souverain primaire qu'est le peuple. Les actuelles consultations initiées par le Chef de l'Etat en vue de la création « d'une union sacrée pour la nation » est l'illustration de la crise aux conséquences imprévisibles. Ce qu'il faut bien voir, c'est que le contexte sociopolitique n'offre pas d'opportunité pour l'organisation d'un confinement suite au sous-développement, à l'insécurité, à l'instabilité politique qui fait penser à une « jungle urbaine ». Il se pose encore et toujours, plus des soixante années après l'indépendance, les questions sur les conditions de possibilité pour la fondation d'un Etat de droit et démocratique. Ce qu'il faut bien voir, le Congo Kinshasa reste encore au stade des problématiques sur la fondation d'un véritable Etat tout court.

J'évoque rapidement les questions du chômage et de « l'article 15, débrouillez-vous », d'une vie quotidienne des Congolais à la merci des aléas, des difficultés d'achat et de conservation des provisions.

a) Chômage, irrégularité et insignifiance des salaires

Le contexte social de la République Démocratique du Congo est caractérisé par le chômage de la grande partie des Congolais, de la jeunesse surtout malgré les diplômes difficilement obtenus. L'absence des infrastructures et le manque de création des entreprises ne favorisent pas l'embauche à l'emploi. Ainsi, en dépit des diplômes, les jeunes surtout continuent presque toute leur vie à la recherche du travail. Ceci conduit à la délinquance juvénile pour une jeunesse désœuvrée qui doit survivre grâce à la mendicité, au vol, au banditisme. Un confinement devient dès lors suicidaire et peut causer plus des victimes que la Covid 19 avec pour risques notamment l'anémie, la mal nutrition… L'impossibilité du confinement ne peut que s'accroître. L'exode rurale avec pour conséquence le surpeuplement, accroit la misère dans des villes. Il y a augmentation de la main d'œuvre désœuvrée et d'une jeunesse de plus en plus infantilisée

b) Une vie au quotidien au jour le jour et à la merci des aléas

Les Congolais ordinaires vivent au jour le jour, sans possibilité de prévoir de provision pour l'avenir par anticipation. Ce qu'il faut bien voir, la paupérisation à l'extrême de la population ne favorise pas une vie décente. Le chômage, le manque de salaire décent ou un salaire irrégulier, l'accaparement des richesses du pays par un petit groupe font qu'on est amené à vivre le jour au jour. « L'article 15 » ou la débrouillardise est devenu le mode de vie.

Comment dès lors envisager un confinement sans pousser les gens à la malnutrition et à la famine ? Il me semble que, loin de préserver les Congolais contre la Covid 19, bien au contraire, un confinement ferait encore plus des victimes de la faim et de l'isolement. La majeure partie de la population congolaise vit de la solidarité clanique et de l'assistance mutuelle. Il faut alors sortir pour aller chercher dehors. Un confinement serait comme un mouroir à ciel ouvert, avec pour conséquence la famine et la mal nutrition qui seront plus désastreuses que les conséquences de la Covid 19.

c) Provision et conservation en milieu urbain : un défi

Avec INGA, la République Démocratique du Congo détient l'un des plus grands barrages d'Afrique. Paradoxalement, l'électrification de toute l'étendue du pays se fait toujours attendre. Plusieurs coins du pays souffrent de manque de courant, en milieu rural comme en ville. Les zones desservies en électricité connaissent malheureusement le plus souvent le phénomène de « délestage » qui consiste à la redistribution de l'électricité aux quartiers à tour de rôle. A cela s'ajoute le fréquent vol des câbles, la corruption des agents de Société Nationale d'Electricité. La qualité du courant servi pose aussi de problème. En conséquence, il se pose la question de la conservation des provisions surtout en milieu urbain. Comment dès lors organiser un confinement ?

Aussi, l'acquisition d'un congélateur reste un luxe pour la population qui ne peut accéder à ce moyen de conservation des provisions, surtout en ville. Cette situation rend difficile le confinement pour la majeure partie des Congolais. Le risque serait encore des cas de malnutrition et toutes ses conséquences.

Quels sont les éventuelles dérives dans la gestion de la Covid 19 ?

2.3. Gestion de la Covid19 en République démocratique du Congo: les dérives

Il s'est posé le problème de la bonne gouvernance financière des fonds de solidarité de la Covid 19. On a assisté à des disputes autour des finances entre le Ministre de la santé et son Vice-ministre. Ceci a conduit à la méfiance entre les responsables pour des questions d'argent. Le détournement des fonds, les salaires de misère du personnel affecté aux soins des malades ne peuvent que décourager.

Les soupçons des décès suite à la négligence des malades par les équipes soignants font que plusieurs malades restent à la maison. On se méfie des hôpitaux au risque d'être facilement et simplement assimilés aux malades atteints de la Covid 19 et mourir par négligence et par non assistance médicale.

On a accusé, à tort ou à raison, les équipes responsables dans la lutte contre la Covid 19 d'achat des corps des morts avec des modiques sommes d'argent pour augmenter le chiffre des éventuelles victimes. Cette situation a favoriséla méfiance de la population sur l'existence même de la Covid 19, présenté comme un prétexte du gouvernement pour obtenir des subventions internationales.

La question de la taxe payable du test Covid 19 pour les voyages conduit à croire malheureusement que la gestion de la pandémie s'est embourbée dans les méandres du business. Si ailleurs le test est gratuit, il est au contraire payant en République Démocratique du Congo. Les voyageurs qui rentrent au pays sont obligés au test à leur arrivée à l'aéroport, après un paiement des quarante cinq dollars. Tout ceci, nonobstant les preuves d'un test négatif de la covid réalisés au pays du départ.

Il me semble aussi que la communication quant à la sensibilisation pour la mise en œuvre des mesures barrières n'est pas toujours adaptée pour une meilleure mobilisation. On devrait davantage privilégier l'usage des langues locales et nationales dont le Kikongo, le Lingala, le Ciluba, le Swahili et les dialectes locaux. Certes les efforts se font dans ce sens, mais pas toujours assez à mon sens. Il convient de mettre à contributions les différents médias dont la presse écrites et la télévisions, les nouvelles technologies de communication et d'information, les spots publicitaires. Les différents acteurs dont les musiciens, les enseignants, les organisations non gouvernementales, les confessions religieuses, les acteurs politiques, les meneurs d'opinion, ont un rôle à jouer.

La question du vaccin suscite en outre un débat et une méfiance au sein de la population congolaise. Un protocole d'éthique pour la mise en œuvre d'un éventuel essai du vaccin est indispensable. On mettrait ainsi en lumière les droits des uns et des autres, des malades surtout. L'essai d'un nouveau vaccin répond à un volontariat libre et consenti et non à une obligation forcée. La compensation en lien avec les éventuels dommages doit être clairement prévue suite aux possibles risques.

La question ardue est notamment celle de savoir comment les Congolais perçoivent ils la réalité de la Covid 19 ? C'est l'objet du point suivant de ma réflexion.

2.4.Covid 19 en RDC : mythe ou réalité ?

Malheureusement, pour la majeure partie de la population congolaise, la Covid 19 reste une maladie d'ailleurs, des étrangers, des voyageurs et des riches. Tout se passe comme si elle ne concerne pas tout le monde. On continue à croire que c'est une maladie de l'Occident et surtout des Blancs.

Plusieurs aussipensent qu'il s'agit d'une maladie imaginaire, amplifiée par le gouvernement pour l'obtention de l'aide internationale. Des tels soupçons ne favorisent pas la prise au sérieux de la gravité de la pandémie.

2.5. La pharmacopée traditionnelle et la mise en œuvre des savoirs endogènes[30]

La pandémie de la Covid 19 a entraîné une panique universelle et planétaire. A l'heure actuelle, l'inexistence des médicaments appropriés a conduit plusieurs pays à tâtonner quant à la prise en charge sanitaire. La

---

[30] Théophile MBEMBA, *La Covid 19, quelle alimentation pour la R.D.Congo ?,* Paris, L'harmattan, 2020, 110 P.

population mondiale se retrouve ainsi désorientée. Les recherches s'orientent dans tous les sens. La seconde vague, plus virulente, continue à faire des victimes. Le confinement se poursuit dans certains pays, avec un ralentissement des activités quotidiennes. Tout se passe comme si on était toujours à la case du départ. Les recherches se poursuivent. On assiste à une concurrence entre la valorisation des savoirs locaux endogènes et les recommandations de l'Organisation Mondiale de la Santé (OMS) pour conférer la légitimité universelle sur telles ou telles autres découvertes. On hésite à recommander sur le plan mondial l'essai d'une découverte locale, africaine surtout.

Dans ce contexte, les Congolais en général se remettent, préventivement, aux savoirs endogènes et à la pharmacopée traditionnelle. L'usage des plantes naturelles, des racines, des feuilles et des arbustes refait surface. Le gingembre (tangawishi), le « congobululu », l'artémisia, le « bulukutu », le citron, l'ail, l'oignon rouge, les feuilles d'eucalyptus et de la mangue sont de plus en plus sollicitées. La question ardue reste celle du dosage car il arrive souvent des décès pour les raisons de surdosage. Ce qui est certain, le nombre des victimes à la suite de la Covid19 est inférieur en Afrique par rapport aux prévisions. De toute manière, cette situation ne conduit pas à baisser les bras. Il convient de poursuivre les recherches au-delà des tâtonnements. Je ne peux qu'encourager les collègues pharmaciens, biologistes, chimiques, médecins, philosophes à continuer les cogitations pour une solution durable. Dans l'entre temps, soyons prudents et vigilants.

Conclusion

Ma réflexion a eu pour matrice la Covid 19 : fragilité de l'existence et des affaires humaines. Le cas de la République Démocratique du Congo. En effet, il s'agit d'une pandémie universelle et planétaire qui cause un désarroi mondial et une perte des repères. Ce qu'il faut bien voir, l'humanité semble avoir perdu le sol ferme. L'homme peut alors reprendre conscience de la fragilité de son existence, de ses structures et infrastructures. En d'autres termes, on prend la mesure de la fragilité des affaires et des institutions humaines. Avec le virus de la Covid 19, l'orgueil humain s'écroule comme un château des cartes. On réalise alors le « vain » de la vie, de la possession, des affaires. C'est alors que l'on peut s'exclamer : « vanité de vanité, tout est vanité ». On retrouve les intuitions philosophiques d'Héraclite d'Ephèse selon lesquelles « tout passe, tout coule ». Chacun peut dès lors se sentir concerné par la chanson « sous le firmament, tout n'est que changement, tout passe. »

Le désarroi face à la Covid 19, certes universel, se trouve accentué dans le continent africain, en République Démocratique du Congo notamment, embourbé dans les méandres du sous-développement et de la « jungle urbaine ».

Le travail est organisé en deux points. Le premier a pour pierre de touche la Covid 19 : une pandémie planétaire. J'ai rappelé la maladie et ses symptômes, sa spécificité par rapport à la grippe, les modes de transmission, la différence entre un virus et une bactérie. L'homme, par la déstructuration de l'écosystème, est souvent à l'origine de la propagation des virus. La Covid 19, comme pandémie universelle, est l'occasion de la manifestation de la fragilité de l'existence humaine.

Le second point a porté sur La Covid 19 dans les méandres du sous-développement et de la « jungle urbaine » en République Démocratique du Congo. J'ai évoqué les difficultés de la mise en œuvre tant des meures barrières que du confinement suite aux contextes où la vie s'articule au jour le jour et dans une promiscuité. Aussi, la survie de la majeure partie des Congolais repose sur la solidarité clanique, amicale, relationnelle et l'assistanat. Le défi majeur est le fait de penser qu'on n'est pas concerné par cette pandémie. La Covid 19 est perçue comme une maladie d'ailleurs, qui ne concernerait que les autres, les Occidentaux, les voyageurs, les riches. Les Congolais recourent malgré tout à la pharmacopée et à la prise des médicaments naturels et traditionnels en guise de prévention. De fait, les recherches continuent tant pour découvrir les médicaments comme pour le vaccin.

Certaines recommandations me semblent importantes pour une prise en charge de la pandémie de la Covid 19 comme des pandémies ultérieures.

1.La valorisation des savoirs endogènes malgré les réticences de l'Organisation Mondiale de la Santé, notamment des aliments traditionnels.

2. Repenser l'organisation de la gestion de la chose publique[31] avec accent sur la bonne gouvernance et sur l'intérêt commun.

3. La fondation d'un état de droit [32]: sortir de la jungle urbaine par la mise en œuvre d'une véritable démocratie respectant le droit de l'homme et les libertés des opinions. Il convient de travailler de manière consensuelle pour l'instauration des institutions fortes, républicaines. Il est impérieux de sortir de la logique d'un système avec des personnalités fortes et charismatiques.

4. La promotion de la paix et du développement[33] par une redistribution équitable des richesses pour tous les citoyens. Le Congo est extrêmement riche, paradoxalement exploité par une minorité, laissant la population dans une paupérisation indescriptible.

5. Sortir des conditions sous humaines pour des conditions plus humaines avec la création des emplois, une juste et régulière rémunération en évitant le clientélisme et le tribalisme à l'embauche pour l'emploi.

---

[31] Léon MATANGILA, *Hannah Arendt et la faculté de juger. Un éclairage pour le cinquantenaire des indépendances africaines*, Paris, L'Harmattan, 2010, 132P. et (Sous) Léon MATANGILA, Paris L'Harmattan, 2010

[32] Léon MATANGILA Musadila, *Pour une démocratie au Congo Kinshasa,* Paris, L'Harmattan, 2001, 110P.

[33] Léon MATNGILA Musadila, Le paradoxe politique, une réalité pour la diversité culturelle au Congo, Paris, L'Harmattan, 2007, 220P.

6. La réorganisation du système de santé, sa modernisation et son accessibilité par la population ; l'équipement et la valorisation des compétences locales qui doivent être placées dans les conditions optimales de travail pour plus de résultats : un salaire décent et régulier, un logement, des bourses de recherche, une prise en charge de la santé et des avantages sociaux requis.

7. Le port des masques et le lavage des mains au savon me semblent indispensables pour la lutte contre la propagation du virus.

8. La valorisation des langues locales et vernaculaires pour une meilleure sensibilisation pour la mise en œuvre des mesures barrières : kikongo, lingala, ciluba, swahili et nos dialectes.

9. La nécessité de la mise en place d'une caisse permanente de solidarité avec la contribution des tous les citoyens. Ceci requiert une gestion saine.

10. La mise à profit des résultats des recherches réalisées ailleurs.

Bibliographie

HERACLITE, *Les Fragments*

MATANGILA, Léon, *Hannah Arendt et la faculté de juger. Un éclairage pour le cinquantenaire des indépendances africaines*, Paris, L'Harmattan, 2010, 132P. et (Sous)

MATANGILA, Léon, ParisL'Harmattan, 2010

MATANGILA Musadila, Léon, *Pour une démocratie au Congo Kinshasa*, Paris, L'Harmattan, 2001, 110P.

MATNGILA Musadila, Léon, Le paradoxe politique, une réalité pour la diversité culturelle au Congo, Paris, L'Harmattan, 2007, 220P.

MBEMBA, Théophile, *La Covid 19, quelle alimentation pour la R.D.Congo ?,* Paris, L'harmattan, 2020, 110 P

WILLEM, Jean-Pierre, *Tout savoir sur le virus et y faire face. Coronavirus, grippes, Ebola, SRAS et autres pathologies virales*, Paris, Edition Dauphin, 2020, 221 P.

WILLEM, Jean-Pierre,*Les huiles essentielles antivirales. La solution naturelle pour lutter contre les infections*, Paris, édition Tredan el, 2015, 272P.

Sommaire

Considérations éthiques sur les protocoles de recherche clinique sur la Covid-19[34]

Par Bong-Pasi Willy

Introduction

Déclarée pandémie par l'Organisation Mondiale de la Santé (OMS), la maladie à Coronavirus 2019 (COVID-19[35]) est devenue, depuis décembre 2019, une urgence de santé publique de portée internationale[36]. La COVID-19 est une infection des voies respiratoires causée par un coronavirus nouvellement émergent SRAS-CoV-[37].

Vu la létalité de cette pandémie et les différentes mesures prises dans tous les pays pour la vaincre, les scientifiques se posent plusieurs questions sous plusieurs angles. Quelle est la meilleure prise en charge de cette maladie ? Comment combattre cette épidémie ? Comment conduire une recherche sur des sujets humains atteints ou non de cette maladie ? Peut-on restreindre les libertés individuelles et collectives afin de lutter contre la COVID-19 ? Les droits fondamentaux de l'homme ne sont-ils pas violés dans certains cas ? Les mesures de protection et les gestes barrières sont-ils du domaine de la contrainte et de la coercition ou du domaine de la liberté ? Faut-il universaliser ou particulariser ces mesures ?

Toutes ces questions convergent inexorablement vers l'éthique médicale, clinique et de la recherche. Les comités d'éthique sont mis à contribution dans la gestion de cette épidémie. Ils doivent être indépendants, pluridisciplinaires et pluralistes.

Au cours de cette pandémie, le Comité d'éthique de l'École de Santé Publique de l'Université de Kinshasa a joué et continue à jouer un rôle important en (a) évaluant les problèmes éthiques, juridiques, scientifiques et

---

[34] Willy BONGO-PASI MOKE SANGOL, Docteur en Philosophie, Professeur Ordinaire au Département de Philosophie, Doyen honoraire de la Faculté des Lettres et Sciences Humaines et Vice-Président du Comité d'Éthique de l'École de Santé Publique de l'Université de Kinshasa..

[35] COVID-19 : CoronavirusDisease 2019 = maladie à coronavirus.

[36] Cette pandémie a commencé le 31 Décembre 2019 en Chine dans la ville de Wuhan, province d'Hubei. Cfr C. WANG, P.W. HORBY, F.G. HAYDEN, G.F. GAO, « A novel coronavirus outbreak of global health concern », in *Lancet,* 2020.
Voir https://doi.org/10.1016/S0140-6736(20)30185-9.

[37] SARS-CoV-2 : Severe Acute Respiratory Syndrome Coronavirus 2

sociaux pertinents relatifs aux projets de recherche concernant des êtres humains ; (b) fournissant des avis sur les problèmes éthiques qui se posent dans des contextes cliniques; (c) évaluant les progrès scientifiques et technologiques, en formulant des recommandations et en contribuant à l'élaboration de principes directeurs sur les questions relevant des droits de l'homme ; (d) favorisant le débat, l'éducation ainsi que la sensibilisation et la mobilisation du public en matière de bioéthique.

Dans cette étude, nous affirmons que la gestion de la pandémie de la COVID-19, dans le contexte de la RD Congo, doit tenir compte impérativement des considérations éthiques. Aussi affirmons-nous que quel que soit le domaine intéressé à la COVID-19, la personne humaine doit demeurer le centre et la mesure de tout. En outre, une connaissance de base de l'éthique est nécessaire pour travailler auprès des malades de la COVID-19 et la connaissance du cadre déontologique est essentielle. Notre exposé n'est pas seulement constatif, mais surtout performatif. Il voudrait sensibiliser en s'informant, en s'indignant devant des mauvaises pratiques, en s'impliquant par une prise de conscience de l'ampleur de cette épidémie.

Nous ne nous situons pas dans un schéma catastrophique, mais dans un modèle de communication pour le changement de comportement (CCC)[38], pour aboutir à une structure CAP[39], qui offre des connaissances, suscite des bonnes aptitudes ou attitudes ; et impose des pratiques et des gestes salvateurs.

Notre problématique met en dialogue les questions éthiques et l'existence de la pandémie dela COVID-19. Ce contexte, cette problématique et cette hypothèse se déclineront en trois moments : (1) La COVID-19 ; (2) Les principes de bioéthique ; et (3).Les textes bioéthiques.

1. La Covid-19

La maladie à coronavirus 2019, ou la Covid-19, (acronyme anglais de *coronavirus disease 2019*), est une maladie infectieuse émergente de type zoonose virale causée par la souche de coronavirus SARS-CoV-2.

1.1. Le virus

L'agent causal de la Covid-19 est un virus. Les coronavirus (CoV) sont des virus qui constituent la sous-famille *Orthocoronavirinae* de la famille Coronaviridae. Le nom « coronavirus », du latin signifiant « virus à couronne », est dû à l'apparence des virions sous un microscope électronique, avec une frange de grandes projections bulbeuses qui évoquent une couronne solaire.

---

[38] CCC = Communication pour le Changement de Comportement.

[39] CAP = Connaissances, Aptitudes ou attitudes ; et Pratiques.

Les coronavirus sont munis d'une enveloppe virale incluant une capside caractérisée par des protéines en forme de massue (dites « protéines de pointe »). Ils ont un génome à ARN monocaténaire (c'est-à-dire à un seul brin), de sens positif (groupe IV de la classification Baltimore), de 26 à 32 kilobases (ce qui en fait les plus grand génomes parmi les virus à ARN). Ils se classent parmi les Nidovirales, puisque tous les virus de cet ordre produisent un jeu imbriqué d'ARNm sous-génomique lors de l'infection. Des protéines en forme de pointe, une enveloppe, membrane et capside contribuent à la structure d'ensemble de tous les coronavirus. Ils peuvent muter et se recombiner.

Insistons encore sur le fait que le séquençage génétique du virus suggère qu'il s'agit d'un béta coronavirus étroitement lié au virus du SRAS[40]. Son agent pathogène est le coronavirus, un virus à ARN, de diamètre variant entre 60 et 140 nanomètres.

1.2. La maladie

La Covid-19est une maladie très grave qui intéresse la santé publique et la communauté internationale.

Sa transmission interhumaine passe par un sujet symptomatique ou asymptomatique[41]. Elle se fait surtout via des gouttelettes respiratoires, des postillons comme pour la grippe saisonnière, surtout lors de la parole, de la toux et des éternuements ou lorsque le contact d'une surface contaminée est suivi par celui d'une muqueuse du visage (bouche, nez, yeux). Ainsi, la personne se contamine en touchant le nez, la bouche ou les yeux après inhalation des gouttelettes ou avoir touché les surfaces contaminées par les gouttelettes[42]. La période d'incubation est en moyenne de 5 à 6 jours, avec des extrêmes pouvant aller de deux à quatorze jours.

Les symptômes les plus fréquents sont la fièvre, la toux, la fatigue et la gêne respiratoire. Dans les formes les plus graves, l'apparition d'un syndrome de détresse respiratoire aiguë peut entraîner la mort, notamment chez les personnes fragiles du fait de leur âge ou en cas de comorbidité. Une

---

40 SDRA/ SRAS : Syndrome De Détresse Respiratoire Aigu/ Syndrome Respiratoire Aigu Sévère.

41 Lire D.D. RICHMAN, R.J. WHITLEY, F.G. HAYDEN, *Clinical Virology*, 4ème ed. Washington: ASM Press; 2016. C. ROTHE, *et al.*, «Transmission of 2019-nCoV infection from an asymptomatic contact », in *Germany. N Engl J Med.* 2020. https://doi.org/10.1056/NEJMc2001468.

41World Health Organization, *Situation reports*. Available at: https:// www.who.int/emergencies/diseases/novel-coronavirus-2019/situation-reports/. Accessed 22 Feb 2020.

D.D. RICHMAN, R.J. WHITLEY, F.G. HAYDEN, *Clinical Virology*, 4ème ed. Washington: ASM Press; 2016. C. ROTHE, *et al.*, «Transmission of 2019-nCoV infection from an asymptomatic contact », in *Germany. N Engl J Med.* 2020. https://doi.org/10.1056/NEJMc2001468.

42 World Health Organization, *Situation reports*. Available at: https:// www.who.int/emergencies/diseases/novel-coronavirus-2019/situation-reports/. Accessed 22 Feb 2020.

autre complication mortelle est une réponse exacerbée du système immunitaire inné (choc cytokinique). Une perte brutale de l'odorat (anosmie) associée ou non à une perte du goût (agueusie) est une des manifestations relativement fréquentes et parfois révélatrices de l'infection par le SARS-CoV-2.Les symptômes les plus fréquents sont la fièvre (pour quelques cas), la toux, la douleur à la gorge, les maux de tête, la fatigue, les myalgies et l'essoufflement[43]. Il existe un taux important de formes asymptomatiques. Du point de vue clinique, elle se caractérise par un état asymptomatique, un syndrome aigu de détresse respiratoire, un dysfonctionnement de plusieurs organes.

Une proportion importante de personnes infectées, notamment d'enfants, ne présente que peu ou pas de symptômes mais peuvent néanmoins transmettre la maladie. De plus, il a été établi que, chez les personnes symptomatiques, la contagiosité peut précéder les symptômes de 2 à 3 jours et qu'elle serait maximale durant les premiers jours de la maladie.

Sans traitement spécifique et sans vaccin, les seules stratégies cruciales contre la COVID 19 sont : (1) les gestes barrières, (2) le traitement symptomatique, (3) la prévention consistant entre autres à ne pas entrer en contact avec le virus, (4) la précaution consistant à imposer le confinement de la population et la limitation de certains droits individuels ou collectifs, (5) un contrôle permanent.

Dans la prévention, il faut ajouter les mesures suivantes :(1) dépister (avec consentement volontaire et éclairé) les personnes suspectes et leurs contacts ; (2) éviter tout contact avec une personne infectée et garder une distanciation appropriée autant que possible ; (3) tousser et éternuer dans des mouchoirs à usage unique jetables en toute sécurité ; (4) utiliser le coude fléchi pour tousser ou éternuer; (5) se laver régulièrement des mains au savon ou au désinfectant d'au moins 60% d'alcool; (6) utilisation des masques faciaux ; (7) éviter de se toucher le nez, la bouche, les yeux avec des mains non lavées ; (8) désinfection des personnes et des locaux.

2. Considérations éthiques des protocoles

Les différents protocoles doivent se conformer à la réglementation de l'OMS et aux principes d'éthique clinique, de la santé et de la recherche. Ils sont des repères personnels pour notre agir, quelles que soient les situations dans lesquelles nous évoluons, qu'elles soient de nature sociale ou professionnelle. Ils doivent être une procédure stricte à respecter par les prestataires impliqués dans la gestion de la COVID-19. Ils se basent sur des

[43] N. CHEN et al., « Epidemiological and clinical characteristics of 99 cases of 2019 novel coronavirus pneumonia in Wuhan, China: a descriptive study », in *Lancet*, 2020, n°395, pp.507-513.

textes internationaux, notamment le Serment d'Hippocrate, le Code de Nuremberg, la Déclaration d'Helsinki et la Déclaration universelle sur la bioéthique et les droits de l'homme. Tous ces textes qui ont une portée éthique et normative, sont bien résumés dans le Rapport Belmont.

2.1. Le Comité d'éthique de l'École de Santé publique de l'Université de Kinshasa et les protocoles sur la Covid-19

La période allant de janvier à juillet 2020 est caractérisée par une explosion des protocoles de recherche et de soins sur la COVID-19. Le Comité d'éthique de l'École de Santé publique de l'Université de Kinshasa a reçu 62 protocoles consacrés à la COVID-19 sur un ensemble de 98 reçus, soit 63,3 %.

En excluant les protocoles portant sur des sujets académiques (thèses de doctorat ou mémoires de spécialisation ou de DEA), les autres protocoles, soit 36 portaient sur les quatorze thèmes suivants : Ebola et fièvre hémorragique à virus Ebola ; Fièvre jaune ; Filariose ; Grossesse sans risque et santé maternelle ; Monkeypox ; Moustiquaire Imprégnée d'Insecticide ; Onchocercose ; Paludisme ; Réanimation néonatale, accouchement ; Santé de la Reproduction et santé sexuelle ; Santé mentale ; Tabagisme, sevrage tabagique, consommation du tabac chez la femme enceinte ; Trypanosomiase ; VIH/Sida[44].

Tableau 1 : Protocoles soumis au CE de l'ESP/UNIKIN : janvier – juillet 2020		
Nombre total des protocoles	98	Certains protocoles ont été soumis 2 ou 3 fois pour amendements ou modifications.
Avis favorables	66	Seuls 12 protocoles étaient approuvés sans remarques et 54 après amendements. 9 approbations ont été à titre compassionnel et 3 à titre humanitaire (cas d'Ebola). 3 protocoles posaient le problème éthique de consentement éclairé/assentiment + traduction en langues locales.
Avis défavorables	32	Un protocole peut avoir 2 ou 3 problèmes justifiant l'avis défavorable. Dans l'ensemble, 31 protocoles avaient de problèmes d'ordre éthique (cf. principes bioéthiques) ; 20 de méthodologie; 8 d'actualisation du chronogramme et 2 du manque de rapport d'activités.
Source: Lettres envoyées par le CE de l'ESP aux IP[45]		

[44] Ébola et VIH/SIDA sont deux autres thèmes abordés après la Covid-19.

[45] CE = Comité d'Ethique
ESP = Ecole de Santé Publique de l'Université de Kinshasa
IP = Investigateur Principal

Les avis favorables d'un protocole correspondent aux différents principes éthiques universellement reconnus. Le CE apprécie la valeur scientifique globale de la recherche et la prise en compte des principes et des normes de l'éthique de la recherche et de la bioéthique. Il examine les protocoles sur base des 7 critères suivants : (1) pertinence de la recherche, (2) analyse du risque/bénéfice, (3) consentement éclairé, (4) sélection des sujets, (5) confidentialité des informations, (6) monitoring de la recherche et (7) Conflit d'intérêt et comment il sera géré.

A titre d'exemple, l'avis du Comité d'Ethique de l'Ecole de Santé Publique de l'Université de Kinshasa sur un protocole comportant des Essais cliniques thérapeutiques (déjà soumis) était de nouveau défavorable. Le Comité n'a pas autorisé la réalisation de cette étude demandant à l'investigateur principal de retravailler son protocole sur base des remarques suivantes :

- La révision du protocole n'a pas intégré toutes les remarques formulées dans la précédente correspondance du CE de l'ESP.
- La méthodologie ne décrit pas comment l'essai clinique sera randomisée et se fera en double aveugle.
- Le protocole ne présente pas comment l'estimation des tailles des échantillons a été faite.
- Les critères d'inclusion des participants ne sont pas clairement précisés.
- L'Endpoint n'est toujours pas clairement défini.
- A l'examen des curriculums vitae des membres de l'équipe de recherche, le Comité constate qu'ils n'ont pas l'expertise voulue pour mener des essais cliniques. De plus, l'investigateur principal n'a pas fourni la preuve de sa formation en éthique.
- Le nouveau protocole de recherche présenté, malgré sa révision, ne répond toujours pas dans son ensemble aux normes universellement acceptées.

Sur le tableau ci-dessous, nous décrivons les différents protocoles reçus du mois de janvier au mois de juillet de cette année.

Tableau 2 : Avis du CE de l'ESP aux Protocoles examinés (Janvier –juillet 2020).

Mois	Nombre de protocoles			Avis favorables			Avis défavorables		
	Total	COVID-19	Autres	Total	COVID-19	Autres	Total	COVID-19	Autres
Janvier	09	03	06	08	02	06	01	01	00
Février	14	08	06	12	06	06	02	02	00
Mars	11	08	03	05	03	02	06	05	01
Avril	17	09	08	13	05	08	04	04	00
Mai	14	10	04	09	06	03	05	04	01
Juin	18	12	06	11	06	05	07	06	01
Juillet	15	12	03	08	05	03	07	07	00
Total	98	62	36	66	33	33	32	29	03

Source: Lettres envoyées par le CER de l'ESP aux IP

Les protocoles sur la COVID-19 obtiennent 33 avis favorables, soit 50 % de l'ensemble d'avis favorables pour tous les protocoles reçus. Sur l'ensemble d'avis défavorables, ces protocoles obtiennent 90,6 %. Ainsi, les 62 protocoles sur la COVID-19, 33 avis sont favorables, soit 53,2 % contre 29 avis défavorables, soit 46,8 %. Ceci montre que plusieurs protocoles devraient être revus ou rejetés pour non-conformité aux principes éthiques.

En outre, en tant que philosophe et bioéthicien, nous avons contribué à l'élaboration du document-pays qui édicte les normes pour la prise en charge de l'épidémie à coronavirus pour la République Démocratique du Congo dans son volet des considérations éthiques[46]. Cet important document donne des directives pour la gestion de cette épidémie en RD Congo. Dans son introduction, il est clairement dit : « Pour empêcher la propagation du SRAS-CoV-2 et collecter des informations pour mieux comprendre le virus et son impact sur les résultats de santé, la RDC au travers son Ministère de Santé travaille avec ses partenaires et les structures de prise en charge pour identifier les personnes sous enquête (PSE), les tester pour le virus qui cause la COVID-19, et soigner ceux qui sont positifs»[47].

Le même document précise : « Pour aider nos équipes sur terrain, le Programme National des Urgences et Actions Humanitaires (PNUAH) a développé un protocole qui fournit une approche standardisée pour les soins de personnes infectées en commençant par les triages des cas positifs présumés (individus avec signes et symptômes ou histoire de contact avec un porteur du virus responsable de la *Covid-19* est positif) et de cas confirmés par un laboratoire »[48]. Par ailleurs, « Les cas confirmés de *Covid-19* sont des individus avec au moins un échantillon respiratoire dont le test de dépistage du virus responsable du *Covid-19* dans un laboratoire du MS/RDC a été positif. Ces données sont nécessaires pour suivre l'impact de l'épidémie et éclairer la réponse de santé publique »[49].

Ainsi, le système de santé de la RDC en réponse à l'épidémie de *COVID-19* a pour mission de « réduire la morbidité et la mortalité, de minimiser la transmission des maladies, de protéger le personnel de santé, et de préserver le fonctionnement du système de santé »[50].

---

[46] Voir Willy BONGO-PASI, le Chapitre 6 : « Considérations éthiques », in *Guide de prise en charge de l'épidémie à coronavirus, Covid-19*, Kinshasa, Ministère de la Santé, Secrétariat Général, avril 2020, p.40 sq.

[47] *Guide de prise en charge de l'épidémie à coronavirus, Covid-19*, Kinshasa, Ministère de la Santé, Secrétariat Général, avril 2020, p.9.

[48] *Ibidem.*

[49] *Ibidem.*

[50] *Ibidem.*

2.2. Les principes éthiques

La procédure adoptée dans les différents protocoles sur la COVID-19 sur le plan thérapeutique et que sur celui de la recherche est celle qui respecte les 3 grands principes de l'éthique clinique et de la recherche :

2.2.1.Le respect de la personne

Le premier principe est celui de l'autonomie et du respect de la personne humaine (impliquant autant que possible le consentement éclairé (ou assentiment pour les mineurs et les personnes incapables de décider seules). En cas de nécessité et en plein respect du 2ème principe, le modèle paternaliste sera adopté au détriment du modèle autonomiste. Dans tous les cas, il veille à la relation risque / bénéfice-avantage et à toute stigmatisation. Le respect de la personne recouvre la capacité et les droits qu'ont tous les individus d'être les arbitres de leurs propres choix et décisions. Il se rapporte au respect de l'autonomie et de l'autodétermination de tous les êtres humains, dont on reconnaît la dignité et la liberté.

Il convient d'être particulièrement vigilant quand des groupes vulnérables se prêtent à la recherche sur la COVID-19, car ils ont besoin d'être protégés. Les enfants, les femmes, les prisonniers et les personnes atteintes de maladies mentales sont des exemples de groupes vulnérables. Les analphabètes, les personnes qui vivent dans le dénuement ou celles qui ont un accès limité aux services de santé sont d'autres exemples. Dans certaines cultures, lesfemmes doivent laisser les hommes prendre les décisions, ce qui remet en cause la notion d'un consentement véritablement volontaire. Ces conditions peuvent compromettre la capacité qu'ont les personnes de refuser de participer à la recherche.

Le processus du consentement éclairé implique le principe de respect de la personne. Le consentement éclairé vise à donner à l'individu les moyens de décider en toute connaissance de cause et sur une base volontaire de participer ou non à la recherche. Les participants potentiels doivent clairement comprendre tous les éléments du processus de consentement éclairé.

2.2.2. Bienfaisance

Le deuxième principe est celui de la bienfaisance et de la non malfaisance. Tout protocole doit répondre à l'adage latin de *primum non nocere* (« premièrement, ne jamais nuire »), du Serment d'Hippocrate. Des mécanismes stricts doivent être mis en place pour ne jamais nuire à la population et au malade de la COVID-19. En outre, tout prestataire doit se battre pour sauver son malade. Il doit être à tout moment son conseiller.

Le principe de bienfaisance veut que le chercheur assume la responsabilité du bien-être physique, mental et social du participant pour tout ce qui touche à l'étude. On parle également du principe de *non-malfaisance.*La protection du bien-être des participants est la responsabilité primordiale du chercheur. La protection du participant est plus importante que : la poursuite de nouvelles connaissances ; les avantages scientifiques qui découleront de l'étude ; et l'intérêt personnel ou professionnel du chercheur.

Les risques encourus par les participants à une étude sur la COVID-19 doivent être évalués à la lumière des avantages qui pourraient en découler pour eux et de l'importance des connaissances susceptibles d'être acquises. En tout état de cause, les risques doivent toujours être ramenés au minimum pour le participant.

2.2.3. Justice

Le dernier principe est celui de la justice. Tous les malades doivent être traités de la même façon. Il n'y aura pas de traitement préférentiel ou discriminatoire dans les soins à apporter. Les différents protocoles doivent éviter tout ce qui peut être considéré comme « médecine double standard ». En ce temps d'épidémie, le protocole doit considérer tous les malades de la même façon et avec équité. Tous les produits (molécules ou vaccins) sont utilisés selon un protocole unique. Il n'y aura pas de spécialités pour les uns (les privilégiés) et des génériques pour les autres (les défavorisés).

En outre, l'investigateur est dans l'obligation de peser équitablement les risques et les avantages de la participation à l'étude. Le recrutement et la sélection des participants à la recherche doivent s'opérer dans un souci d'équité. Le principe de justice interdit qu'un groupe soit exposé à un risque pour le seul avantage d'un autre groupe. Par exemple, ce principe ne permet pas que l'on se serve de groupes vulnérables (tels des mineurs, des démunis ou des prisonniers) comme participants à la recherche sur la COVID-19 pour le bienfait exclusif de groupes privilégiés. Comme l'exige le respect de la personne, il est nécessaire de protéger les groupes vulnérables, y compris les démunis et ceux qui ont un accès limité aux services de santé.

Quand on examine le rapport risque-avantage d'une recherche sur la COVI19, l'idéal est que les avantages l'emportent sur les risques. Toutefois, cet objectif peut être difficile à atteindre. Par exemple, les essais cliniques de Phase I n'offrent pas d'avantages au participant, qui est souvent une personne en bonne santé.

Tous ces principes sont coulés dans des textes éthiques, normatifs et juridiques de portée internationale et de nature obligatoire dans le droit interne.

2.3. Les textes d'Éthique de la recherche et de la santé

Ces textes fondamentaux d'éthique de la recherche et des soins sont fondés sur trois formes d'éthiques, à savoir : l'éthique philosophique, l'éthique chrétienne ainsi que l'éthique médicale et infirmière[51].

---

[51] UNESCO, *Cours de base de bioéthique*, Paris, Unesco, 2008, 73 pages.

En effet, l'intérêt de la philosophie pour les questions éthiques de la pratique médicale et infirmière remonte aussi très loin dans le temps. L'apport du philosophe grec, Aristote, dans le domaine de la médecine n'est pas moindre. L'éthique a pour fin une vie heureuse et vertueuse sous la conduite de la raison. Axée sur les concepts de responsabilité, du devoir, de l'obligation, de la liberté, l'éthique se conçoit comme une réflexion sur la recherche du bonheur. Il en est ainsi de toute étude et de tout protocole relatifs à la COVID-19.

Toutes les grandes théories morales s'appliquent à l'éthique clinique et à l'éthique de la recherche. Il s'agit de la théorie du bien et de la perfection, celle du bonheur, du plaisir et de l'utilité, du devoir, de la vertu et de la vie morale ainsi que celle du conséquentialisme, de l'éthique normative et de la méta-éthique[52]. Parmi ces théories, retenons pour le cas qui nous concerne des soins et de la recherche sur la COVID-19, l'éthique kantienne[53]. Emmanuel Kant opère une «révolution copernicienne» en philosophie en éthique qui reste d'actualité dans la gestion de la COVID-19.

Pour Kant, les résultats des actions humaines sont exposés aux accidents et aux aléas. Par conséquent, il ne faut pas juger la moralité d'un acte par ses conséquences, mais seulement par la motivation qui y a présidé. Seule est bonne l'intention, parce qu'elle conduit l'Homme à agir non par inclination, mais par devoir, lequel repose sur un principe général qui est juste en soi.

Kant reprend la règle d'or du principe morale sous une forme logique :*«Agis de telle sorte que la maxime de ton action puisse être érigée en règle universelle»*[54]. Cette règle est appelée impératif catégorique, parce qu'elle est inconditionnelle et qu'elle a la forme d'un commandement. Aussi, Kant insiste-t-il sur le fait que l'on doit traiter autrui *«en toute circonstance comme une fin et jamais seulement comme un moyen»*[55]. Les CE doivent avoir toujours à l'esprit ces maximes d'E. Kant.

Ainsi, deux principes majeurs sont à retenir : D'une part, le summum bonum doit être considéré comme une valeur fondamentale. D'autre part, le summum bonum est désirable en soi, mais n'est donc pas conçu comme un moyen pour arriver à une fin. Il doit être recherché par différents groupes ou individus en vue du bonheur. Mais aussi du plaisir, du devoir, de la vertu ou de l'obligation. Il est nécessaire à la perfection et au développement le plus

---

[52]Cfr Monique CANTO-SPERBER et Ruwen OGIEN, *La philosophie morale*, 2ème édition, (Que sais-je ?), Paris, PUF, 2004.

[53]Cfr Willy BONGO-PASI MOKE SANGOL, *Cours d'éthique fondamentale*, Ecole de Santé Publique, Université de Kinshasa, 2013-2014.

[54]Cfr Emmanuel KANT, *Critique de la raison pratique* (1788), éd. Ferdinand Alquié, trad. Luc Ferry et Heinz Wismann, Paris, Gallimard, 1985. Mais aussi Emmanuel KANT, *Métaphysique des mœurs*, 1:*Fondation et introduction* (1785), trad. et présentation Alain Renaut, Paris, GF, 1994.

[55]*Ibidem.*

parfaitement harmonieux du potentiel humain[56]. Des codes éthiques de soins et de la recherche biomédicale sur la COVID-19 doivent se fonder sur plusieurs théories morales qui respectent les deux principes cités ut supra.

L Éthique chrétienne est centrée sur l'amour de Dieu et du prochain. L'amour consiste en une bienveillance universelle que nous appelons charité ; elle est imposable à tout être humain. L'éthique chrétienne en cette période de la pandémie nous prouve que la recherche d'une vie heureuse doit avoir comme fondement l'amour du prochain et celui de Dieu. Le premier nous conduit à la charité et le deuxième à la béatitude.

L'Éthique médicale et infirmière dont la paternité est attribuée d'une façon contestable au médecin grec Hippocrate, serait la première source inspiratrice de tous les codes déontologiques de la médecine et du corps soignant. De ce fait, l'éthique médicale est toujours prise sous un angle bioéthique et déontologique[57].

Ces textes sont nombreux[58] et constituent des sources inspiratrices des soins et des recherches impliquant des sujets humains[59]. Nous nous arrêtons à ceux qui nous paraissent répondre à notre préoccupation.

2.3.1. Le sermentd'Hippocrateet le principe bioéthique

Ce texte date d'avant Jésus-Christ, bien avant la naissance de la bioéthique et l'avènement de la COVID-19. Il est toujours d'actualité et impose au médecin un comportement responsable aussi bien envers ses paires qu'à l'égard des patients qui sont sous sa responsabilité. Il comporte deux grandes parties précédées d'une invocation, aux dieux et aux anciens médecins trépassés, comme introduction. Elles se clôturent par un souhait

---

[56] Willy BONGO-PASI MOKE SANGOL, *Cours de bioéthique et d'éthique de l'environnement*, 5ème année, Département de l'Environnement, Faculté des Sciences, Université de Kinshasa, 2019. p. 5.

[57]Cfr (1) E. HIRSCH (dir),*Traité de bioéthique*, 3 tomes poche, Toulouse, Érès, 2010. (2) V. DEPADT, B. PITCHO (dir), *Médecine et droits de l'homme*. Textes *fondamentaux depuis 1948*, Paris, Vuibert, 2008. (3) Site : www.espace-ethique.org.

[58] Outre les textes présentés dans cet exposé, signalons d'autres qui sont pareillement intéressants :

1) Déclaration sur les droits du patient, Association médicale mondiale.
2) Convention pour la protection des droits de l'homme et de la dignité de l'être humain à l'égard des applications de la biologie et de la médecine : Convention sur les droits de l'homme et la biomédecine, Conseil de l'Europe, Oviedo, 4 avril 1997.
3) Déclaration universelle sur le génome humain et les droits de l'homme, UNESCO.
4) Convention européenne portant interdiction de clonage d'êtres humains, Conseil de l'Europe, protocole additionnel.
5) Lignes directrices internationales d'éthique pour la recherche biomédicale impliquant des sujets humains, Conseil des Organisations internationales des Sciences médicales.
6) Déclaration internationale sur les données génétiques humaines, UNESCO.
7) Déclaration universelle sur la bioéthique et les droits de l'homme, UNESCO.

[59] Cfr Willy BONGO-PASI M.S., « Sources d'inspiration et contexte d'émergence de la bioéthique »,in*Revue congolaise de philosophie*, (La bioéthique : origines, enjeux et défis), n° 2, 2009, pp. 45-52.

d'une vie heureuse et honorée en cas du strict respect du serment et d'être puni dans le cas contraire. Nous pouvons constater que, ce serment renferme en lui toute la théorie bioéthique constituée de plusieurs principes éthiques.

Il s'agit, notamment, du *principe d'autonomie* qui, dans le serment, présente le médecin comme le conseiller du malade. C'est ce dernier qui a le dernier mot sur la forme et le type des soins qu'il désire prendre. Quant au principe la *bienfaisance,* le médecin n'exercera son métier que pour le bien du malade et non pour se faire des bénéfices. Et, pour le principe relatif à la *justice,* le médecin s'abstiendra de la corruption et de la ségrégation sous toutes ses formes.

En effet, la visée principale de l'éthique médicale et infirmière contenue dans ce serment, reste la protection du patient par les agents soignants. Ces derniers sont tenus à leurs obligations et devoirs envers les patients et non pas brandir leurs droits à l'égard de ces derniers. Ce sont en réalité ces deux éléments, obligations et devoirs, qu'il faut récupérer et défendre dans un contexte où la dignité du patient est souvent foulée aux pieds par la techno biomédicale. C'est dans ce contexte qu'au milieu du XXème siècle sera adopté le code de Nuremberg pour réguler le domaine de la recherche biomédicale.

2.3.2. Le code de Nuremberg et le consentement éclairé

Ce code traite officiellement et sur le plan international d'un consentement volontaire des participants avant toute expérimentation. Il suscite une prise de conscience du danger des progrès de la science, la nécessité d'un encadrement et le besoin universel de créer des instances pluridisciplinaires, compétentes au plan juridique et indépendantes. Ce texte regroupe une série de dix principes qui intéressent notre analyse sur la COVID-19[60].

Élaboré en 1947, dans le cadre du procès de Nuremberg intenté contre certains médecins ayant dirigé les expériences sur des détenus des camps de concentration nazis, le Code de Nuremberg est considéré comme l'ancêtre de toutes les législations sur l'expérimentation biomédicale.

Le consentement volontaire du sujet humain est absolument essentiel. Cela veut dire que la personne intéressée doit jouir de capacité légale totale pour consentir : qu'elle doit être laissée libre de décider, sans intervention de quelque élément de force, de fraude, de contrainte, de supercherie, de duperie ou d'autres formes de contraintes ou de coercition. Il faut aussi qu'elle soit suffisamment renseignée, et connaisse toute la portée de l'expérience pratiquée sur elle, afin d'être capable de mesurer l'effet de sa décision.

Avant que le sujet expérimental accepte, il faut donc le renseigner exactement sur la nature, la durée, et le but de l'ex périence, ainsi que sur les

---

[60]Cfr UNESCO, *Cours de base de bioéthique,* Paris, Unesco, 2008,

méthodes et moyens employés, les dangers et les risques encourus ; et les conséquences pour sa santé ou sa personne, qui peuvent résulter de sa participation à cette expérience.

L'obligation et la responsabilité d'apprécier les conditions dans lesquelles le sujet donne son consentement incombent à la personne qui prend l'initiative et la direction de ces expériences ou qui y travaille. Cette obligation et cette responsabilité s'attachent à cette personne, qui ne peut les transmettre à nulle autre sans être poursuivie.

Voici quelques obligations qui peuvent intéresser les protocoles de traitement et d'expérimentations sur la COVID-19[61].

- L'expérience doit avoir des résultats pratiques pour le bien de la société impossibles à obtenir par d'autres moyens : elle ne doit pas être pratiquée au hasard et sans nécessité.
- Les fondements de l'expérience doivent résider dans les résultats d'expériences antérieures faites sur des animaux, et dans la connaissance de la genèse de la maladie ou des questions de l'étude, de façon à justifier par les résultats attendus l'exécution de l'expérience.
- L'expérience doit être pratiquée de façon à éviter toute souffrance et/ou dommage physique et mental, non nécessaires.
- L'expérience ne doit pas être tentée lorsqu'il y a une raison *a priori* de croire qu'elle entraînera la mort ou l'invalidité du sujet, à l'exception des cas où les médecins qui font les recherches servent eux-mêmes de sujets à l'expérience.
- Les risques encourus ne devront jamais excéder l'importance humanitaire du problème que doit résoudre l'expérience envisagée.
- On doit faire en sorte d'écarter du sujet expérimental toute éventualité, si mince soit-elle, susceptible de provoquer des blessures, l'invalidité ou la mort.
- Les expériences ne doivent être pratiquées que par des personnes qualifiées. La plus grande aptitude et une extrême attention sont exigées tout au long de l'expérience, de tous ceux qui la dirigent ou y participent.
- Le sujet humain doit être libre, pendant l'expérience, de faire interrompre l'expérience, s'il estime avoir atteint le seuil de résistance, mentale ou physique, au-delà duquel il ne peut aller.
- Le scientifique chargé de l'expérience doit être prêt à l'interrompre à tout moment, s'il a une raison de croire que sa continuation pourrait entraîner des blessures, l'invalidité ou la mort pour le sujet expérimental.

Le texte suivant constitue une déclaration de principes éthiques dont l'objectif est de fournir des recommandations aux médecins et autres participants à la recherche médicale sur des êtres humains, notamment le cas

[61] cfr le *Code*.

de la COVID-19. Il comprend également les études réalisées sur des données à caractère personnel ou des échantillons biologiques non anonymes.

2.3.3. La déclaration d'Helsinki et les principes éthiques applicables aux recherches médicales sur des sujets humains.

Le médecin exerce son devoir de promouvoir et de préserver la santé de l'être humain dans la plénitude de son savoir et de sa conscience. Avant de commencer à exercer, tout nouveau médecin doit prêter le serment médical issu du serment d'Hippocrate, devant le Conseil de l'ordre des médecins. Dans les termes suivants, ce Serment lie sûrement le médecin : "La santé de mon patient sera mon premier souci". Ainsi, « le médecin devra agir uniquement dans l'intérêt de son patient lorsqu'il lui procure des soins qui peuvent avoir pour conséquence un affaiblissement de sa condition physique ou mentale ».

S'il doit recourir à l'expérimentation humaine, la recherche médicale sur les sujets humains, les intérêts de la science et de la société ne doivent jamais prévaloir sur le bien-être du sujet. Aussi l'objectif essentiel de la recherche médicale sur des sujets humains doit-il être l'amélioration des méthodes diagnostiques, thérapeutiques et de prévention, ainsi que la compréhension des causes et des mécanismes des maladies. Les méthodes diagnostiques, thérapeutiques et de prévention, même les plus éprouvées, doivent constamment être remises en question par des recherches portant sur leur efficacité, leur efficience et leur accessibilité.

Dans le cas de la COVID-19 et dans d'autres cas, la recherche médicale devra être soumise à des normes éthiques qui visent à garantir le respect de tous les êtres humains et la protection de leur santé et de leurs droits. Ainsi, ce texte insiste sur le fait que « Certaines catégories de sujets sont plus vulnérables que d'autres et appellent une protection adaptée. Les besoins spécifiques des sujets défavorisés au plan économique comme au plan médical doivent être identifiés. Une attention particulière doit être portée aux personnes qui ne sont pas en mesure de donner ou de refuser elles-mêmes leur consentement, à celles qui sont susceptibles de donner leur consentement sous la contrainte, à celles qui ne bénéficieront pas personnellement de la recherche et à celles pour lesquelles la recherche est conduite au cours d'un traitement ».

Faisant appel à cette Déclaration, les Comités d'éthique sont attentifs sur le fait que l'investigateur doit toujours respecter les« dispositions éthiques, légales et réglementaires applicables à la recherche sur les sujets humains dans son propre pays ainsi qu'aux règles internationales applicables. Aucune disposition nationale d'ordre éthique, légal et réglementaire ne doit conduire à affaiblir ou supprimer les mesures protectrices énoncées dans la présente déclaration ».

La déclaration reprend une série de principes fondamentaux applicables à toute forme de recherche médicale et des principes applicables à la recherche médicale conduite au cours d'un traitement. Sans être exhaustif, le médecin ou l'investigateur doit :

- protéger la vie, la santé, la dignité et l'intimité de la personne.
- se conformer aux principes scientifiques généralement reconnus.
- se fonder sur une connaissance approfondie de la littérature scientifique et des autres sources pertinentes d'information ainsi que sur une expérimentation appropriée réalisée en laboratoire et, le cas échéant, sur l'animal.
- s'entourer des précautions pour des recherches pouvant porter atteinte à l'environnement et le bien-être des animaux utilisés au cours des recherches doit être préservé.
- définir dans un protocole expérimental que toute conception et toute exécution de chaque phase de l'expérimentation sur des sujets humains doivent être clairement définies dans un protocole expérimental.
- soumettre ce protocole pour examen, commentaires, avis et, le cas échéant, pour approbation, à un comité d'éthique indépendant mis en place à cet effet.
- fournir au comité des informations sur le déroulement de l'étude portant en particulier sur la survenue d'événements indésirables d'une certaine gravité.
- communiquer au comité, pour examen, les informations relatives au financement, aux promoteurs, à toute appartenance à une ou des institutions, aux éventuels conflits d'intérêt ainsi qu'aux moyens d'inciter des personnes à participer à une recherche.

2.3.4. Déclaration universelle sur la bioéthique et les droits de l'homme et les Comités d'éthique

Cette déclaration de 28 articles est actualisée par l'importance qu'elle accorde aux comités d'éthique dans la gestion de la pandémie du coronavirus. Il fait obligation tout Comité d'éthique impliqué dans l'analyse des protocoles relatifs à la COVID-19 à répondre aux questions d'éthique posées par la médecine, les sciences de la vie et les technologies qui leur sont associées, appliquées aux êtres humains, en tenant compte de leurs dimensions sociale, juridique et environnementale. S'adressant aux États, elle permet aussi, dans la mesure appropriée et pertinente, de guider les décisions ou pratiques des individus, des groupes, des communautés, des institutions et des sociétés, publiques et privées.

La déclaration qui a un caractère éthique et normatif (contraignants et coercitif) adopte plusieurs principes indispensables à l'examen des protocoles relatifs à la COVID-19. La plupart de ces principes sont édictés dans les autres textes déjà cités.

Il s'agit des principes relatifs à (1) la Dignité humaine et droits de l'homme ; (2) aux effets bénéfiques et les effets nocifs ; (3) à l'autonomie et à la responsabilité individuelle ; (4) au consentement et au sort des personnes incapables d'exprimer leur consentement ; (5) au respect de la vulnérabilité humaine et de l'intégrité personnelle ; (6) à la vie privée et à la confidentialité ; (7) à l'égalité, à la justice et à l'équité ; (8) à la non-discrimination et la non-stigmatisation ; (9) au respect de la diversité culturelle et du pluralisme ; (10) à la solidarité et la coopération ; à la responsabilité sociale et la santé ; (11) au partage des bienfaits ; (12) à la protection des générations futures, de l'environnement, de la biosphère et de la biodiversité[62] ; (13) à la prise de décisions et au traitement des questions de bioéthique ; (14) à la création des comités d'éthique indépendants, pluridisciplinaires et pluralistes ; (15) à l'évaluation et la gestion des risques ; (16) aux pratiques transnationales et au rôle des États ; (17) à l'éducation, à la formation et à l'information en matière de bioéthique ; (18) à l'exclusion des actes contraires aux droits de l'homme, aux libertés fondamentales et à la dignité humaine.

2.3.5. Le rapport Belmont et le rapport risques/bénéfices.

Le Rapport Belmont résume bien les principes éthiques et les directives concernant la protection des sujets humains dans le cadre d'une recherche biomédicale béhavioriste. Pour nous, il présente en condensé, tous les textes qui ont une portée éthique et normative en rapport avec la COVID-19. Il rappelle leurs différents codes constitués de règles, certaines générales, d'autres spécifiques, qui guident les enquêteurs ou les critiques dans leur travail de recherche. Ces règles sont fréquemment inadéquates pour traiter de situations complexes ; elles entrent parfois en conflit et elles sont souvent difficiles à interpréter ou à mettre en application. Des principes d'éthique plus larges fourniraient une base à partir de laquelle des règles spécifiques pourraient être formulées, critiquées et interprétées.

Il est utile d'insérer ici deux questions éthiques soulevées dans le cadre des soins et des recherches sur la COVID-19. Il s'agit du rapport risques/bénéfices et de l'équipoise.

2.3.5.1. Le rapport risques/bénéfices

Les Comités d'éthique (CE)[63] évaluent les risques et les bénéfices d'une recherche sur les sujets humains en vérifiant la validité scientifique, la valeur sociale et risques inévitables, justifiés et minimisés pour les populations, les participants à la recherche et leurs communautés. Les évaluations du rapport risques/bénéfices sont indispensables pour protéger les participants à la recherche

[62]Cfr Marie-Claire MUKWASA GIPELA, *Compétences de base d'un écocitoyen. Stratégies de mise en oeuvre d'un curriculum intégrateur pour l'éducation environnementale à l'école primaire en RDCongo,* Louvain-la-Neuve, 2020.
[63] CE = Comité d'éthique.

des risques excessifs tout en permettant les recherches importantes qui comportent des risques inévitables, justifiés et minimisés. Plus les risques sont élevés, plus la diligence est de rigueur. La mission d'un comité d'éthique n'est pas seulement de critiquer le protocole. Il doit aussi aider les chercheurs à diminuer les risques pour les participants et à maximiser les bénéfices de la recherche.

On exige qu'une recherche ait un rapport raisonnable des risques/bénéfices pour protéger les intérêts des sujets de recherche; s'assurer que les gains sociétaux en santé et bien-être ne soient pas gagnés par l'exploitation des sujets, même si des participants compétents sont d'accord de se faire exploiter; protéger l'intégrité professionnelle des investigateurs ; maintenir la confiance publique dans la recherche[64].

1° Les risques de la recherche sur les sujets humains doivent être raisonnables vis-à-vis des bénéfices anticipés. On mesure les risques en termes de probabilité de nuisance alors que les bénéfices représentent souvent un espoir dont on ne peut pas mesurer la probabilité.

Au niveau du participant, il y a 3 formes des risques (prévisibles ou imprévisibles) liés à la recherche : (1) physiques dus aux tests de diagnostic, technologiques et aux médicaments, aux traitements expérimentaux et aux autres interventions; (2) psychologiques comportant la perte d'intimité et le stress ; (3) sociaux, juridiques ou économiques portant sur la stigmatisation ou la discrimination, la perte de revenus, la responsabilité civile ou légale.

Au niveau de la communauté, les risques liés à la recherche porte d'une part sur la stigmatisation ou la discrimination de certains groupes de population identifiés comme ayant un risque plus élevé de contracter la maladie. Ex. : les vieilles personnes, les personnes avec antécédents sur le plan sanitaire. D'autre part, ces risques ont un impact sur le système de santé existant : ex. La gratuité des soins peut détourner l'attention sur les besoins sanitaires pressants de la communauté.

Comment déterminer les risques en cas des soins ou des recherches sur la COVID-19 ? Le chercheur devra préciser la nature, les caractéristiques, l'ampleur et la probabilité des risques dans le protocole. Il doit se baser sur la littérature scientifique, les données préliminaires, etc. Le CE examine attentivement les risques dans le protocole. Le chercheur peut sous-estimer ou ne pas penser à certains risques, surtout d'ordre social ou psychologique. Ainsi, son défi sera d'évaluer et de quantifier les risques (par investigations et réflexions profondes).

Trois facteurs déterminant les risques en dehors des procédures médicales : *(1) la* Personne qui exécute la procédure (ses formation, expérience, compétence) ; *(2) le* Contexte (protection de l'intimité, disponibilité d'équipement de ressuscitation, etc.) ; et *(3) les* Caractéristiques du sujet de recherche: âge (jeunes, âgés), femme (parfois), santé fragile, précarité sociale...

---

[64]Cfr A. RID, D. WENDLE, "A Framework for Risk-Benefit Evaluations in Biomedical Research", in *Kennedy Institute of Ethics Journal*, 21(2), 2011, p. 141-179.

Dans la détermination et la catégorisation des risques, il faut retenir le risque minimal dont «la probabilité et l'ampleur du préjudice ou de l'inconfort anticipés dans la recherche ne sont pas supérieures à celles habituellement rencontrées dans la vie quotidienne (exploiter ou défendre le participant ?) ou lors d'examens ou d'épreuves physiques ou psychologiques de routine. Le risque minimal doit se référer aux vies de personnes saines vivant dans des conditions de vie sûres/saines. Toutefois, cette référence permet plusieurs interprétations par CE.

2° Les bénéfices de la recherche sur les sujets humains sont les résultats favorables possibles liés à la santé ou au bien-être. Ex. soins ou traitement de *meilleure qualité*, pas forcément pour tous les participants. Une telle recherche doit être sans bénéfice individuel direct pour le participant, mais au profit de la communauté à travers l'acquisition de nouvelles connaissances scientifiques.

Les bénéfices de la recherché peut être (1) direct : résultant de l'intervention étudiée. Ex. il est soigné ; (2) indirect ; (3) collatéral résultant du fait d'être un sujet d'étude, même si on ne reçoit pas l'intervention expérimentale (ex. un examen physique gratuit et/ou un dépistage, ou des soins médicaux gratuits ou autres extras, ou la gratification de l'altruisme); (4) aspirationnel pour la société et pour les futurs patients, venant des résultats de l'étude.

Comment estimer les bénéfices escomptés en cas de COVID-19 ? Les risques liés au bénéfice relatif à l'acquisition des nouvelles connaissances doivent être « raisonnables par rapport à l'importance de ces connaissances que l'on compte acquérir »[65].

Même si les compensations (temps consacré à l'étude ou frais de transport) sont appréciées par les participants, le CE ne doit pas les considérer comme des « bénéfices » à l'analyse du rapport risques/bénéfices. Les revendications de bénéfice direct d'un essai clinique sont basées sur des études précliniques dans des modèles d'animaux pertinents (adaptées par ex. à l'âge) ; la revue de la littérature par l'investigateur y compris des interventions connexes ; la brochure de l'investigateur ou l'étiquette/notice du produit (essais de médicaments).

2.3.5.2. Équipoise clinique en cas de COVID-19

Il n'existe actuellement aucun médicament pour traiter, ni vaccin pour prévenir la COVID-19. Par conséquent, des approches communautaires pour ralentir la transmission, notamment une hygiène appropriée des mains, une étiquette contre la toux, une distanciation sociale et une réduction du contact face à face avec les cas potentiels de *COVID-19* sont nécessaires pour ralentir la transmission de la maladie et réduire le nombre de personnes qui

---

[65]CfrConseil des Organisations internationales des Sciences médicales (CIOMS), *Ligne directrice 8.Lignes directrices internationales d'éthique pour la recherche en matière de santé impliquant des participants humains*, Quatrième édition, Genève, 2016.

tombent malades. Les nombreuses approches thérapeutiques de la COVID-19 en présence, confortent l'approche de l'équipoise.

L'Équipoise ou équilibre clinique est l'absence de consensus sur le traitement préférable. Il existe là où les experts médicaux (spécifiques) sont sincèrement incertains quel traitement est préférable[66]. Lorsque cette incertitude existe, on peut alors justifier la recherche d'un point de vue éthique. A défaut, on exposerait des participants à des risques, sans potentiel de valeur sociale.

Pour la RD Congo, « *Les patients plus âgés et ceux présentant des comorbidités*, telles que les maladies cardiovasculaires et le diabète sucré, ont un risque accru de maladie grave et de mortalité. Ils peuvent présenter des symptômes bénins mais présentent un risque élevé de détérioration et doivent être admis dans une unité désignée pour une surveillance étroite »[67].

Le même guide de la RD Congo explicite « Pour ceux qui souffrent d'une maladie bénigne, l'hospitalisation peut ne pas être nécessaire à moins que l'on ne craigne une détérioration rapide ou une incapacité à retourner rapidement à l'hôpital, mais l'isolement pour contenir / atténuer la transmission du virus doit être priorisé. Tous les patients pris en charge à l'extérieur de l'hôpital (c'est-à-dire, à domicile ou dans des contextes non traditionnels) doivent être informés de se gérer de manière appropriée conformément aux directives édictées par le MSP pour l'isolement à domicile et de retourner dans un hôpital désigné *COVID-19* en cas d'aggravation »[68].

La RD Congo recommande à chaque établissement de santé de respecter les principaux objectifs suivants :

- Fourniture du niveau approprié de soins médicaux
- Protéger le personnel de santé et les patients non-*COVID-19* accédant aux soins de santé contre l'infection
- Se préparer à une poussée potentielle chez les patients infectés par les voies respiratoires
- Se préparer à l'approvisionnement potentiel en équipements de protection individuelle et aux pénuries de personnel[69]/

Pour étayer la thèse de l'équipoise dans le traitement de la COVID-19 en RD Congo, plusieurs protocoles ont été préconisés. La structure officielle de la RD Congo présente le traitement suivant :

---

[66] B. FREEDMAN, "Equipoise and the ethics of clinical research", in *NEng J Med,* 1987, 317, p. 141-145.
[67] *Guide de prise en charge de l'épidémie à coronavirus, COVID-19*, Kinshasa, Ministère de la Santé, Secrétariat Général, avril 2020, p.22.
[68] *Ibidem.*
[69] *Idem*, p. 22.

Tableau 3: Traitement de la Covid-19 en RD Congo
A. Traitement symptomatique (standard)
Antipyrétiques s'il y a fièvre, antitussifs s'il y a toux. Vitamine C : 2 x500 mg/jr à tous les stades. Oxygénothérapie (sonde nasale/masque) ou Ventilation assistée selonle degré de la détresse respiratoire. Réhydratation et Correction des troubles hydro-électrolytiques selon le cas. Pas d'anti-inflammatoires non stéroïdiens (AINS).
B. Traitement spécifique de Covid-19
1. Cas bénin: Hydroxy chloroquine (Plaquenil) : 3 x 200 mg/j / 10jrs ou Chloroquine 2 x 250 mg/j /10 jrs + Azythomycine : 500 mg j1 puis 250 mg j2-j5
2. Cas modéré
Option 1:Hydrox chloroquine/chloroquine+ azythromycine POSOLOGIE : Plaquenil : 3 x 200 mg/j /10jrs; Chloroquine 2 x250 mg/j/10 jrs; Azythomycine : 500 mg j1 250 mg j2-j5 Per os
Option 2: Lopinavir 200mg/Ritonavir 50mg 2 x 2co/j/14 jrs PO
3. Cas sévère
Option 1:Hydroxychloroquine (Plaquenil)/Chloroquine+azythromycine Posologie : Plaquenil : 3 x 200 mg/j // 10jrs / Chloroquine 2 x250 mg/j//10 jrs. Azythomycine : 500 mg j1 puis 250 mg j2-j5 per os + Héparine de bas poids moléculaire à dose préventive.
Option 2:Hydroxychloroquine (Plaquenil)/Chloroquine+azythromycine Posologie :Plaquenil : 3 x 200 mg/j // 10jrs / Chloroquine 2 x250 mg/j//10 jrs. Azythomycine : 500 mg j1 puis 250 mg j2-j5 per os + Héparine de bas poids moléculaire à dose préventive.
Option 3 : Hydroxy chloroquine /chloroquine+Lopinavir 200mg/Ritonavir 50mg +HBPM

Source: *Guide de prise en charge de l'épidémie à coronavirus, Covid-19*, Kinshasa, Ministère de la Santé, Secrétariat Général, avril 2020, p.17.

Même les indications pour la prise en charge de coïnfection subissent aussi la loi de l'équipoise. En effet, le même guide précité préconise des « antimicrobiens empiriques pour traiter tous les agents pathogènes susceptibles de provoquer SRAS et septicémie dès que possible, dans l'heure suivant l'évaluation initiale pour les patients atteints de septicémie »[70].

Le document-pays et le protocole de la RD Congo expliquent qu' « En cas de circulation locale continue de la grippe saisonnière, une thérapie empirique avec un inhibiteur de la neuraminidase doit être envisagée pour le traitement des patients grippaux ou à risque de maladie grave. La thérapie empirique doit être désamorcée sur la base des résultats de la microbiologie et du jugement clinique. Les inhibiteurs de la neuraminidase sont une classe de médicaments antiviraux actifs contre les virus de la grippe. Ils inhibent

[70] *Idem*, p.22.

spécifiquement une enzyme, la neuramidase virale, indispensable à la libération des virions à la fin du cycle de réplication : Osetalmivir et zanamivir »[71].

Dans le cas de la RD Congo, l'équipoise intervient aussi pour les protocoles qui diffèrent selon des cas spécifiques, notamment celui de la prise en charge des personnes âgées et celle des femmes enceintes[72].

Ainsi, nous ne disons pas que le médecin/chercheur ne peut pas avoir une préférence personnelle. Mais l'équipoise pose plusieurs problèmes conceptuels et d'ordre pratique. Quel est le degré de véritable incertitude nécessaire dans la communauté d'experts médicaux pour pouvoir revendiquer l'équipoise ? Quand est-ce qu'une opinion médicale justifiée devient connaissance ou science ?

Trois pratiques courantes contrarient l'équipoise : (1) les cliniciens qui offrent des recommandations de traitement aux patients indécis ; (2) des cliniciens qui décrivent des traitements en conflit avec l'information dans les protocoles ; (3) des cliniciens qui donnent leurs opinions ou prédictions personnelles concernant les résultats anticipés de la recherche, basés sur leur intuition et expérience[73].

Deux écueils à éviter lors de l'évaluation du rapport risques/bénéfices. (1) Le chercheur peut avoir tendance à sous-estimer les risques et surestimer les bénéfices potentiels au risque d'exposer les participants aux préjudices.

(2) Les membres du CE peuvent avoir tendance à exagérer les risques. La surestimation des risques et/ou la sous-estimation des bénéfices potentiels peuvent conduire à bloquer des recherches potentiellement intéressantes.

Conclusion

Notre exposé a permis de répondre aux questions principales soumises à un Comité d'éthique au cours de cette crise sanitaire mondiales[74].

Dans cette étude, nous avons affirmé que la gestion de la pandémie de la COVID-19, dans le contexte de la RD Congo, devrait tenir compte impérativement des considérations éthiques, car la personne humaine doit demeurer le centre et la mesure de tout. Une connaissance de base de

---

[71] *Idem*, p.19.

[72] *Idem*, p. 24.

[73] cfr L. ROOSHENAS, et al., "Conveying Equipoise during Recruitment for Clinical Trials: Qualitative Synthesis of Clinicians' Practices across Six Randomised Controlled Trials", in *PLoS Med*, 13(10), 2016. Cfr S. JOFFE, F. G. MILLER, "Equipoise: asking the right questions for clinical trial design", in *Nat.Rev. Clin. Oncol.* 9, 230–235 (2012);published ; online 10 January 2012.

[74] En notre qualité de Philosophe et de Vice-Président du Comité d'éthique de l'École de Santé Publique de l'Université de Kinshasa, nous avons proposé ici notre expérience dans l'examen des protocoles divers soumis à notre appréciation.

l'éthique, des principes de bioéthique et des textes bioéthiques est nécessaire pour travailler auprès des malades de la COVID-19.

Étant donné des nombreux abus constaté et du vide juridique dans le domaine de la recherche sur la santé, nous suggérons l'implication de l'État congolais pour la mise en place d'une loi bioéthique règlementant la pratique des soins et de la recherche sur des sujets humains. En effet, on ne peut parler avec pertinence de cette question que là où une législation existe. Car, en droit pénal, on ne peut sanctionner que là où la loi existe (Nullapoena sine lege). Nous suggérons également une formation transversale et intense en bioéthique. Nous suggérons également une éducation en environnement pour tous les niveaux d'étude en RD Congo.

Bibliographie

1. BONGO-PASI M.S. Willy, « Sources d'inspiration et contexte d'émergence de la bioéthique », in *Revue congolaise de philosophie*, (La bioéthique : origines, enjeux et défis), n° 2, 2009, pp. 45-52.
2. BONGO-PASI MokeSangol Willy, *Cours d'éthique fondamentale*, École de Santé Publique, Université de Kinshasa, 2013-2014.
3. BONGO-PASI MokeSangol Willy, *Cours de bioéthique et d'éthique de l'environnement*, 5ème année, Département de l'Environnement, Faculté des Sciences, Université de Kinshasa, 2019.
4. CANTO-SPERBER Monique et OGIEN Ruwen, *La philosophie morale*, 2ème édition, (Que sais-je ?), Paris PUF, 2004.
5. CHEN N. et al., « Epidemiological and clinical characteristics of 99 cases of 2019 novel corona virus pneumonia in Wuhan, China: a descriptive study », in *Lancet*, 2020, n°395, pp.507-513.
6. Conseil des Organisations internationales des Sciences médicales (CIOMS), *Lignes directrices internationales d'éthique pour la recherche en matière de santé impliquant des participants humains*, Quatrième édition. Genève., 2016.
7. DEPADTV., PITCHO B. (dir), *Médecine et droits de l'homme.* Textes *fondamentaux depuis 1948*, Paris, Vuibert, 2008.
8. FREEDMAN B., "Equipoise and the ethics of clinical research", in *Neng J Med,* 1987, 317, p. 141-145.
9. *Guide de prise en charge de l'épidémie à coronavirus, COVID-19*, Kinshasa, Ministère de la Santé, Secrétariat Général, avril 2020, p.9.
10. HIRSCH E. (dir), *Traité de bioéthique*, 3 tomes poche, Toulouse, Érès, 2010. (
11. JOFFE S., MILLER F. G., "Equipoise: asking the right questions for clinical trial design", in Nat. *Rev. Clin. Oncol.* 9, 230–235 (2012); published online 10 January 2012

12. KANT Emmanuel, *Critique de la raison pratique* (1788), éd. Ferdinand Alquié, trad. Luc Ferry et Heinz Wismann, Paris, Gallimard, 1985.

13. KANT Emmanuel, *Métaphysique des mœurs*, 1:*Fondation et introduction* (1785), trad. et présentation Alain Renaut, Paris, GF, 1994.

14. MUKWASA GIPELA Marie-Claire, *Compétences de base d'un écocitoyen. Stratégies de mise en œuvre d'un curriculum intégrateur pour l'éducation environnementale à l'école primaire en RD Congo,* Louvain-la-Neuve, 2020.

15. RICHMAN D.D., WHITLEY R.J., HAYDEN F.G., *Clinical Virology*, 4ème ed. Washington: ASM Press; 2016. C. ROTHE, *et al.*, «Transmission of 2019-nCoV infection from an asymptomatic contact », in *Germany. N Engl J Med.* 2020. https://doi.org/10.1056/NEJMc2001468.

16. RID A., WENDLE D., « A Framework for Risk-Benefit Evaluations in Biomedical Research», in *Kennedy Institute of Ethics Journal*, 21(2), 2011, p. 141-179.

17. ROOSHENAS L., et al., « Conveying Equipoise during Recruitment for Clinical Trials: Qualitative Synthesis of Clinicians 'Practices across Six Randomized Controlled Trials», in *Plops Med*, 13(10), 2016.

18. Site : www.espace-ethique.org

19. UNESCO, *Cours de base de bioéthique,* Paris, Unesco, 2008, 73 pages.

20. WANG C., HORBY P.W., HAYDEN F.G., GAO G.F, « A novel corona virus outbreak of global health concern », in *Lancet,* 2020.

21. World Health Organization, *Situation reports*. Available at: https:// www.who.int/emergencies/diseases/novel-coronavirus-2019/situation-reports/. Accessed 22 Feb 2020.

Axe 3

La Covid 19 en République Démocratique du Congo : gestion, défis et perspectives

Incertitudes II[75]
La Covid-19 : une ère de souveraineté

Par Gaspard Okitadjonga Anyikoy

Comme il s'annonce, ce titre est le deuxième dans la chaîne de questionnements qui nous sollicitent sur ce que pourrait être la contribution du philosophe dans une société en crise. Et, en fait de crise, la Covid-19 questionne d'autant plus l'apport du philosophe qu'elle se décline en termes de pandémie : crise sanitaire et menace d'ampleur mondiale. Une pandémie qui place décidément faces aux incertitudes du lendemain, pour nos vies et celles de nos institutions, en sorte qu'elle sonne la fin des certitudes[76].

Cette réflexion sera, de bout en bout, traversée par un terme, celui de souveraineté.

Qu'un philosophe intervienne dans le contexte de pandémie, pour oser inciter à la réflexion (philosophique), et activer les leviers de souveraineté, suscite moults incertitudes sur la pertinence même de son propos tant, de toute part, et l'urgence sanitaire et les besoins techniques, technologiques et financiers pressent à renvoyer à plus tard toute réflexion, toute activité non immédiatement opératoire. Ce ne serait, dira-t-on, pas le temps de philosopher mais de l'action et de l'intervention en urgence et nécessité.

Pourtant, du fond des urgences dues à la pandémie, s'éveille l'urgence du questionnement philosophique, en termes de sens et de décision pour le présent et l'avenir de l'humanité dans son ensemble et, en particulier, pour la Rd Congo. A vif, s'impose le questionnement sur les rapports à l'altérité, aux niveaux interindividuel et interinstitutionnel, national et international. A vif, s'impose l'interrogation du sens de la science et de la technique, desquelles nous attendons tous les bienfaits, mais qui ne présentent pas moins le risque de nous surprendre, de nous prendre brusquement, à vif, de nous cueillir comme des biens, des choses, des fonds. A vif, s'impose la question du modèle économique, social, politique, culturel qui nous fasse vivre en hommes libres et respectés, nation souveraine, suffisamment indépendante et organisée, qui soit capable de résister à une récidive possible

---

[75] Ce titre renvoie à un article publié aux Mélanges offerts au Professeur Georges NDUMBA YOoleIfefo, Université Catholique du Congo, Kinshasa, RPK,2020, portant sur l'incertitude, qui en constitue le premier jet. C'est pourquoi le présent article s'intitule incertitudes II.

[76] Ilya PRIGOGINE, *La fin des certitudes*, Editions Odile Jacob, Paris, 1996,1998, 234p.

de la pandémie, tôt ou tard, voire sous une autre forme. A vif, s'imposent moults questionnements, pour le devenir humain de l'humanité.

En filigrane, la pandémie de la Covid-19 pose d'amples questionnements, dont il suffira ici de n'aborder que quelques aspects, de façon plus ou moins télégraphique. Elle aura montré la nécessité de sortir la gestion de nos Etats et systèmes institutionnels, du mode de l'urgence, par les actions souveraines(I), puisque le danger peut constituer le levier de ce qui sauve(II), en permettant la construction des mécanismes de solidarité nationale et intergénérationnelle, dont un fonds souverain(III), pour réussir, ne serait-ce que partiellement, le pari de l'autonomie et de la dignité, en particulier dans le secteur médico-sanitaire(IV), d'autant plus qu'en temps de pandémie, règne souvent le chacun pour soi, qui s'accompagne généralement du rejet de l'étranger ou l'altérité, en général(V).

I. Sortie de l'état d'urgence et urgence d'actions souveraines

Le premier enseignement à tirer de cette pandémie inédite, est de l'ordre de la souveraineté ; de sa souveraineté.

En souverain, cette petite bête, nommée Covid-19, nous impose des restrictions des libertés d'aller et venir, au niveau individuel, en subordonnant, dans la plupart des pays, des sorties les plus banales à des autorisations, sous le contrôle de la gendarmerie ou de la police, tout en contraignant chacun à se comporter en souverain autonome, auto-suffisant, dans le confinement à domicile. De même, chaque pays, est forcé à vivre de sa souveraine autonomie ; à compter d'abord et avant tout sur soi, sur son génie créateur, sur ses propres atouts internes, pour assurer les soins, la sécurité et satisfaire aux besoins de sa population. Dême, les rapports entre le centre et la périphérie, la capitale et la province, la ville et le village, imposent une certaine autonomie décentralisée et une coopération rationalisée dans la satisfaction des besoins vitaux, dont ceux relatifs à la santé.

Sur le plan régional, supranational, cette bête aura montré l'urgence, au niveau africain, des structures d'autonomie et de souveraineté, de manière à atténuer la dépendance envers l'Occident. Elle aura, en sus, révéler l'urgence de nouer de nouvelles formes de solidarité, pour affirmer une meilleure souveraineté, que les indépendances politiques n'auront pas réussi à générer.

Au fait, être souverain, c'est être capable de faire sa loi, sa propre loi et ne point se soumettre à la loi de l'autre. En ce sens, face à la Covid-19, comme chacun aura été soumis, chacun a perdu, quelque peu, de sa souveraineté. Chacun, individuellement s'est vu, sans le vouloir, soumis au confinement. Chaque nation a perdu, de quelque façon, la capacité de fonctionner selon ses propres lois, de fonctionner et de se déterminer en fonction de ses besoins et nécessité, d'y répondre et d'en demeurer maître, souverain. Perdant en souveraineté, le temps de la pandémie, chaque nation se trouve quelque peu subordonnée à la loi de la nécessité, par la perte du contrôle et de maîtrise de son action, de son agir et de ses projets. Cette perte de souveraineté a été portée à ce point qu'il nous est arrivé d'être agi par l'urgence plutôt que d'agir.

L'on a ainsi perdu, d'une certaine manière, l'assurance sur la gestion de l'espace et du temps.

Cependant, c'est justement cette maîtrise de l'espace et du temps, de l'espace un temps inviolable qui, du fait et par les effets de la pandémie échappe à notre pouvoir. De ce fait, en raison de ce manque de maîtrise se perd toute certitude et s'ouvre devant nous, pour un temps et un espace inconnus, la voie de l'incertitude. Impossible d'anticiper le futur, même immédiat, dans le temps et l'espace. Comme l'écrit Prigogine, « le futur n'est pas donné. Nous vivons la fin des certitudes »[77].

Néanmoins, cette assurance de l'incertitude ne doit pas être perçue sous un regard catastrophiste ou fataliste. Au contraire, elle doit inspirer un optimisme réaliste face aux évènements de notre temps, de manière à nous armer au mieux, en forgeant les espaces d'autonomie, sur tous les plans : médico-sanitaire, agricole, économico-financier, industriel, culturel, politique et diplomatique, etc.

De tels espaces nouveaux d'autonomie, en ce compris sur le plan juridique et stratégique, conduiraient à des prises de décisions avisées, qui permettent à chaque peuple et chaque nation de trouver les meilleures chances de surmonter ses défis. Ceux-ci, pour chaque pays, et donc pour la Rd Congo, sont immenses. Ils ont précédé la crise de la Covid-19, mais celle-ci leur donne un relent et une visibilité à un point ostensibles que les incertitudes, de ce fait, accrues pour le futur, se doublent des peurs et emportent tout espoir.

Elles réveillent ainsi les lois, plutôt, le culte de l'urgence et justifient, çà et là, des états d'urgence restrictifs des droits et libertés, qui accroissent les pouvoirs d'exception entre les mains des dirigeants eux-mêmes sujets à l'urgence des solutions à trouver, pour l'immédiat, afin de parer au plus pressé. Avec l'urgence, les urgences dues à la pandémie, les décisions pour l'action, quelle qu'en soit la portée, tendent à précéder la réflexion et la critique nécessaire à la projection dans la durée. Comme l'écrit Aubert, « le sujet ''malade de l'urgence'' perd alors ses capacités à hiérarchiser les problèmes -…- et se montre incapable de renoncer à un certain nombre de choses… »[78]. Pressés par l'urgence, plusieurs Etats, même les plus structurés, risquent de sombrer dans le mimétisme aveuglant, perdant ainsi en vision autonome pour solutionner durablement leurs problèmes

---

[77] *Ibid.*, p.222.

[78] N. AUBERT, *Le culte de l'urgence. La société malade du temps*, Paris, Flammarion, 2003, p.153.

structurels. Pour ce qui est de la Rd Congo, particulièrement, parmi les problèmes qui requièrent des solutions structurelles, on citera ceux liés à l'accès à l'eau et à l'électricité, sans lequel l'application des mesures d'hygiène est impossible ; la couverture sanitaire du pays en infrastructures hospitalières de qualité et en personnel qualifié, l'accès aux nouvelles technologie de l'information et de la communication, pouvant pallier la carence de l'enseignement en mode présentiel, la couverture de l'ensemble du pays par la télédistribution, en particulier, la chaîne nationale ; la question des infrastructures et voies de communications interprovinciales, singulièrement des liaisons routières entres les centres de production et ceux de consommation, etc.

Faute de nous saisir au mieux des espaces d'autonomisation qu'impose la Covid-19, pour susciter un vrai élan d'autonomie sur tous les niveaux, le conjoncturel risquerait alors de prendre durablement le pas sur le structurel, en l'occultant.

S'agissant de la Rd Congo, comme la pandémie tend à perdurer, puisqu'elle n'annonce pas encore de signe durable de fléchissement , à travers le monde, cette situation d'urgence induite, si elle est mal gérée, nonobstant la levée formelle de l'Etat d'urgence sanitaire, risque de plonger et nos économies déjà trop extraverties et nos systèmes de défense et de sécurité, et nos gouvernances politiques, administratives et sociales, dans une pente de dépendance vis-à-vis des puissances extérieures d'argent et les lobbies d'influence, au point de perdre tous ses leviers de souveraineté. Nous risquerions, en Rd Congo, notamment, de brader nos ressources les plus précieuses, à vil prix, au profit des détenteurs des capitaux, de même que nos meilleurs cerveaux nous échappent sous le coup de l'urgence de survie.

L'analyse de Bertin Delacour, sur laquelle nous reviendrons plus amplement, au titre de la constitution d'un Fonds souverain pour la Rd Congo, permet de conforter cette thèse. Traitant de l'importance des fonds souverains, qui jouent à travers maints pays un rôle, non seulement stabilisateur des économies et permet leur diversification, mais aussi une fonction prévisionnelle de solidarité intergénérationnelle, Delacour épingle l'exemple de la Chine. Pour cette analyste, « l'un des objectifs poursuivis par les investisseurs publics chinois est d'assurer l'indépendance énergétique de leur économie, en sécurisant ses approvisionnements en matières premières et en exerçant une pression à la baisse sur les prix de ces matières »[79].

Elle précise que « les deux fonds souverains de la Chine participent activement à cette politique », menée sur tous les continents, et que pour la

---

[79] C. Bertin DELACOUR, Fonds souverains : produits de l'énergie et investisseurs dans l'énergie, EditionsChoiseau, « Géoéconomie », 2009/4 n° 51, p.85. Consultable sur : https://www.cairn.info/revue-geoeconomie-2009-4-page-77.htm

mettre en œuvre, « la Chine procède en premier lieu à des acquisitions d'entreprises étrangères d'exploitation ou de transformation de matières premières, soit directement, soit indirectement via des sociétés étrangères ou des fonds de *privateequity*moins suspects aux yeux des autorités des pays dans lesquels l'acquisition est effectuée. Il peut s'agir de prises de participations minoritaires, de prises de contrôle ou de constitutions de coentreprises »[80].

Cette emprise stratégique sur le fonctionnement et les ressources naturelles des autres Etats, au profit de l'affirmation de sa puissance n'est pas propre à la Chine et ne date pas de l'expansion de la Covid-19. Déjà, avec l'émergence des multinationales, et l'imposition de la mondialisation en ses effets de globalisation économique, la souveraineté des Etats-nations est fortement éprouvée, déstabilisée et en constante régression.

Ceux parmi les plus faibles, comme la Rd Congo, dont l'économie est quasi totalement extravertie et sous le joug des plus puissants, n'ont que de moins en moins voie au chapitre, quand se décide de l'environnement, du climat, de l'exploitation de fonds des mers et des océans, de l'implantation des laboratoires P3 ou P4, de l'industrie pharmaceutique, etc. La construction des grands ensembles régionales et sous-régionales, alors même qu'elle entend reprendre la main, récupérer et réorienter les pans de souveraineté à l'abandon, ne suffit pas à s'imposer et à incarner la figure d'Etat souverain, tant les contraintes sont énormes et les jeux d'intérêts divergents, en sens divers.

D'une certaine façon, ce sont ces espaces vides laissés par une souveraineté en régression, ces espaces laissés dans les champs de décision aux groupes d'intérêt et aux multinationales, pour mieux conduire les affaires humaines, que vient questionner cette pandémie inédite, mettant en déroute même les Etats les mieux stabilisés et structurés au monde. Il est loin d'être anecdotique de constater, au début des ravages de la Covid-19 en Occident, que l'Europe et les États-Unis d'Amérique se sont quasiment livrés une guerre des masques chinois, outre l'affrontement entre l'Allemagne et les USA dans le positionnement pour la paternité de production d'un possible vaccin.

Tandis que Européens et Américains se sont, plus ou moins rapidement affirmer dans leur souveraineté, pour prétendre, en un temps record, être à mêmes, non seulement de se suffire en production autonome des masques et à multiplier par cinq, voire plus, leur capacité d'équipement en respirateurs et lits de réanimation, l'Afrique, en général, la Rd Congo, en particulier, ne put se le permettre, *a minima*, sans la main tendue vers la Chine et l'Occident.

---

[80] Id.

Cette pandémie inédite doit constituer la meilleure opportunité de questionner nos divers systèmes de gestion, afin d'oser des de frayer des chemins d'autonomie pour pister des voies d'émergence.

II. Suivre la voix du poète : « là où il y a le danger, là aussi croit ce qui sauve »

Suivre cette voix de Hölderlin, revient à s'astreindre à trouver, malgré la dureté du temps de pandémie, une voie de réconfort et la force de redressement.

Cette pandémie met à mal toutes les assurances et toutes les certitudes du passé. Elle impose de poser un arrêt. Elle n'arrête pas d'arrêter, de suspendre toute suffisance et de révéler l'urgence de reconnaissance de notre commune dépendance. Paradoxalement à l'ordre, mieux, à l'injonction pour réinventer une autonomie indispensable aux niveaux individuel et national, que charrient les gestes barrière et la fermeture des frontières, imposant le ''chacun chez soi'' et ''le chacun pour soi'', paradoxalement à cet état de fait donc, émerge l'urgente et impérieuse nécessité de reconnaître, tout autant, l'incontournable ouverture à l'autre, à l'altérité.

A vif, la Covid-19 impose une pensée de la limite. Elle contraint à penser la limite de la souveraineté, dans l'horizon de la pandémie, à s'ouvrir à la pensée (du) sans limite mais aussi à penser sans limite, tant elle interroge, à vif, notre fragile existence ! Elle porte à questionner nos prétentions – sans limites, à la limite de nos ignorances, de nos doutes et incertitudes- nos systèmes institutionnels, furent-ils politiques, économiques, culturels ou autres, en tous sens, eh oui, sans limite. Et ce, parce que cette pandémie impose des limites à toute velléité de puissance, de savoir. Elle enjoint à une sorte d'autonomie et de souveraineté à rebours. Du danger face auquel on est exposé, du fait de la pandémie, doivent surgir les énergies nouvelles, des nouvelles formes de souverainetés et des nouvelles solidarités.

En fait, déjouant toute prédiction des organisations et organismes les plus spécialisés, cette pandémie contraint de jouer à la modestie et à la relativisation, mieux, à réviser nos certitudes. La Covid-19 est venue réveiller nos incertitudes, briser nos certitudes et révéler souverainement les limites de nos suffisances, tant politiques, scientifiques qu'idéologiques et philosophiques. Si, sur le plan individuel, la Covid-19 n'épargne, en sa souveraineté, ni le prince ni le pauvre, sur le plan national, les superpuissances comme les pays émergeants et ceux dits sous-développés sont obligés de relativiser leurs prétentions, de réviser leurs certitudes, tant en termes de volonté de puissance qu'en termes de projection dans l'échelle de développement socio-économique.

Cette pandémie est venue défier même les études les plus raffinées, issues des laboratoires les mieux côtés, P3 ou P4. D'ailleurs, une certaine opinion, qui devient insistante, soutient, à tort ou à raison, que de tels laboratoires pourraient être à la base de cette bactérie qui impose sa loi, au-dessus de tout droit, parce qu'elle supprime la vie, la base de tout droit. Ce fait montre, à suffisance, la vulnérabilité, l'insuffisance de la suffisance humaine, sa contingence et ses limites. Dès lors qu'à tort ou à raison, une certaine opinion considère l'apparition de la Covid-19 comme étant l'œuvre de l'homme, produit des laboratoires, un artefact, il s'impose de questionner la fin, la finalité de la science, sa prétention à l'objectivité. Il faut, à tout le moins, doubler de vigilance et de modestie.

Remarquons, néanmoins, que, sans qu'il ne livre encore sa vraie identité, puisque toutes les études de laboratoire d'analyses procèdent à tâtons, ce virus circulaire, qui perturbe tout sur son passage, impose une lexicologie paradoxale.

Même s'il ne se définit que par périphrase et que pour l'espace francophone, l'on tend, depuis peu, à le décliner au féminin, selon l'ordre de l'académie française (la Covid-19), il n'empêche qu'il continue à régner de la confusion et du trouble au tour de la question de la distanciation requise, pour faire face à la pandémie. Cette expression, la distanciation, aura volé la vedette à toute autre.

Pourtant, le déterminant ''social'' auquel elle est accolée pose problème. Distanciation sociale, cette expression est, pourtant le parfait exemple de contre-sens, en ce qu'elle dit justement ce qu'elle ne veut pas dire, et ne doit pas dire : mettre de la distance et de l'éloignement entre les humains. Le paradoxal en cette expression, qui tend à être abandonnée, c'est qu'en sa réception, elle dit un appel à la proximité, et plus précisément à la proximité relationnelle, affective. Mais, cet appel à la proximité et ouverture protectrice à l'altérité, se fait sous le signe d'exigence de distanciation physique. Elle veut dire ce qu'elle ne dit pas littéralement puisqu'elle vise à supprimer, justement, la distanciation sociale, pour plus de proximité relationnelle et affective, via les expressions variées de solidarité et de toute sorte de liens de proximité que permettent, notamment, d'établir les réseaux sociaux et les techniques contemporaines de communication digitale, par l'image.

Ici encore, du danger peut ressortir ce qui sauve : rupture de proximité physique par souci de persister ensemble dans l'être, comme dirait Leibniz, pour plus de proximité sociale, relationnelle. Temps favorable que celui de la pandémie, pour toute forme de réconciliation intrafamiliale et amicale.

L'un des questionnements philosophiques, qui s'imposent à vif, dans le contexte de la pandémie de la Covid-19, ressort de l'ordre du rapport à l'altérité. Vaste champ de questionnement dans lequel s'éveillent à l'attention, non seulement les rapports interindividuels ou interinstitutionnels, dans une société donnée, mais aussi les relations internationales, c'est-à-dire, les rapports de puissances entre souverains, entre Etats indépendants et souverains, chacun dans sa sphère d'influences et de puissance souveraine, dans l'ordre mondial.

Dans cet ordre, toutes les puissances, toutes les nations, toutes les souverainetés ne sont ni logées à la même enseigne, ni loties au même acabit. Les citoyens, c'est-à-dire, les humains qui se réclament de lien d'allégeance envers telle ou telle nation, tel ou tel Etat souverain, vivent, face à la pandémie, la déclinaison de la puissance souveraine de leur Etat, au contact avec d'autres, avec fierté, orgueil et suffisance ou appréhension, tristesse ou complexe.

Les gestes barrière se sont imposés à tous. De façon singulièrement, la Covid-19 a imposé ses marques, les marques de son imperium. Celles-ci vont du port de masque étouffant, sur le plan individuel, à la fermeture des frontières et des espaces maritimes et aériens, sans compter la restauration des frontières aux niveaux des ensembles régionaux et sous-régionaux, ainsi que l'instaurations des frontières intraprovinciales, au niveau national. Mais, cette souveraineté de la bête, nonobstant la sujétion qu'elle impose, éveille à la nécessité de repenser tant au niveau interne et interrégional qu'au plan international des meilleurs modes de gestion souveraine de nos Etats.

Sous toutes les formes et à chaque échelle, les gestes barrière se traduisent en repli, en retour chez soi, au rester chez soi, à la fermeture des frontières et d'espaces territoriaux, fluviaux, lacustres et aériens, sonnant ainsi le premier glas d'un appel à l'autonomie naturelle, à la souveraineté individuelle et nationale. Comme le danger est venu de l'autre (le Président américain a qualifié la Covid-19 de virus étranger, en le nommant virus chinois), la première mesure de précaution, de protection, plutôt, le premier réflexe auto-défensif, se confond, à s'y méprendre, au refus d'hospitalité, au rejet de l'autre.

Nous avons rappelé que, sur le plan linguistique, un lapsus largement partagé s'est maintenu dans les discours officiels, en termes de distanciation sociale, là où on attendait établir plutôt la distanciation physique, pour maintenir toutes les chances de proximité sociale : venir en aide, s'enquérir des nouvelles de ses proches, leur prodiguer de l'attention pour rompre la distanciation sociale, cruelle en temps d'isolement imposé par la distanciation physique. La fermeture et la fermeté face à la venue de l'autre, de l'étranger, de tout ce qui est et vient de l'étranger, pour rester soi-même devint la règle.

Mais, pour combien de temps ! Cette règle de l'être soi-même, de l'autonomie et de la souveraineté retrouvées, imposées, bon gré mal gré, par la pandémie devra intriguer sur les vraies constructions d'autonomie et d'indépendance, dans la durée, au moyen d'un génie créateur propre à chaque Etat. Et ce, dans le but d'instaurer des systèmes de santé, des modes de gestion de nos ressources et une économie basée sur la production et la consommation locales. Elle offre l'occasion de construire des politiques autonomes qui articulent, au mieux, l'interdépendance provinciale au niveau interne, en particulier pour garantir l'autonomie alimentaire et en matière d'autres biens et services. A cet égard, la relance du ''Service National'', en Rd Congo, doit s'étendre dans chacune des provinces, en fonction de leur vocation spécifique.

Ce sont là autant de ressources de salut, du fait de la pandémie, qui peuvent venir booster la gestion de nos Etats, dont celle de la Rd Congo, en particulier.

III. Exigence de constitution d'un fonds souverain R. D. Congolais

Pour faire face au fléau, en étant soi-même et sans perdre la face, il s'impose une autonomie et une gestion souveraine de ses affaires, de manière à garantir au mieux l'intérêt national, pour les présents et les générations futures

Dans un pays comme la RD Congo, l'occasion ne pouvait pas en être plus belle pour s'inventer des mécanismes structurels, à même de juguler l'extraversion de son économie. En l'occurrence, pendant ce temps, à défaut d'exporter, en raison de la fermeture des frontières, la Covid-19 peut être une voie de salut pour la constitution des fonds souverains, grâce à l'exploitation de nos meilleurs matières premières et de leur stockage aux coffres de la banque centrale du Congo (BCC), constituant ainsi un support utile à la valeur de la monnaie et un renforcement de ses réserves stratégiques, en matières premières, qui lui permettrait de mieux peser dans la gestion de ses relations internationales, à moyen et long termes.

Economistes et analystes stratégiques convergent à considérer que l'un des objectifs des fonds souverains, pour les pays détenteurs, consiste à pérenniser les revenus issus des ressources fossiles non-renouvelables et de les répartir de manière équitable à travers les générations. La meilleure stratégie de conservation et de pérennisation des ressources issues des matières premières épuisables consiste à les convertir en actifs financiers pérennes, de manière à garantir aux générations futures un avenir sur le fond des ressources de leur nation. L'idée est de garantir, à titre prévisionnel, une solidarité nationale intergénérationnelle, qui fasse profiter à la postérité, longtemps après leur possible épuisement, les richesses issues de leur nation.

Dans un intéressant article, consultable en ligne, Caroline Bertin Delacour explique que les fonds souverains sont principalement constitués par le stockage des matières premières. Il n'est un secret pour personne qu'en la matière des matières premières, la Rd Congo se trouve scandaleusement mieux lotie. Le plus intrigant c'est que, pour cette auteure, « *Les deux tiers des fonds souverains proviennent des exportations d'hydrocarbures et autres matières premières (cuivre, diamants, phosphates). L'État collecte les revenus qui en sont issus, soit directement auprès des entreprises publiques exploitantes, comme en Arabie Saoudite où le pétrole est extrait par la compagnie publique SaudiAramco, soit indirectement par le biais de taxes prélevées sur les matières premières ou de redevances de licences d'exploitation. Ces revenus sont placés dans des fonds souverains que j'appelle de « rente minière ». Ils sont au nombre de 53 sur un total d'environ 75 fonds souverains gèrent entre 1760 et 2730 milliards de dollars sur un total d'actifs compris entre 3000 à 4000 milliards de dollars pour l'ensemble des fonds souverains. En moyenne, les fonds de rente minière représentent donc à peu près les deux tiers des fonds souverains en nombre et en avoirs »*[81].

Et si la Covid-19 constituait pour la RD Congo non seulement un réel péril mais aussi une voie royale de salut ! Et si en fin, les Congolais pouvaient trouver, grâce à la Covid-19, une voie par laquelle viendrait un déclic vers une véritable souveraineté, une véritable autonomie, par la constitution d'un fonds souverain, grâce à nos matières premières stratégiques, exploitables et stockables en vue d'une exportation à bon escient ou, simplement, pour tapisser un matelas de valeur au soutien de notre économie, de notre monnaie et/ou pour construire une réserve stratégique ? Et si la mine et la pierre, nos minerais en général, pouvaient, enfin, donner à notre économie et à notre nation meilleure mine, pour des longues années, en les sortant de la malédiction des ressources, en particulier des matières premières, sources des convoitises et des guerres d'agression !Il me semble que nous pouvons mettre du génie pour que, grâce, plutôt, du fait notamment de la pandémie, nous capitalisions nos ressources épuisables, de manières à nous constituer des fonds destinés à construire notre pays et laisser des ressources capitalisables aux générations futures. Si nous manquons à cette tâche, à ce défi, pourtant, à notre portée, nous auront failli, lourdement, sur tous les plans.

L'occasion serait belle, ''grâce'', mieux, à cause de cette pandémie pour poser des actes souverains. Ce temps de la pandémie peut être, également, mis à profit pour stocker nos matières premières en vue d'une exportation rationalisée, aux fins de générer des fonds à injecter dans des projets agricoles d'envergure, pour sortir la Rd Congo, définitivement, grâce aux matières premières, de la dépendance de son économie de ses ressources minières, extractives. Cette pandémie peut, paradoxalement, être mise à contribution pour engager notre pays sur la voie d'une économie verte, diversifiée, mais ancrée sur l'agriculture. Elle peut servir à booster le développement socio-économique national, via la machine agricole, tout aussi paradoxalement financée par l'industrie extractive et minière. Alors qu'elle est scandaleusement lotie en matière premières, parmi les plus rares et convoitées de toutes les nations du monde, la Rd Congo doit arrêter la complainte. Elle doit se résoudre à ne plus croire à la malédiction, en

[81] C. Bertin DELACOUR, *Op. Cit.*, p.77-78

s'assumant de façon concrète et responsable, pour impulser, grâce à ses immenses richesses du sous-sol, notamment, son émergence sur tous les plans. Il est faux et archi-faux, absolument, faux de prétendre que les matières premières ne développent pas économiquement un pays, si on y met du jugement avec sérieux.

Rêves d'un philosophe, me dira-t-on ! Mais, un pays sans rêve, sans projection vers un mieux-être collectif, sans effort déterminé pour dépasser les pesanteurs de la facticité de son être au quotidien, sera toujours un pays pauvre, nonobstant ses immenses ressources.

IV. Exigence d'autonomie sur le plan médico-sanitaire

L'avènement de la Covid-19 voit, sur ce plan, rivaliser des théories complotistes, sur tout ce qui viendrait de l'étranger, avec les prophéties eschatologistes et toute forme de fidéisme alarmant. La fibre nationale prête des vertus curatives à toutes les potions locales, souvent dans une crédulité défiant toute naïveté.

Aux premières heures de l'état d'urgence sanitaire, la tragédie de Ngaba, à Kinshasa,[82] qui peut en cacher bien d'autres, à travers le pays, est révélatrice des excès dans la crédulité face aux potions locales, auxquelles on prête des vertus curatives et préventives de tous ordres.

Sur le plan scientifique se sont révélés, également, des prétentions et des émulations entre le centre, la capitale et les provinces, notamment, entre l'équipe du professeur EKWALANGA de l'université de Lubumbashi, estimant être pionnière dans la découverte des effets curatifs, des mélanges à base d'hydroxy chloroquine, dont le professeur français Didier Raoult devint la vedette, contre la Covid-19, et l'équipe du Professeur Muyembe de l'Université de Kinshasa, se voulant plus méthodologique et moins empiriste, étant en charge de l'équipe nationale de la riposte, sans ignorer d'autres chercheurs, dont le jeune médecin Jérôme Muyangi, qui fait parler beaucoup de lui autour des vertus de la plante Artemisia, rappelé au pays, sur ordre du chef de l'Etat.

Les solutions trouvées dans l'urgence de la pandémie, ne doivent pas occulter la nécessité de laisser s'exprimer l'émulation scientifique entre tous nos spécialistes, de quelques bords qu'ils viennent, afin de frayer des voies d'autonomie, en la matière.

L'urgence de la pensée critique, dans ce contexte, se manifeste avec acuité et sollicite à s'inscrire dans la durée, en termes d'exercice et de formation des masses.

---

[82] Une commune populaire de Kinshasa, la capitale de la Rd Congo. Une dame s'est retrouvée sous les verrous, pour avoir administré à ses trois enfants, à titre préventif, un lavement ventral, à base des plantes locales, ayant occasionné leur mort subite.

Il n'empêche qu'à vif, la Covid-19 contraint à une sorte de souveraineté autarcique, à une autonomie dans la douleur. Disons, plutôt, qu'à la force souveraine de la bête, de cette petite bête, appelons-la bestiole ; de ce micro-organisme nommé Covid-19, qui impose sa loi, au-dessus de toutes les lois et de tous les droits, même ceux de l'hospitalité, puisqu'elle contraint au repli sur soi et à la fermeture des frontières ; à sa force donc, doit répondre une action et une force souveraine de chaque individu, de chaque Etat, de chaque nation. Et, les actions requises doivent s'installer dans la durée, afin de régir notre société, au-delà de l'urgence du moment.

En effet, sous l'effet des gestes barrières et du réflexe auto-protecteur, à la règle de coopération et d'interdépendance, se substituerait sous l'ère de la Covid-19, le règne de la gestion interne, autonome et souveraine, voire solitaire, de la menace, pour la survie.

La Covid-19, ce micro-organisme, s'impose en souverain aux nations. Elle impose sa souveraineté, telle une bête souveraine, tel un hors-la-loi. Qu'on le prenne sous une certaine filiation, qui lie animalité, bestialité et souveraineté ou sous l'angle de la loi et du droit de la nature, voire, du droit naturel, qui s'impose au-delà de toutes les lois et de tout droit posés, la Covid-19, cette petite bête, aura imposé, pour un temps certain, sa loi au monde. Elle a imposé sa règle de souveraineté hors-la-loi[83], en faisant voler en éclats toutes nos certitudes, toutes nos habitudes. Elle l'aura fait, pour reprendre une image chère à J. Derrida, à pas de loup[84].

Sans s'annoncer, sans apparaître ; dans une sorte de présence-absence, dans une sorte de force, une force de souveraine spectralité, sans être là, mais invisible et souveraine, la Covid-19 s'est imposée, au point d'imposer, même aux démocraties les plus affirmées, des restrictions des libertés, l'arrêt de la machine économique, clef du système capitaliste. Elle a imposé le silence aux industries de l'art et de la culture, du sport et du tourisme. A pas de loup, en silence, sans être là, la Covid-19 a régné et fait régner sa raison : la raison du plus fort. Plus fort que nos certitudes et nos assurances ; plus souveraine que nos souverainetés nationales, la Covid-19 a eu raison de nous. Mais, a-t-elle raison d'avoir raison de nous et sur nous ?

Les premiers réflexes adoptés pour l'empêcher d'étendre à l'extrême sa souveraineté et d'avoir durablement raison de nous, de nos vies et de nos institutions, ont conduit chaque nation à presque se ficher de l'altérité au sens traditionnel, pour se réfugier dans son ipséité. Chaque nation puise dans ses propres ressources, que nulle autre nation ne peut, dans l'urgence du péril, lui prêter, les outils et les armes pour aller à la chasse au loup, à la chasse de la bête, de cette petite bactérie, la Covid-19. Chacun, à leur manière, les pays africains, la Rd Congo en particulier, va à la chasse. Elle

---

[83] Cf. J DERRIDA, *Séminaire. La bête et le souverain*, Volume I (2001-2002), Paris, Galilée, 2008, p.38.
[84] *Ibid.*, 479p.

s'essaie de traquer le loup, en l'approchant, en s'y approchant, pour s'en éloigner le mieux que possible, pour éloigner et s'éloigner du danger, de la pandémie. Chacun puise dans sa propre ingéniosité des ressources et recettes pour faire face à la cruauté de la bête, à sa souveraineté impitoyable, dévoratrice et dévastatrice, de manière à mieux l'apprivoiser.

Le triomphe de l'ipséité sur l'altérité s'impose, consciemment ou inconsciemment, tacitement ou ouvertement. Ceci est d'autant plus manifeste que les structures d'altérité, dans les domaines médico-sanitaires, comme l'OMS et les grandes fondations internationales, les grandes puissances et organisations internationales vers lesquelles la Rd Congo, notamment, se tourne constamment pour rechercher de l'aide, au nom de la solidarité internationale ; toutes ces entités, non seulement se recroquevillent mais aussi deviennent, aux yeux de l'opinion publique interne, à tort ou à raison, suspectes.

La ''potion de la grand-mère'' seule semble recueillir toutes les vertus et les faveurs de l'opinion interne en Afrique, en général et en Rd Congo, en particulier, face à la Covid-19. Dans cette ambiance, l'idée d'un vaccin, qui viendrait d'un laboratoire étranger suscite non seulement de la méfiance et de la suspicion mais parfois et souvent, à tort ou à raison, pour des raisons compréhensibles mais dénuées d'explication logique et scientifique, colère et indignation.

De fait, au nom des appréhensions, voire des a priori difficiles à établir en fait, les organisations internationales, dont l'OMS, sont suspectées de répandre la mort, sous d'autres formes. Elles sont suspectées d'œuvrer pour l'instauration d'un supposé nouvel ordre mondial, qui serait peu compatible avec l'expansion démographique en Afrique. Et ce, alors même que sous un autre biais, la démographie et la jeunesse de la population en Afrique constituerait un atout majeur pour sa prospérité, contrairement au vieillissement massif de la population en Occident, qui pèse au point d'écrouler l'édifice sur lequel repose son système social, son modèle économique et son socle financier.

Que les analyses prospectives occidentales, parmi les plus réputées, les plus lucides tendent ostentatoirement à faire croire que notre jeunesse démographique constituerait un obstacle au progrès, en dit long sur ce paradoxe grossier, au regard de l'appréciation de la même donne sur l'échiquier de la compétitivité économico-sociale. En fait, traitant des démographiques du monde, les analystes de la CIA notent que « dans le monde de 2030- monde dans lequel la population mondiale aura atteint 8,3 milliards d'individus, (...) quatre tendances démographiques façonneront fondamentalement, même si elles ne les détermineront pas nécessairement, les conditions économiques et politiques de la plupart des pays et les relations entre les Etats ».[85] Il s'agit, pour l'Occident, du vieillissement ; un

[85] *Le monde en 2030 vu par la CIA*, Préface de Flore Vasseur, Editions de l'Equateur (pour la traduction française), 2013, p.87.

nombre important de sociétés jeunes, mais en déclin ; la migration et, enfin, l'urbanisation croissante. Ces analystes ajoutent que « les pays à fort vieillissement rencontrent des sérieuses difficultés pour maintenir leurs niveaux de vie alors que les pays plus jeunes ont un potentiel, grâce à leur ''dividende démographique'' de donner un coup de fouet à leur économie en tirant profit de la jeunesse de leur population active »[86].

Au regard des telles analyses, qui vont jusqu'à préconiser un large afflux de jeunes migrants vers l'Occident, pour lui permettre de maintenir son système socio-économique, à défaut d'une improbable augmentation significative de la fécondité[87], toutes les déclarations officielles, à la Sarkozy ou Macron, tendant à faire reposer la misère de l'Afrique sur sa fécondité et sa démographie, ne peuvent qu'alimenter des théories complotistes. Même si la Covid-19 n'a pas encore livré tous ses secrets, une certaine opinion tend à accréditer l'idée que la résistance, plus ou moins avérée de l'Afrique face à la pandémie serait le fait, non seulement d'une certaine autonomie affichée par maints chefs d'Etats africains dans la prise de décision, en matière de gestes barrières (fermeture des frontières terrestres, aériennes, fluviales, lacustres et maritimes) mais aussi de la jeunesse de sa population.

Par ailleurs, dans le contexte actuel où la souveraineté de la petite bête aura à ce point imposé sa raison, au point d'avoir raison sur nous et de nous, des théories complotistes, ainsi alimentées, même les plus inimaginables, les plus irrationnelles, prospèrent avec force et forgent des convictions, jusqu'à vouer à l'échec les mécanismes classiques de décision et des collaborations internationales.

L'on assiste, pour reprendre, en la déplaçant, cette expression de Stiegler, à la performativité de la bêtise, puisque « dire une bêtise revient à faire une bêtise »[88]. Cette performativité de la bêtise serait, pour Stiegler, durablement en œuvre chez les spécialistes, en particulier dans le chef de l'université et de l'universitaire, puisque « les professeurs font profession de professer des énoncés plus ou moins performativement en s'autorisant de leur autonomie et de leur souveraineté auto-affirmative »[89].

Cela étant, la question de la responsabilité, de la responsabilité de cette autonomie et de cette souveraineté, la responsabilité de la profession discursive et performative de la bêtise se pose avec gravité. Et ce d'autant plus qu'elle est grave et gravement lourde de conséquence en termes de désastre humain. Aussi bien les théories savamment scientifiques, les inventions des laboratoires et des firmes que les potions traditionnelles, aux vertus curatives nullement éprouvées peuvent être vendus dans l'autel de la

---

[86] *Idem.*
[87] *Ibid*, p.88.
[88] B. STEIGLER, *Etats de choc. Bêtise et savoir au XXIè siècle, Essai*, Paris, Editions Mille et une nuits, 2012, p.75
[89] *Ibid.*

crédulité, plutôt de la foi en la science et de la confiance au savant ou de l'angoisse du vide, de la peur de la mort.

Partout se sont institué des comités scientifiques de lutte contre la Covid-19. Partout, les gouvernants ont avoué leur totale confiance et soumission aux avis et orientations donnés par les comités scientifiques, pour conduire les politiques de luttes, en matière médico-sanitaire ; partout, particulièrement en Afrique, les comités locaux, autonomes et souverains ont prétendu mettre en circulation des potions miraculeuse ; partout, surtout dans les pays du Tiers-Monde, on est presque entré en conflit avec l'autorité scientifique mondiale, l'OMS qui, à tort ou à raison, doit décider quel produit pouvait entrer dans le commerce de médicaments.

Les rapports à l'altérité sont ainsi altérés et brouillés, par la Covid-19, cette bête souveraine. Cette bête contraint chaque Etat à forger ses propres codes, à s'inventer ses propres modes de gestion et de survie, à force de menace, au point de redonner force et actualité à la pensée de Hölderlin « *... là où il y a le danger, là aussi croît ce qui sauve* »[90].

Sur le plan de la recherche médicale, très vraisemblablement, il y a du danger, en plusieurs sens, dans les a*priori* véhiculés, au tour de la fabrication et des essais à mener, en phase requise, sur les humains. Danger sur les *apriori* véhiculés, mais danger aussi inhérent à toute recherche, en particulier pharmaceutique ou médicale. Les comités scientifiques et les conseils d'éthique médicale ont entière responsabilité tant pour fixer les règles et veiller à leur application que sur les protocoles validés, en la matière.

Néanmoins, il serait illogique et naïf que, fort de nos suspicions massues envers les organisations internationales dédiées, les centres de recherche et laboratoires pharmaceutiques étrangers, nous nous refusions de participer à l'effort, en prenant, le cas échéant, notre part de risque, en tant que nation, pour n'attendre qu'à en recueillir les dividendes, au nom de l'humanité, de l'humanisme ou d'on ne sait quelle charité internationale.

Cela étant, cette suspicion envers l'altérité, du fait du danger porté par la Covid-19, aura permis de libérer les initiatives et les créativités locales, autonomes. Elle impose de décomplexer les esprits des citoyens et des dirigeants africains, si souvent enclins à l'auto-soumission et à la dépendance quasi aveugle envers l'Etranger. Elle invite à croire à soi et oser vivre chez soi. Elle révèle l'urgence de créer les structures sanitaires et hospitalières, internes, à penser à des fonds de solidarité citoyenne et nationale, dont en particulier, un Fonds souverain congolais de solidarité intergénérationnelle, ciment de l'unité de la nation.

---

90 HÖLDERLIN, Cité par M. HEIDEGGER, *Essais et conférences* (Traduit de l'allemand par André Préau et préfacé par Jean Beaufret), Paris, Gallimard, 1954, p.38.

V. Le chacun chez soi ou le rejet de l'altérité

Ces initiatives locales de souveraineté et d'autonomie sont d'autant plus nécessaires et les dirigeants africains, à cet égard, plus redevables, les droits des africains plus exigibles que les ressortissants du Tiers-monde, des pays pauvres, en général, sont la risée du monde, considérés souvent comme des moins que rien.

L'expansion de la pandémie de la Covid-19 est venue raviver cette réalité de la nécessité de créer des conditions décentes pour réaliser ses rêves chez soi. L'explique : là où la plupart des démocraties occidentales, la France, la Belgique, l'Allemagne, l'Espagne, l'Italie, etc. ont, au nom de l'urgence sanitaire, qui imposait la distanciation physique, désengorger des prisons par des mesures alternatives à la détention et à la privation de liberté, en ordonnant non seulement des remises des peines, les libérations conditionnelles et jusqu'à se construire un dispositif juridique de circonstance, à savoir celui de remise de peine exceptionnelle, pour les nationaux et assimilés, les étrangers (sans papier), eux, n'ont pu bénéficier d'aucune mansuétude.

Que du contraire ! Puisqu'ils résident dans ces pays, sans papier, ils ont vu leur situation empirer. Du seul fait qu'ils se trouvent en situation irrégulière, sans-papiers, alors qu'ils n'ont commis ni crime, ni délit ni contravention, si ce n'est se trouver, généralement, pour des raisons de misère et pour sauver leur peau, en raison des régimes répressifs dans leur pays d'origine, ces étrangers-là, eux, ne pouvaient bénéficier d'aucune mansuétude. Ils ont continué, eux, fils et filles d'Afrique dont, évidemment, des fils et filles de la Rd Congo, à être enfermés dans des espaces clos, qu'on ne désigne pas comme lieux carcéraux, mais joliment comme Centres de rétention administrative, et privés de liberté, sous des régimes juridiques alambiqués, sans que ne leur soit reproché aucune infraction, si ce n'est de se trouver sur le sol, sur l'espace de souveraineté, appartenant aux anciennes ex-métropoles, qui ont soumis leurs ancêtres, conquis leurs terres et exploité leurs parents, comme esclaves ou colonisés.

Eux, donc, ces autres, ces étrangers sans droit et hors de leurs propres terres, se trouvent à Paris, Bruxelles, Londres, Berlin, Madrid, etc. confinés loin des leurs, en terres étrangères, mais surtout privés de liberté, sans voix, sans papiers ! Mais les prisonniers, les repris de justice, étant chez eux, bénéficient de libération exceptionnelle… Dans ce lot de malheurs, le Portugal fit exception. Il a ordonné, du fait de la pandémie, une régularisation exceptionnelle des étrangers, des sans-papiers ; il a posé ce geste d'humanité et de solidarité souveraine, au nom de la commune humanité.

Par ailleurs, le traitement subi par des noirs, parce qu'ils sont noirs, aux premières heures de cette pandémie, en Chine, sans protection diplomatique affirmée des maints dirigeants d'Etats africains ni mesures de réciprocité, est pour le moins affligeant du rapport à l'altérité, pour être souligné. De telles iniquités doivent conduire à susciter une soif d'autonomie en Afrique, en termes d'organisation d'espace de vie digne, qui confère indépendance à nos Etats et une fierté d'être africains, pour les filles et fils du continent noir.

Conclusion

Du fond des incertitudes qui planent à l'horizon du monde, du fait de la Covid-19, qui impose son empire, et insuffle des réflexes de survie, peu ou prou soucieux de l'altérité, il faut questionner sa propre autonomie, en tous sens.

Questionner son autonomie, en tant qu'Etat et en tant que nation, c'est questionner sa souveraineté. Mais questionner sa souveraineté, à l'aune de la pandémie, c'est non seulement rechercher une affirmation de soi, de sa puissance souveraine dans un espace géographique, dénommé territoire, et affermir son autorité absolue sur quelques sujets, mais aussi et plus fondamentalement, s'assurer de la maîtrise de son économie, de son système scolaire et universitaire, de ses choix de gouvernance et des politiques sectorielles, de son système sanitaire, social et éducatif. Avoir la maîtrise sur et de son système de gouvernance, dans ce contexte, c'est non seulement se tirer de la dépendance externe mais aussi réussir, sans immixtion indésirée, à faire face aux défis qui s'imposent à soi.

Grave question que celle de la souveraineté.

S'il est vrai que la bête, ce hors-la-loi, ce souverain, impose sa souveraineté, exhibe nos vulnérabilités, il n'en demeure pas moins qu'elle ouvre le chemin de l'altérité, la voie d'interdépendance et surtout nous impose à penser des mécanismes de solidarité intergénérationnelle. En unissant les faibles, les vulnérables, dans la douleur, en leur contingences, la Covid-19 les somme à faire front commun et cause commune pour vaincre les incertitudes du futur.

Il faut du rêve et de la détermination.

Pr Gaspard OKITADJONGA ANYIKOY
Département de philosophie
Faculté des Lettres et Sciences Humaines
UNIVERSITE DE KINSHA
AVOCAT AU BARREAU DE LILLE/FRANCE

COVID-19 : Enjeux socio- économiques et géopolitiques

Par Paulin Manwelo

1. Ces quelques lignes sont une présentation de l'excellent texte de Francis Fukuyama, "la pandémie (de coronavirus) et l'ordre politique (mondiale)[91] ». Francis Fukuyama est professeur à Stanford University aux USA et auteur de plusieurs célèbres ouvrages sur la situation géopolitique du monde, notamment, *POLITICAL ORDER AND POLITICAL DECAY. From the Industrial Revolution to the Globalization of Democracy*[92].

2. Mais, cette présentation n'est pas une reprise *ad litteram* du texte de Fukuyama. Loin s'en faut ! Elle est plutôt un commentaire de l'article pour en faire sortir davantage la grille de lecture devant nous permettre de mieux cerner les enjeux socio-politico-économiques et géopolitiques de la crise sanitaire actuelle. Bien plus, nous analyserons cette problématique en mettant un accent particulier sur la situation de l'Afrique et, plus particulièrement, sur le cas de la RD Congo.

3. Pour ce faire, nous voulons répondre à une quadruple question : (i) quelle est la nature de la crise sanitaire qui frappe le monde aujourd'hui ? (ii) Quelles sont les causes du succès et de l'échec des pays dans leurs efforts à faire face à cette crise ? (iii) Quelles sont les conséquences relatives à (ii) ? Et (iv) Quelles sont les leçons à tirer pour l'avenir de nos sociétés africaines, en particulier, et celui de notre monde, en général ?

4. De la nature de la crise sanitaire actuelle du monde. Tout d'abord, il sied de noter ceci : la crise sanitaire actuelle n'est pas la première crise dans l'histoire de notre humanité. En effet, s'il est vrai que l'histoire retiendra la pandémie du coronavirus (COVID-19) comme une crise majeure « *sui generis* » qui aura frappé et paralysé tous les pays du monde entier, force est de reconnaître que, dans le passé, notre monde avait connu de grandes crises virales au XXème siècle : grippe espagnole de 1917-1919, 20 à 40 millions

[91] Francis Fukuyama, « The Pandemic and Political Order », in *Foreign Affairs*, July/August, 2020.

[92] Francis Fukuyama, *POLITICAL ORDER AND POLITICAL DECAY. From the Industrial Revolution to the Globalization of Democracy*, London, PROFILE BOOKS, 2014.

de morts ; grippe asiatique de 1957, 2 millions de morts ; grippe de Hong Kong de 1968-1970, un million ; le Sida, 40 million de morts ; et au XXIème siècle, il y a eu aussi des épidémies qui ont secoué le monde : le SRAS en 2003, la grippe A H1N1 en 2009, le MERS en 2012 et la maladie à virus Ebola en 2014. Lorsqu'on compare ce tableau, assez bien lugubre, avec celui de la crise sanitaire due à la COVID-19, avec 800.000 mille morts (au moment où nous écrivons ces lignes), l'on est tenté de dire que, à bien considérer les choses, il n'y a rien de nouveau sous le soleil !

En effet, comme l'affirme le généticien Axel Kahn, « il n'y a jamais eu de vie sans virus, ils sont contemporains de l'apparition de la vie elle-même. Aucune espèce bactérienne, végétale ou animale n'est est indemne. L'espèce humaine n'est que l'une d'entre elles. Nous avons connu au XXème siècle quatre pandémies virales, trois plus graves que le (sic) Covid-19…, mais, nous avons oublié, parce que l'incroyable progrès scientifique et technique réalisé en 50 ans avait fini par faire croire aux gens que de tels épisodes étaient devenus impossibles, alors qu'ils étaient inéluctables comme ils le demeureront dans l'avenir[93] ».

Une compréhension de la crise sanitaire actuelle, basée sur une lecture historique des crises virales, permet ainsi d'éviter des interprétations de type apocalyptique qui nous feraient croire que la COVID-19 serait une malédiction tombant du « ciel » ou qu'elle serait un signe précurseur, annonçant la fin du monde, comme le proclament, sans sourciller, certains prophètes de malheur et certains esprits à la recherche du sensationnel. Or, il s'agit plutôt de considérer la crise sanitaire actuelle objectivement et froidement sans craintes ni atermoiements pour ne pas verser dans une peur démesurée. La peur ne résout rien. Vivre avec la peur au ventre est une chose terrible. La peur peut devenir elle-même un virus. Elle peut nous faire prendre des décisions irrationnelles ; elle peut nous amener à désigner des boucs émissaires. C'est ainsi qu'en Afrique, l'on entend souvent dire : « la COVID-19 n'est pas une maladie des noirs (africains) ; c'est la maladie des Chinois, des Blancs…».

Des telles interprétations racistes ou biologistes de la COVID-19 font fausse route ; elles passent tout à fait à côté d'une approche scientifique qui peut aider à cerner la vraie nature de la pandémie.

5. Ainsi, nous devrions tous, Africains et non Africains, le reconnaître : la COVID-19 n'est pas une maladie réservée à une seule catégorie de gens : blancs, noirs, riches ou pauvres ; elle frappe tout le monde sans distinction. Elle est la première grande pandémie du XXIème siècle et elle a ceci de particulier : à l'ère de la mondialisation, elle affecte quasiment tous les pays du monde entier avec une célérité hors pair. PasiPenttinen, du Centre

---

[93] Voir Interview d'Axel Kahn dans *La Vie*. Hebdomadaire Chrétien, N «3899 DU 21 AU 27 MAI 2020, pp. 34-35.

européen de prévention et de contrôle de maladies, l'atteste en ces termes : « On a beau savoir que le monde est très interconnecté, que le trafic aérien explose… J'ai été totalement impressionné par la vitesse à laquelle ce virus a conquis la planète et est devenu un problème pour tout le monde, presque en même temps [94]».

Cette célérité est due au fait que c'est une maladie très contagieuse qui se transmet très facilement, de manière asymptomatique ou de manière « très discrète », « silencieusement » pourrait-on dire. Mais, il convient aussi de le souligner : la COVID-19 n'est pas une maladie mortelle *per se*. La maladie à virus Ebola, par exemple, ne se transmet pas facilement ; mais elle est mortelle, dans la mesure où les victimes meurent facilement ; elle tue la moitié des patients. Tel n'est pas le cas avec la COVID-19 ; une maladie plutôt retorse, matoise, qui se propage à grande échelle ; emporte les plus fragiles ; fait exploser les services hospitaliers et contraint tout le monde à rester calfeutré, « confiné » ; à porter des « masques » ; à respecter la « distanciation sociale », avec un seul mot d'ordre comme éthique de vie : « « *restez chez vous à la maison* ! » pour vous protéger et, partant, protéger les autres.

C'est, précisément, à cause de sa nature « discrète » que l'on a tendance à minimiser la présence de la COVID-19 ; on ne la prend pas au sérieux ; on exige des « preuves » pour croire. En RD Congo, comme dans plusieurs pays africains d'ailleurs, les gens l'affirment, haut et fort : « c'est faux, la COVID-19 n'existe pas ! On ne voit pas les gens mourir ! Qu'on nous laisse donc tranquilles ! Si elle existe en Afrique, elle est une maladie des riches, des gens qui ont des passeports pour voyager en Europe et entrent en contact avec les Blancs ! Qu'on ne nous laisse pas mourir de faim avec des mesures de confinement comme en Europe ! Cette maladie est un complot contre l'Afrique ![95]»…

6. Il va sans dire qu'une telle compréhension des choses doit être évitée. De tels arguments sont des propos populistes, sans fondement scientifique ;

---

[94] Voir Dossier « Coronavirus et Maintenant ? », in *Science et Vie*, N° 1232, Mai 2020, pp. 64.

[95] Une enquête menée par l'Institut de sondage Target, le lundi 24 août 2020 indique que, malgré le nombre élevé des personnes contaminées à la COVID-19 constaté en juillet 2020, 6 Congolais sur 10 ne sont pas toujours convaincus de la gravité de cette maladie sur le sol congolais, principalement à cause du manque des personnes contaminées dans leur environnement immédiat et du nombre croissant de personnes guéries. Combinant des méthodes quantitatives et qualitatives, cette étude avait porté sur un échantillon représentatif de 1.000 Congolais, âgés de 18 à 65 ans, issus de 6 provinces de la RDC, à savoir Kinshasa, Kongo-Central, Kasaï-Oriental, Haut-Katanga, Nord-Kivu et Sud-Kivu.Ces personnes ont été interrogées par téléphone du 06 au 12 juillet 2020 selon la méthode des quotas.Afin d'approfondir davantage les résultats de l'enquête et comprendre au mieux le vécu quotidien des congolais durant cette période, les enquêteurs ont réalisé deux focus-groups du 24 au 25 juillet 2020 sur une plateforme digitale (Zoom) et composés respectivement de 10 hommes et 10 femmes, tous âgés de 25 à 40 ans. Voir *https://7sur7.cd/25/08/2020 - 10:17*

ils sont basés non pas sur des faits, mais plutôt sur des « rumeurs » et des croyances puériles ; ils ignorent la vraie nature de la pandémie qui secoue le monde entier.

7. Et les faits, eux, sont toujours têtus : la COVID-19 continue à faire des ravages dans le monde, quand bien même, selon les dires de l'OMS, elle diminuerait en intensité. Mais, la nature particulière de ce virus va faire que les contaminations iront croissantes dans les pays qui ne le prennent pas au sérieux : le virus va continuer à se répandre, causant de nombreux décès. Par ailleurs, étant donné la nature sournoise de cette pandémie, aucun pays au monde ne pourra se déclarer victorieux d'elle sans médicament ou vaccin. AmeshAdlja, spécialiste des maladies émergentes à l'Université Johns-Hopkins tranche : « Je pense qu'il (le coronavirus) a de forts risques de devenir endémique et de s'ajouter à la liste des quatre autres coronavirus qui circulent actuellement au sein de la population mondiale[96] ».

C'est dire qu'une vigilance tous azimuts s'impose pour lutte contre la propagation de la pandémie. En fait, à l'heure où nous écrivons ces lignes, la sonnette d'alarme est tirée dans tous les pays où l'on est allé vite en besogne avec le déconfinemment. En effet, l'on assiste à une recrudescence de nouveaux cas de contamination de la COVID-19 dans certains pays du monde. Une seconde vague de la propagation de la pandémie est à craindre. Il faut donc éviter tout relâchement dans les mesures prophylactiques à observer – distanciation sociale, port des masques, lavages des mains, etc.

8. Dans cette configuration de la crise sanitaire mondiale, le continent africain est un cas de figure qui étonne plus d'un observateur : peu des cas de contamination à comparer avec d'autres continents. D'aucuns avaient prédit une contamination exponentielle de la COVID-19 dans les pays africains. Mais, de ce cataclysme apocalyptique annoncé, il n'en fut rien. En effet, hormis l'Afrique du Sud et certains pays du Nord de l'Afrique (Maroc, Algérie et Tunisie) où l'on dénombre beaucoup de cas de contamination de la COVIS-19, l'Afrique subsaharienne est jusqu'à présent épargnée des chiffres presque vertigineux de contamination, observés aujourd'hui sur le continent Américain, particulièrement aux Etats-Unis, au Brésil et au Mexique, ainsi que sur le continent Européen, au début de la pandémie (mars-avril-mai, 2020).

Nous n'allons pas aborder ici les causes relatives au cas d'exception de l'Afrique subsaharienne. A vrai dire, jusqu'à présent, personne ne maîtrise encore les arcanes et méandres de cette pandémie retorse, « intelligente ». Aujourd'hui, d'aucuns parlent même de « mutations du virus » qui feraient en sorte qu'il présenterait plusieurs visages, tantôt « agressif » ou « virulent », tantôt « moins agressif » ou « virulent ». Les études en cours

[96] Voir Dossier « Coronavirus et Maintenant ? », in *Science et Vie*, N° 1232 ; Mai 2020, p. 72.

devraient démontrer plus tard l'exceptionnalité de l'Afrique noire dans la propagation de la COVID-19[97].

Qu'à cela ne tienne ! S'il est vrai que l'Afrique, en général, et la RDC, en particulier, ne connaissent pas (encore !) une situation exponentielle des cas de contamination de la COVID-19, il importe, cependant, de prévenir plutôt que de guérir, surtout lorsque, comme on le répète à satiété, nos pays africains n'ont pas de capacités requises pour gérer les grands catastrophes de l'histoire de l'humanité. Il convient donc de ne pas minimiser la nature du virus que nous venons de décrire. C'est un virus qui ne connaît ni les frontières des pays ou des continents ; ni les distinctions raciales, sociales, religieuses et autres. C'est dire qu'en Afrique également, la vigilance tous azimuts s'impose pour éviter le pire des cas de contamination qui pourrait être fatal pour notre continent, déjà miné par tant de fléaux.

9. Des causes du succès ou de l'échec des pays dans la lutte contre la COVID-19. La pandémie du coronavirus est un grand test politique pour voir, d'une part, le niveau des « Etats forts », c'est-à-dire, des gouvernements avec des capacités managériales et la légitimité qui les poussent à entreprendre des réformes susceptibles de les rendre encore plus forts et ouvrant ainsi de belles perspectives pour l'avenir, et, d'autre part, le niveau des « Etats faibles » avec des leaderships déficients qui vont, sinon plonger dans la pauvreté et l'instabilité, du moins stagner. La pandémie a jeté la lumière sur l'efficacité et l'inefficacité des institutions de chaque pays. L'écart entre les riches et les pauvres au niveau des peuples et au niveau des pays a été mis à nu. Et en même temps, cette pandémie a démontré la capacité des gouvernants à anticiper et à trouver des solutions idoines.

10. Plus concrètement, l'on peut distinguer trois causes du succès des pays dans la lutte contre la COVID-19, à savoir *(i) les capacités managériales et institutionnelles de l'Etat* ; *(ii) la confiance dans les autorités de l'Etat* ; et *(iii) le leadership efficace et efficient.* Explicitons davantage ces facteurs en nous appuyant sur des cas concrets.

11. Parmi les pays qui ont bien géré la crise avec professionnalisme et compétence, c'est-à-dire avec des capacités managériales avérées et un leadership efficace et efficient, on peut citer la Corée du Sud, le Taïwan, le Japon, le Singapour, Hongkong, l'Allemagne d'Angela Merkel, et, dans une large mesure, la Chine. La Corée du Sud, par exemple, a réussi à contenir

[97] Il faut éviter, d'ores et déjà, les analyses simplistes qui attribuent l'exceptionnalité de l'Afrique noire à la « peau noire » ou à la « chaleur ». Ces thèses ont été démenties par les faits. La communauté noire américaine a été durement frappée par rapport à la communauté blanche américaine aux Etats-Unis. Et la COVID-19 n'a pas disparu ou baissé d'intensité avec la chaleur de l'été en Amérique et en Europe.

l'épidémie en mettant en œuvre une politique de dépistage massif et d'isolement des cas positifs. Leur mantra ou leur dispositif de lutte était : « Tester, tracer, isoler ». Cette stratégie managériale scientifique très agressive leur a permis de remonter toute la chaîne de transmission et maîtriser ainsi la propagation de la pandémie.

De manière générale, beaucoup l'attestent : les démocraties d'Asie ont bien tiré leur épingle du jeu : elles ont tenu le virus en respect, pour ainsi dire. Et un des facteurs déterminant dans le succès dans la lutte contre la COVID-19 dans ces pays était le style de management basé sur la relation de confiance entre la population et les autorités de l'Etat. Dans les pays nordiques, par exemple, - Suède, Danemark, Norvège et Finlande, ils ont réussi à contenir la pandémie grâce à une éthique de « responsabilisation non coercitive ». Voici comment le Docteur Anders Tegnell, épidémiologiste en chef de l'Autorité de la Santé publique en Suède l'explique : « Certains pays veulent éradiquer le virus et pensent pouvoir le faire grâce à des mesures de confinement. Nous pensons que c'est une illusion. Comme tous les virus de ce type, il reviendra quand les pays sortiront de leur confinement. Tant que nous n'avons pas de vaccin, nous pensons qu'il faut vivre avec et qu'il vaut mieux essayer d'attaquer la maladie dès maintenant, tout en évitant autant que possible qu'elle se répande, bien sûr, mais sans fermer toute la société, ce qui est insupportable. L'enjeu central pour nous est d'aplanir les courbes de l'évolution de la maladie, notamment pour que les hôpitaux ne soient pas débordés. Et sur ce point, nous avons réussi pour le moment[98] ». Et plus loin, il affirme : « Nos recommandations sont toujours élaborées en fonction des habitudes des gens. Et si les gens ne les comprennent pas, nous devons encore insister. Pour nous, l'important est de recueillir *le consentement et la compréhension* de la plupart. C'est ainsi que nous vaincrons le virus… Quelqu'un qui a vraiment besoin de porter un masque doit rester chez lui. En plus, la plupart des gens s'en servent n'importe comment, ce qui peut rendre son usage dangereux. Un masque est réservé au personnel soignant dans les hôpitaux, qui sait s'en servir[99] ».

Un autre facteur qui a contribué à cette réussite tient à certains éléments culturels. Au Japon, par exemple, on ne se fait pas la bise ; on ne se serre pas la main ; on ne se prend pas dans les bras ; il y a toujours une distance sociale à respecter. Et puis, on enlève ses chaussures en entrant dans une maison. Ajouter à tout ceci, la généralisation des portes automatiques dans les lieux publics, les rampes d'escalator nettoyées plusieurs fois par jour ainsi que l'usage du masque au quotidien pour se protéger du pollen au printemps, de la pollution en ville, etc.[100]

---

[98] Voir Dossier « Comment font les autres ? », in *La Vie*. L'HEBDOMADAIRE CHRETIEN D'ACTUALITE, N° 3898 DU 14 AU 20 MAI 2020, p. 29.

[99] Ibid., p. 32 (c'est nous qui soulignons).

[100] Voir « Comment font les autres ? La leçon des démocraties asiatiques », in *La Vie*, N°3898 Du 14 AU 20 MAI, 2020, pp. 20-23.

12. D'autres pays, par contre, ont pauvrement géré cette pandémie. Tel est le cas du Brésil avec Jair Bolsonaro, un leader qui minimisait et continue à minimiser la pandémie, à telle enseigne qu'aujourd'hui, le Brésil est devenu aujourd'hui, l'un des épicentres de la pandémie. Le cas aussi de la Russie où Vladimir Poutine avait minimisé la pandémie avant de se ressaisir. Tel est aussi le cas des Etats-Unis de Donald Trump, malgré les capacités institutionnelles des Etats américains. La défaillance des Etats-Unis tient essentiellement au leadership : ils sont apparus un pays divisé, polarisé par un leadership incompétent, qui bloque le fonctionnement de l'Etat ; un président qui divise plutôt que celui qui rassemble, unit ; politise la distribution de l'aide fédérale ; renvoie tout aux Gouverneurs pour prendre des décisions ; et s'en prend aux institutions internationales (OMS), au lieu de les encourager dans la lutte contre la COVID-19[101].

13. En Afrique subsaharienne, très peu de pays peuvent être considérés comme des « modèles » dans la gestion de la pandémie de la COVID-19, si l'on considère le facteur « leadership efficace et efficient ». Il est vrai que l'apparition de la COVID-19 avait surpris beaucoup de dirigeants dans le monde entier. Personne ne s'y attendait. Ce qui explique les tâtonnements et certaines hésitations dans la gestion de la pandémie. Mais, en Afrique où l'on est souvent mal préparé à ce genre des choses, amateurisme, improvisations, tâtonnements, absence de planification stratégique et manque de clarté dans la communication avec les populations ont caractérisé le leadership de beaucoup de pays africains dans la gestion de la pandémie.

A titre d'illustration : de nombreux gouvernements africains, y compris celui de la RD Congo, ont décrété l'Etat d'urgence, sans mesures d'accompagnement pour des millions de gens qui vivent au jour le jour. Conséquences : des millions de gens sans travail, sans logis, sans nourriture, sans soins de santé. Et au bout du compte, il s'est installé un climat de méfiance entre la population et les autorités de l'Etat qui n'ont pas su donner des réponses idoines aux problèmes posés par cette pandémie. Hélas, le volcan, allumé par cette crise majeure, ne s'est pas encore éteint. Le pire est peut-être encore à venir !

14. Dans le monde entier, les conséquences socio-économiques néfastes, dues à la pandémie COVID-19, sont nombreuses, multiples et variées : ralentissement des affaires, effondrement de certaines industries et compagnies aériennes, récession économique avec des dettes, réduction drastique des voyages, tant à l'intérieur des pays qu'entre ces derniers, perte d'emplois et, partant, montée exponentielle du chômage, tensions politiques

[101] Il faut reconnaître que Donald Trump s'est rétracté sur plusieurs points. A titre d'exemple, l'importe du port des masques comme mesure barrière pour lutter contre la propagation du virus.

avec des revendications sociales et économiques de la part des populations, etc.

En RD Congo, d'après une enquête réalisée par Élan RDC en collaboration avec Kinshasa Digital dont les résultats ont été consultés le jeudi 20 août 2020, 68% des ménages sondés ont connu une forte baisse de leurs revenus à cause des effets socio-économiques négatifs de la COVID-19.

À en croire cette étude, les principales raisons de la baisse des revenus des ménages sondés résident dans l'incapacité de ces derniers à se rendre sur leurs lieux de travail parce qu'il est fermé ou que les individus ne peuvent pas sortir pour exercer leurs activités professionnelles[102].

15. Mais, s'il est vrai que, d'une part, la crise sanitaire actuelle est à la base des conséquences socio-économiques néfastes susmentionnées, il faut aussi l'avouer – et c'est ici que réside le paradoxe de toute crise - que, d'autre part, elle a engendré initiatives, des initiatives que l'on peut considérer comme des contributions positives dans l'organisation de la vie en société. Parmi celles-ci, on peut citer la valorisation du mode de travail via la vidéoconférence ou ce qu'on appelle le télétravail, à telle enseigne que, désormais, les interactions digitales deviendront une des manières de procéder dans les relations sociales ; la dispensation des cours en ligne dans l'enseignement primaire, secondaire et universitaire, ou ce qu'on appelle l'enseignement « *distantiel* » (versus l'enseignement « *présentiel* ») - ce qui a permis que dans les pays possédant des capacités technologiques appropriées, les établissements d'enseignement aient pu terminer leurs années académiques sans coup férir- ; la redynamisation du sens de la « solidarité sociale» et de la générosité où l'on a vu des personnes fortunées, des grandes entreprises avec beaucoup de moyens faire des contributions substantielles dans la lutte contre la COVID-19…

---

[102] Voir https://7sur7.cd/2020/08/20/rdc. Voir également une autre enquête menée par Target qui donne les résultats suivants : « Durant cette période de la Covid-19, les dépenses alimentaires des congolais ont augmenté pour 83% des répondants à cause principalement de la hausse de l'effectif présent à la maison en raison des mesures de riposte édictées ». Elle note par ailleurs « une croissance de 79% des dépenses liées à la communication (achat unités pour la communication et connexion internet) ». A la base de cette croissance, argue-t-elle, « le souci de rester en contact avec le monde extérieur, de s'informer sur l'évolution de la pandémie, le télétravail ainsi que les cours et/ou devoirs en ligne pour les élèves ». « Les mesures de distanciation édictées pour limiter la propagation aurait occasionné une augmentation des dépenses liées au transport en commun chez 65% des congolais interrogés », affirme l'étude. Elle souligne une augmentation de 58 % des dépenses liées à la santé suite à la panique charriée par l'annonce de la pandémie de la Covid-19 en RDC. A en croire l'étude, « la consommation des boissons aurait augmenté pour certaines personnes (51%), soit à cause de l'envie de se faire plaisir et gérer le stress du confinement, soit encore en raison des visites des proches ». *Publié in https://7sur7.cd/25/08/2020.*

16. L'Afrique subsaharienne a battu et bat encore de l'aile sur ce second volet de la crise, c'est-à-dire sur les initiatives ou les innovations positives en vue de faire face aux défis posés par la pandémie de la COVID-19. Il y a eu, certes, çà et là, des initiatives de la part des ONG et certaines organisations de la société civile pour lutter contre la pandémie, mais, dans l'ensemble, il faut dire que les Africains ne se sont mobilisés comme un seul homme pour poser des actions d'envergure devant montrer que nous sommes tous engagés à combattre cette pandémie sur le continent. On a très peu vu des élans de solidarité en faveur des laissés pour compte de nos société ; on a très peu vu les leaders politiques partager leurs fortunes pour la cause de la lutte contre la COVID-19. Certes, des artistes musiciens ont composé des chansons *ad hoc* pour sensibiliser la population sur les mesures barrières; mais sans plus. Et, la question cruciale et angoissante que l'on peut se poser ici est la suite : sommes-nous vraiment solidaires les uns des autres ? Sommes-nous capables de poser des actes de solidarité pour construire le bien commun ? Qu'entend-on par la fameuse « solidarité africaine » ?

Le cas le plus flagrant et le plus dramatique dans cette absence d'initiatives positives pour faire face aux défis de la COVID-19 a été l'incapacité de continuer à assurer des enseignements à des milliers d'élèves et d'étudiants. Ailleurs, on l'a fait grâce aux enseignements en ligne, des enseignements « distantiels ». En RD Congo, par exemple, pendant plus de cinq mois, tout a été aux arrêts, tant dans l'enseignement primaire et secondaire que dans l'enseignement supérieur et universitaire. Il y a eu quelques tentatives des enseignements distantiels par quelques universités à Kinshasa (L'Université Catholique du Congo, l'Université Protestante du Congo et l'Université Loyola du Congo) ainsi que quelques enseignements à la radio (Okapi) et à la télévision nationale (RTNC), destinés aux élèves du primaire et du secondaire, mais, dans l'ensemble, l'enseignement sur toute l'étendue du pays était figé, paralysé. Il est évident qu'avec des classes pléthoriques (plus de 2000 étudiants dans certaines salles de cours dans certaines universités) et le manque criant des infrastructures technologiques (accès facile et rapide à l'internet), il est quasiment impossible d'assurer des enseignements en ligne comme le font les autres institutions d'enseignement sous d'autres cieux. Conséquences : menace d'une « année blanche » ou une « année invalide », ou alors, on fait des « aménagements » pour ne pas dire des « bricolages » afin de se donner une bonne conscience. Des solutions qui ne mènent nulle part ! Bien au contraire, elles ne font qu'aggraver la situation de l'enseignement qui est déjà assez bien déplorable…

17. Les conséquences géopolitiques de la COVID-19. Il y a plus dans l'analyse des conséquences de la pandémie de la COVID-19. Il importe, en effet, d'examiner aussi les conséquences géopolitiques de cette pandémie,

car, c'est ici que réside le « nerf de la guerre » : l'avenir du monde après la COVID-19.

18. De manière générale, le monde géopolitique de l'après COVID-19 sera caractérisé par l'un de deux scenarii ci-après : il y aura soit la « renaissance du fascisme », soit « la résilience de la démocratie ». Qu'est-ce à dire ?

19. Par « renaissance du fascisme », il faut entendre, *mutatis mutandis*, renaissance des courants de pensée suivants : le nationalisme, l'isolationnisme, la xénophobie et le refus d'un monde libéral que certains combattent depuis des années. En effet, à cause de la pandémie de la COVID-19, les gouvernements de certains pays ont déjà tendance à s'octroyer trop de pouvoir pour gérer la crise. Le cas de la Hongrie, des Philippines, de la Chine, d'El Salvador, de l'Uganda et du Burundi. Par ailleurs, beaucoup de pays, en Europe et ailleurs, veulent se tourner sur eux-mêmes et considérer les autres comme sources de leurs malheurs. Ce nationalisme et cet isolationnisme auront pour conséquences : les conflits internationaux, même s'ils seront de faible intensité, et la chasse aux étrangers. Tel est le cas des Etats-Unis qui ont suspendu l'octroi des visas aux citoyens de tous les autres pays du monde. Les nouvelles vagues d'immigration du Sud au Nord seront toujours mal perçues. Et pour cause cette fois-ci : les migrants seront facilement accusés d'apporter les virus et le chaos.

20. Plus fondamentalement, l'après Covid-19 pourrait être marqué par le rejet du néo-libéralisme radical, l'idéologie du marché-libre (« *free market* »), défendue par les économistes de l'Ecole de Chicago comme Friedrich von A. Hayek et Milton Friedman dans les années 1970-1980 ; une idéologie intellectuelle qui fut à la base des politiques du Président américain Ronald Reagan et de Margaret Thatcher, en Angleterre, qui considéraient l'intrusion du gouvernement dans la gestion des affaires économiques et dans la vie privée comme un obstacle au progrès économique et humain. Cette thèse est à l'origine d'un débat, devenu célèbre, entre les « libéraux » et les « communautariens ». La crise sanitaire actuelle a mis en exergue les limites des thèses soutenues par les uns et les autres, et plus particulièrement, les limites des libéraux purs et dures – ceux qu'on appelle les « les libértariens » - qui entendent qui soutiennent *mordicus* la priorité des valeurs individualistes sur les valeurs sociétales ou communautaires. Car, les élans de diverses formes de solidarité sociétale que l'on a observés dans plusieurs pays pendant la crise démontrent à suffisance la place et le rôle incontournable de la communauté dans le bien vivre ensemble. Un individu seul ne construit pas la société. Celle-ci est l'œuvre de tous, particulièrement en temps de crise.

21. C'est dans ce contexte que d'aucuns prédisent la distribution mondiale de la puissance en faveur de l'Asie de l'Est, à tendance plutôt communautarienne, qui a bien généré la pandémie, mieux que l'Europe et les Etats-Unis, à tendance plutôt libérale, voire libértarienne. La Chine, plutôt communautariste, pourrait également être du côté de puissants du monde l'après COVID-19. Dans les années à venir, la pandémie pourrait, en effet, conduire au déclin (relatif) des Etats-Unis et, partant, à l'érosion continuelle de l'ordre international libéral. L'hypothèse qui sous-tend cette clé de lecture géopolitique est donc obvie : l'avenir du monde, façonné par l'idéologie libérale, est sombre.

22. Mais, il ne faut pas aller vite en besogne en disant « adieu » au libéralisme ou au libértarianisme. Car, le monde de l'après COVID-19 peut tout aussi bien revêtir d'une autre belle robe : la renaissance de la « démocratie libérale » comme signe de résilience et de renouveau. Et, celle-ci peut se manifester sur plusieurs plans : géopolitique, social, économique, politique, culturel et autres. Tenez !

23. *Sur le plan géopolitique*, cette pandémie peut conduire à des reformes structurelles longtemps souhaitées dans la manière de gérer les institutions internationales à l'âge de la mondialisation. En effet, s'il est vrai que cette pandémie n'épargne aucun pays dans le monde ; et s'il est vrai que son expansion rapide est due au fait que notre monde est caractérisé par l'interconnexion, il appert que désormais les solutions pour résoudre nos problèmes ne doivent pas être prises de manière isolationniste. Bien au contraire, il faudra mettre en place des institutions internationales susceptibles de s'assurer le bien de toute l'humanité. Comme le dit si bien le Pape François, le monde est notre « *maison commune* ». Et, à cet égard, nous sommes, bon gré mal gré, obligés, soit de vivre ensemble, soit de mourir ensemble. C'est à ce titre que les reformes des institutions telles que les Nations Unies pour plus d'inclusivité et de participation de tous les pays dans la gestion des affaires du monde vaut son pesant d'or. Autrement, l'on perpétue une forme de « fascisme » déguisé.

24. Dans le même ordre d'idée, *sur le plan social*, la crise de la COVID-19 pourrait engendrer et redynamiser le sens de la « solidarité sociale ». En effet, on l'a vu : de partout se sont levés des élans de générosité à travers des dons et des initiatives diverses pour soutenir la lutte contre le COVID-19 ; pour soulager, tant soit peu, la souffrance des affligés et venir en aide aux pauvres et démunis. Des pays moins nantis ont reçu le soutien et l'appui financier et matériel des pays nantis. Au niveau interne, dans beaucoup de pays, les exemples des personnalités célèbres – hommes politiques, stars du monde sportif, musical, cinématographique ou autres, ou les exemples des grandes entreprises qui ont mis des fonds et moyens matériels à la

disposition des comités de lutte contre le COVID-19 sont légion. Tel est le cas du Maroc, pour citer un exemple concernant le continent africain, où le conseil de gouvernement, réuni jeudi 23 juillet à Rabat 2020, a décidé de faire don du 1/5ème des salaires, du mois d'août jusqu'à la fin de l'année en cours, pour l'ensemble des membres du gouvernement au profit du Fonds spécial pour la gestion de la pandémie du coronavirus. L'après COVID-19 pourrait ainsi voir l'éclosion d'une société où la solidarité cimenterait les relations sociales et non la recherche effrénée du profit et des intérêts individuels.

25. *Sur le plan politique,* un des effets positifs de la pandémie actuelle pourrait être la valorisation de la notion de l'Etat dans la construction d'une société stable et prospère. En effet, vu l'importance de l'intervention de l'Etat dans la gestion de la pandémie, il sera désormais difficile d'affirmer, comme Reagan le fit lors de son discours inaugural, que « *le gouvernement n'est pas la solution à nos problèmes ; le gouvernement est le problème* ». De même, personne ne peut dire que le secteur privé et la philanthropie peuvent se substituer à la compétence de l'Etat durant l'état d'émergence nationale. Dans plusieurs pays, sans l'intervention massive de l'Etat pour lutter contre la pandémie ou pour soutenir les entreprises et les individus affectés par la pandémie, il serait difficile de maîtriser, tant soit peu, la crise actuelle. En France, par exemple, l'Etat a apporté une aide de 7 milliards d'euros à la compagnie aérienne, Air France.

C'est dire que la thèse anti-étatiste doit être revisitée. Cette crise démontre que l'intervention du gouvernement peut être nécessaire pour résoudre les problèmes sociaux majeurs dans un pays. Le rôle de l'Etat dans la gestion de la *res publica* est nécessaire. Irremplaçable.

26. Une autre dimension de la résilience de la démocratie se situe *sur le plan scientifique*. En effet, au-delà des critiques adressées à certains pays, considérés comme des bouc-émissaires de la crise (par exemple, la Chine), les scientifiques et les responsables de la santé mondiale (OMS) forment un network et des connexions pour combattre la pandémie. Il y a, manifestement, de la part de tous, la volonté d'un engagement commun pour des intérêts communs pour la planète terre. La crise de la COVID-19 se présente ainsi comme est un moment critique, un « *kaïros* », pour redéfinir le monde sur des nouvelles bases pour une société plus juste et plus fraternelle. L'isolationnisme et le nationalisme étroit vont à l'encontre des expériences de solidarité sociale et scientifique vécues pendant cette crise.

27. Pour récapituler les considérations qui précèdent, nous pouvons dire que la crise de la pandémie de la COVID-19 nous aura appris les *cinq leçons* suivantes :

Première leçon : « Etre humble *».* La pandémie de la COVID-19 a mis à nu la fragilité et la vulnérabilité de l'homme ; une fragilité certes sanitaire et économique ; mais aussi une vulnérabilité anthropologique, c'est-à-dire une vulnérabilité qui met fin au mythe de l'homme comme l'être le tout puissant de la terre. L'homme a été mis à genoux par un « petit » virus ; un petit ennemi de 125 nanomètres de diamètre, venu de Wuhan, une petite ville du centre de la Chine ; un ennemi qui a transformé le monde entier en une scène apocalyptique : des villes fantômes, des ciels sans avions, des rivières et mers dans bateaux, annulations d'événements mondiaux – plus de ligue des champions, plus de mariages, fermetures d'écoles et des lieux de cultes, etc. Qui l'eut cru ! Mais, c'est là une belle leçon d'humilité pour ne pas tomber dans l'idéologie qui soutient que l'homme est le « maître » du monde ! Le philosophe et historien de l'environnement, Dominique Bourg, de l'Université de Lausanne formule la problématique de la vulnérabilité et, partant, la leçon de l'humilité comme suit : « Nous sommes dans un moment de vulnérabilité qui est aussi un moment de vérité. Une certaine idéologie du progrès avait fini par nous persuader que l'humanité atteignait la maîtrise pleine, que l'on pouvait nier les dangers dus à l'environnement. On a cru qu'il fallait presque faire disparaître les Etats, alors qu'il saute aux yeux aujourd'hui que le marché ne peut pas gérer les situations de crise, qu'il faut un corps bien doté de professionnels de l'intérêt général. L'actuel rappel dramatique à la réalité peut être vu comme un avertissement de la nature, car cette idéologie de toute puissance, dont les valeurs cardinales sont l'individu, le marché et le court terme, est aussi catastrophique pour la santé que pour le climat. Cette crise pourrait donc être l'occasion d'une inversion des valeurs, d'un retour au collectif et au long terme, d'évaluer à quoi nous tenons vraiment (…) Il faut profiter de ce que les esprits sont ouverts, ne pas hésiter à imaginer un changement de société, et ne surtout pas repartir sur les mêmes rails[103] ».

Deuxième leçon : « Promouvoir le professionnalisme *».* Dans un monde de plus en plus complexe et aux mutations vertigineuses, il y a nécessité de promouvoir le professionnalisme et l'expertise versus l'amateurisme, la démagogie et le bricolage dans la gestion des affaires de la société. Il faut justement déplorer ici le manque de professionnalisme dans plusieurs pays africains dans la gestion de la crise sanitaire de la COVID-19. Celle-ci a révélé le manque de préparation des systèmes sanitaires et le manque de financement des programmes de recherche scientifique pour mieux résoudre les problèmes qui se posent dans la société. Nous l'avons vu : les pays qui ont réussi à contenir la pandémie sont ceux qui avaient mis en avant plan le professionnalisme et non la démagogie, le mensonge ou autres formes de manipulation politicienne. En Afrique, plus particulièrement, l'on constate une tendance à recourir à des traitements peu fiables et peu crédibles pour

[103] Voir Dossier « Coronavirus et Maintenant ? », in *Science et Vie*, N° 1232, p. 82.

lutter contre la COVID-19. S'il est vrai qu'il faut valoriser la médecine traditionnelle, il ne faut cependant pas rejeter le professionnalisme, basé sur les progrès et la recherche scientifiques qui, jusqu'à présent, sont à la base de l'amélioration des conditions de vie de l'homme moderne. En RD Congo, par exemple, le Professeur Docteur Jean-Jacques Muyembe, Coordonnateur du Secrétariat technique du comité multisectoriel de la riposte contre la pandémie de la COVID-19, a été critiqué, à tort, par les défenseurs de la médecine traditionnelle et d'autres théoriciens anti-modernistes. Ces derniers préconisent une approche « africaine » (entendez : traditionnelle) plutôt qu'une approche « occidentale » ou « moderne » (entendez : scientifique). Ils disent : « retournons aux plantes, aux pratiques de nos ancêtres : *cynda, tondolo, kongo bololo…* D'ailleurs, nos ancêtres avaient Dieu avec eux ». Ce débat entre la « modernité » et la « tradition » peut être stérile et idéologique. La vérité, c'est que l'Afrique ne pourra pas améliorer les conditions de vie de ses populations sans un sérieux investissement dans la technoscience moderne. Ce chemin est long et exigeant. Il faut éviter des raccourcis, des succédanés qui conduisent à la stagnation ; au recul.

Troisième leçon : « Promouvoir une éthique de la solidarité et de la bienveillance *»*. Notre humanité forme un « tout » : les problèmes des uns sont aussi les autres, et inversement, car nous sommes tous embarqués sur le même bateaux ; et s'il coule, tous nous coulons ; s'il tient le cap, tous nous tiendrons bons. Si tel est le cas, il sied de promouvoir l'éthique de la solidarité et de la bienveillance à tous les niveaux de vie, et plus particulièrement, à l'égard des pauvres, des exclus et des marginalisés de ce monde. La pandémie de la COVID-19 nous le rappelle de manière forte et solennelle en nous rappelant, comme nous l'avons vu, notre fragilité et vulnérabilité d'êtres finis. Ainsi, vivre en solidarité et en bienveillance les uns avec les autres, prendre soin des uns et des autres, devient une nécessité, un impératif moral. Le monde l'après COVID-19 devrait donc être un monde qui valorise et célèbre les valeurs de solidarité, d'hospitalité, de justice, d'égalité, de fraternité, de l'unité, de la paix ; les valeurs de l'universalité et non celles de l'individualisme égoïste.

Quatrième leçon : « Sauver et préserver la vie humaine ». La pandémie de la COVID-19 nous fait voir que la vie humaine est un trésor ; un don précieux du Créateur ; mais un don que nous portons dans des « vases d'argile ». D'où, il faut prendre toutes les dispositions nécessaires pour préserver la vie humaine. Et lorsque les problèmes surviennent, il est toujours possible de trouver des solutions, si nous conjuguons tous nos efforts pour atteindre des objectifs communs. C'est à ce titre qu'il sied de saluer et d'encourager les efforts inlassables en cours pour mettre au point un vaccin efficace contre la COVID-19. Au-delà des rivalités que ces recherches suscitent entre les différents grands laboratoires privés – on parle d'une centaine à travers le monde ! -, le but final est de sauver et de préserver la vie humaine. Il s'ensuit que désormais, dans le monde de l'après

COVID-19, nous sommes tous conviés à lutter contre tout ce qui peut porter atteinte à la vie pleine et heureuse de tout homme ; que cet obstacle soit d'ordre sanitaire, politique, économique, écologique ou autres.

Cinquième leçon. Last, but not least : « Prendre soin de notre Maison Commune ». La crise sanitaire due à la COVID-19 met en lumière la vérité que le Pape François décrit dans sa célèbre encyclique, *Laudato Si*, à savoir « *tout est lié* » ou « *tout est connecté* » dans la « Maison Commune ». En effet, la crise sanitaire de la COVID-19 a des ramifications avec d'autres crises qui affectent actuellement notre monde, notre « Maison Commune » : la crise économique, la crise politique, la crise sociale, la crise écologique et la crise spirituelle. Il convient ainsi d'avoir une approche « intégrale » ou « holistique » pour résoudre la crise sanitaire actuelle.

Les recherches sur l'émergence des pandémies dans la vie humaine s'accordent, en effet, pour affirmer que la crise sanitaire actuelle due à la pandémie de la COVID-19 tient à notre incapacité à vivre en harmonie avec les organismes naturels. Aujourd'hui, il est démontré que 60% de toutes les maladies humaines proviennent des animaux et, plus de 75% des maladies émergentes sont des zoonoses. C'est pourquoi sur son web site la Wildlife Conservation Society (WCS), une organisation non gouvernementale (ONG) américaine de protection de la nature (créée en 1895 à New York) a posté le message suivant : « Pour arrêter la pandémie chez les humains : 1. *Stoppez* le commerce des animaux sauvages ! 2. *Arrêtez* de les consommer ! 3. *Cessez* de détruire la nature ! ». Dans le même ordre d'idée, le Directeur Exécutif de WCS soutient, dans la revue scientifique médicale britannique, *The Lancet*, l'argument ci-après : « Les caractéristiques de cet événement mondial (COVID-19) résident dans son origine supposée, l'interface entre humain, animal et environnement, et dans sa rapide explosion à des niveaux jamais atteints en raison des niveaux sans précédent d'interconnexion humaine, de mobilité de transports et de commerce mondial[104] ». Coralie Martin, parasitologue et écologue, l'affirme encore de manière péremptoire : « Les causes profondes de ces pandémies sont à rechercher dans ce que j'appelle « l'emballement du monde », (c'est-à-dire) « La déforestation en général, due, entre autres, à des pratiques agricole, mais aussi au commerce de bois exotiques et à la culture d'huile de palme, la pénétration de plus en plus grande par l'homme de ces mêmes forêts qui les met en contact avec les animaux, le braconnage et la vente des animaux sauvages, l'urbanisation sans contrôle et la densification des mégapoles, l'accélération des transports –un virus peut être transporté par avion à l'autre bout du monde en 24 heures -, etc.[105]. ».

---

[104] Voir « Ecosystèmes, Humains et Animaux : Tous dans le même bateau », in *La Vie*. L'Hebdomadaire chrétien d'actualité, N° 3899 du 21 au 27 mai 2020, pp. 22-23.

[105] Idem, pp. 23-24.

« *Tout est donc lié* » dans la « Maison Commune ». La crise sanitaire actuelle n'est que le pan ou la conséquence d'autres crises. Pas de santé humaine sans santé écologique, économique, politique et géopolitique. En somme, il n'y qu'une « seule santé[106] ». Voilà pourquoi, il faut une approche globale qui établit des rapports justes entre l'homme et la nature, entre l'homme et l'homme, entre les nations et entre l'homme et le Transcendent dans la mesure où ce dernier nous rappelle que l'homme n'est pas le « maître » du monde.

28. Tels sont quelques ingrédients socio-économiques et géopolitiques en prendre en considération pour construire le monde d'après la COVID-19. Il serait, en tout cas, dommage et insane que nous revenions à nos vieilles habitudes ; que nous puissions « repartir sur les mêmes rails » après cette crise majeure de notre siècle. Serge Morand, écologue et biologiste de l'évolution, chercher au CNRS et au CIRAD (Centre de coopération internationale en recherche agronomique pour le développement), autour d'un livre au titre prémonitoire, *La prochaine peste*[107], avertit : « *L(a) COVID -19, c'est le dernier signal d'alerte de la faune sauvage* [108]».

29. « Un homme avertit en vaut deux », déclare le sage. Allons donc TOUS de l'avant avec le CHANGEMENT que nous offre la COVID-19 pour construire un monde plus juste, plus harmonieux et plus prospère pour tous !

Prof. Paulin Manwelo, S.J., Ph.D.
Chef de Département de Philosophie
Faculté des Lettres et Sciences Humaines
UNIKIN
E-mail : manwelop@hotmail.com

[106] Les écologues et autres chercheurs essaient aujourd'hui de promouvoir la notion de « *un monde, une santé* » pour montrer un lien opérationnel entre la protection de la santé des humains, celles des animaux et celles écosystèmes. D'où la nécessité de faire travailler ensemble médecins, vétérinaires et écologues.

[107] Serge Morand, *La prochaine peste. Une histoire globale des maladies infectieuses*, Paris, Fayard, 2016, 304 P.

[108] Voir Dossier « TOUT EST LIE », in *La Vie*, L'Hebdomadaire Chrétien d'Actualité, N° 3899 DU 21 AU 27 MAI 2020, p. 24.

Métabasis, acte manqué et malentendu autour des pronostics tragiques sur le Covid-19 en Afrique

Par KAUMBA Lufunda
Université de Kinshasa (RDC)
Sénateur (RD Congo)
profkaumba@gmail.com

Prologue : le dessus de la langue

Mon ami Roland, histologiste et neurologue de son état, m'a tiré de mon engourdissement en me transmettant successivement des échanges de correspondances entre le Recteur de l'Université Libre de Bruxelles et un professeur de la faculté de Médecine à laquelle ils appartiennent.

A la suite de la crise de la pandémie de COVID-19, le Recteur a adressé aux professionnels de la santé de son Université, un message de reconnaissance et d'encouragement.

Le courrier serait resté sans attrait particulier n'eût été un passage problématique faisant allusion à l'imminence d'une tragédie lorsque COVID-19 atteindrait l'Afrique.

Chez nous, parler de la sorte, c'est mal parler, car on ne formule pas des hypothèses tragiques sur la vie de quelqu'un ; c'est assimilable à la sorcellerie. Faire cela, c'est comme inviter le malheur à venir. De quoi s'entendre dire : « quel mauvais cœur, pourquoi pensez-vous à de tels malheurs, souhaiteriez-vous qu'ils arrivent ? »

Trois lettres au total : celle du Recteur adressée aux personnels soignants, celle d'un professeur d'origine congolaise faisant état d'un malaise provoqué par la lettre du Recteur dans les milieux des Africains, et enfin, une seconde lettre de mise au point signée par le Recteur, assumant ses propos et se défendant de toute condescendance.

C'est pour rester sur le filon épistolaire que j'ai tissé ce commentaire, à travers une excursion dans les univers de la *métabasis*, de l'acte manqué et du malentendu.

1. De la metabasis

Bien cher Roland,

Ce n'est pas à mon grand-père que je demanderai de me rappeler que « *Si tu n'aimes pas le bruit, ne va pas au marché* » (si une situation risque de déranger, ne la provoque pas).

Par ces temps où nous sommes confinés, toi et moi, chacun de son côté, la réduction de la liberté d'aller et de venir risque bien d'affecter notre habileté au déploiement de la pensée spéculative. Mais, heureusement que tu viens de me relayer les derniers développements sur le message de soutien que notre jeune frère et collègue, actuellement Recteur de son état, avait adressé aux personnels soignants de la communauté de l'Université libre de Bruxelles.

Tous les lecteurs de sa lettre n'ont pas manqué de noter *l'intrusion*, dans cette missive de réconfort et de reconnaissance, d'un message prophétique sur l'avenir de Covid-19 en Afrique.

J'ai beaucoup apprécié la délicatesse du très jeune collègue qui a partagé avec l'auteur le trouble suscité par cette intrusion, autant que je salue la sincérité du mémoire explicatif fourni, en retour, par l'auteur dudit message.

J'en suis venu à noter, sans doute comme tout le monde, que l'on ne saurait faire le moindre procès d'intention à l'auteur du message, devenu manifestement victime de cette malheureuse intrusion qu'il assume en bon gynécologue, témoin toujours émerveillé des promesses de la vie naissante et lecteur patenté des signes du temps susceptibles de compromettre la survie de l'espèce en germination.

Quand l'éminent collègue et auteur du message, célèbre avec une légitime satisfaction l'excellence de la qualité des structures médicales du pays de nos oncles belges ainsi que l'efficacité du système de sécurité sociale qui le sustente, il en vient quand même à nous rappeler que dans ce monde où nous ne vivons guère en vase clos, on ne saurait, selon le mot de l'intraitable Sartre, être heureux tout seul. C'est cette inquiétude existentielle qui lui a permis de s'expliquer à lui-même et de nous faire comprendre à nous tous, l'origine, pour lui, et la source, pour nous, de ce propos intrusif dont les destinataires n'étaient guère mis au défi par une préoccupation africanistique.

Nous apprenons tous, en passant, que c'est la nature prophétique du propos intrusif qui aurait permis à son héraut de figurer en pole position en faveur d'un appel mondial lancé à la préparation à la pandémie avant son arrivée en Afrique, arrivée annoncée comme dévastatrice, en Afrique. Mérite qu'on ne saurait ni lui refuser ni lui arracher.

Après sa mise au point en quatre points, deux mouvements, notre jeune frère et néanmoins collègue, est resté égal à lui-même : humaniste conciliant, toujours prêt à s'excuser et universaliste cosmopolite kantien, éloigné des horizons de la discrimination et de la condescendance. En pareille circonstance, mon grand-père aurait dit : « *Je ne suis pas la chèvre qui rumine les aliments de la panse dans la bouche* » (mes paroles sont sorties de mon cœur, je ne peux pas les transformer – je ne peux pas renier ma déclaration).

Cela étant donc, ce n'est pas de l'auteur que nous devrions traiter, mais plutôt du texte qui, comme nous le savons avec Ricœur depuis plus d'une génération, dispose d'une vie propre, distincte de celle de son auteur. En présence de l'intention droite de l'auteur gaulois et du malaise ressenti par les lecteurs africanistes, l'analyse de ce malaise ayant conduit l'auteur du propos à produire un texte deux fois plus long que celui de son message initial suffisamment concis, cherchons plutôt à décrypter les incidences de cette intrusion qui, à l'instar du célèbre nez de la belle Cléopâtre, n'a cessé de faire parler d'elle.

Le passage est libellé comme suit : *« Quand l'épidémie ravagera les pays pauvres, démunis et surpeuplés de cette planète (et nous avons du mal aujourd'hui à appréhender l'ampleur de la tragédie qui s'annonce pour eux) », nous mesurerons dans toute son ampleur la chance que nous avons eue... »*

Que s'est-il donc passé lors de la rédaction de ce message ? Un de mes maîtres nous avait appris que ce genre d'incidents survenant dans le processus de réflexion, de rédaction ou de déclaration, relevait du champ aristotélicien de la *metabasis*. De quoi nous offrir une belle digression.

A l'occasion d'un débat houleux sur la question « Existe-t-il une philosophie africaine ? », Paulin JidénouHountondj[109], jeune normalien béninois venu fourbir ses armes au sein de l'Université congolaise à Lubumbashi, avait reproché au RP Placide Tempels et à l'abbé Alexis Kagame, ainsi qu'à tous les ethnophilosophes africains qui leur avaient emboîté le pas, de commettre ce que Aristote appelle une *metabasiseis allo genos*, c'est-à-dire, une confusion des genres. Il leur reprochait d'appliquer le terme philosophie à des produits du langage qui, eux-mêmes, ne se donnaient pas pour de la philosophie et ressortissaient d'autres champs de la connaissance.

Je n'imaginais pas un seul instant que je reviendrais de sitôt sur la question du genre, après avoir traversé le fleuve Congo il y a un peu plus d'une année, en allant débattre avec la famille des philosophes de Brazzaville à propos de la querelle des genres dans la perspective de la revisitation de la question féminine. J'en avais eu pour mon compte face à une écurie de jeunes étudiants prêts à tout pour défendre de prétendus privilèges masculins.

[109] P.J. HOUNTONDJI, *Remarques sur la philosophie africaine contemporaine*, *Diogène*, 1970 ; n° 71, p. 120-140, repris dans A.J. SMET, Philosophie africaine. Textes choisis II et Bibliographie sélective, Kinshasa, PUZ, 1975, p. 421

Me revoici de retour sur la question du genre, à la suite d'un intéressant incident survenu dans le contexte du spectre de l'expansion de la pandémie du COVID-19. En effet, dans un message destiné à féliciter et à encourager les combattants engagés dans la lutte contre cette pandémie, surgit un paragraphe qui fait état d'un pronostic critique de la propagation de la maladie vers l'Afrique. La confusion des genres tient à l'intrusion d'un débat allochtone dans un message destiné aux autochtones.

Nous savons tous, depuis Xénophon, l'auteur de *l'Anabase*, que l'*anabasis* décrit l'avancée militaire dans un pays, la phase de montée d'une expédition militaire, à l'instar de celle de Cyrus le Jeune en Asie. La lutte contre COVID-19 est effectivement un combat de tous les dangers et le contingent médical de l'Alma mater bruxelloise s'est montré digne des ancêtres gaulois au sujet desquels le Général Jules César écrivit bien à propos dans son *De bellogallico : « omnium gallorumbelgaesuntfortissimi* (de tous les Gaulois, les Belges sont les plus braves). Le moment n'était sans doute pas indiqué de convoquer Salluste avec la guerre de Jugurtha, comme pour faire une mise en garde prématurée à l'impétueux Spartacus.

Il ne fut jamais prudent d'invectiver les Africains sur les malheurs qui roderaient autour d'eux. Solon, pourtant grand législateur athénien et l'un des sept sages de la Grèce antique, en eut pour son compte, quand un prêtre égyptien l'apostropha en lui disant *: « Solon, Solon, vous les Grecs, vous êtes toujours des enfants. Il n'y a pas de vieillards en Grèce ... ».*

Autant les Africains admirent les performances scientifiques et technologiques de l'Occident, autant ils croient de certitude viscérale qu'il n'y aurait pas de sagesse en Occident. Point n'est besoin de tenter de remettre en cause ces évidences censé crever les yeux.

Mais, en même temps, face à la sincérité avérée de l'auteur et à sa rectitude morale attestée, l'incise controversée ne serait donc pas une implacable prophétie, ni non plus un froid pronostic, mais plutôt et en fait *une conjuration*, au sens d'une formule magique dite pour chasser les mauvais esprits.

Un tel énoncé n'est pas fait pour être démenti. Si les faits se produisent, on les aura prédits, s'ils ne se produisent pas, on les aura empêchés de se produire. Nous n'évoluons pas sur le registre du vrai et du faux, mais sur celui de l'efficace et de l'inefficace ; la riposte contre COVID-19 ne nous invite-t-elle pas déjà à rechercher des schémas thérapeutiques qui soient non pas immédiatement spécifiques, mais avant tout efficaces ?

Les anciens avaient pleinement raison de nous mettre en garde contre les pièges de la *métabasis*, des changements brusques qu'elle entrainait dans la communication, des dangers liés au passage non justifié d'un genre à l'autre. A moins de suivre un Giambattista Vico dans sa science nouvelle, il existe une interdiction générale de la *métabasiseis allo genos*, qui devrait rendre impossible l'évocation des misères chroniques de l'Afrique à l'occasion de la célébration des mérites et de la bravoure du contingent de la brigade médicale universitaire bruxelloise. Le courage dont ils font montre autant que la confiance en leur propre expertise, suffisent pour asseoir leur fierté, sans qu'il ne soit besoin de convoquer une étude comparative des systèmes et régimes de santé, par-delà les mers, déserts et forêts.

Bien cher Roland,

Voilà où m'a conduit l'analyse des propos qui ont suscité un certain malaise de part et d'autre. Mon grand-père disait : *« celui qui évoque un adage doit s'ajuster au procès en cours ; s'il n'ajuste pas son adage au procès, il fait outrage aux juges ».* L'imbrication du sentiment de la reconnaissance envers les uns, avec celui de l'empathie envers les autres, a occasionné un malheureux et périlleux mélange de genres et de catégories, au risque de jeter le froid sur des relations si chaleureuses entre ceux d'ici et ceux de là-bas.

2. Des actes manqués

Je me serais bien arrêté à ce constat, n'eût été l'étirement du confinement qui m'a entrainé bon gré mal gré vers des rivages autres que ceux de *la logique et de la métaphysique*, en me suggérant la fréquentation d'un maître du soupçon, en l'occurrence l'énigmatique Freud, à travers sa théorie des *actes manqués*. Là, j'ai vite compris que mes idées vagabondaient ; mais, comment ne pas les suivre ?

Le propos qui a entrainé une levée de boucliers a été considéré comme un raté d'une part, tout en étant assumé par son auteur, d'autre part. Le fait que ce dernier ne se soit pas débiné aurait pu suffire pour écarter toute référence à une grille d'analyse inspirée par la psychanalyse. Or, c'est bien cette béance qui m'a amené à exploiter à ma manière ce trésor de la psychopathologie de la vie quotidienne, en me rivant sur le texte et non pas sur son auteur.

Dans ma jeunesse, j'avais fréquenté de drôles de maîtres qui m'accompagnèrent dans l'analyse psychanalytique de romans, comme d'aucuns avaient lu Proust, Jean Genet ou le Duc de Saint-Simon. Et dans le cas sous examen, il y a effectivement une vérité à pister sur le *plan épistémologique*, de manière à rester au même diapason avec la lecture ayant mobilisé le concept de *métabasis*.

L'écart entre la bonne foi déclarée et le raté ressenti nous conforte dans l'exploitation de l'effet révélateur de cet acte manqué. Le débat porte sur le fait éventuel qu'un locuteur qui aurait éventuellement mal parlé et aurait été mal compris, se transforme en une délibération sur un énoncé problématique ayant donné lieu à une controverse herméneutique. On peut certes s'en défendre, non plus comme auteur, mais tout au moins comme un premier lecteur parmi tant d'autres.

Prendre la parole, c'est prendre un risque, notamment celui de mal parler ou encore celui d'être mal compris. Mais, que faire, quand l'énoncé est déjà parti et que l'on ne peut plus s'expliquer auprès de ceux qui le reçoivent ? Là où l'auteur pense avoir parlé en toute conscience, les lecteurs peuvent surprendre, au détour, des actes manqués auxquels ils donneront le sens qu'ils auront appréhendé.

3. Du malentendu

Bien cher Roland,

Mon grand-père ne pouvait pas être plus clair : « *Ce qui tombe de la bouche est emporté par les passants* » (une parole déjà dite même par mégarde peut être interprétée de plusieurs manières).

Voilà où peut nous conduire le déconfinement intellectuel. Cet exercice qui n'en finit pas, se transforme peu à peu en un débat sur les occurrences du malentendu, dans sa version décrite par l'inénarrable Vladimir Jankélévicth (*Le Je-ne-sais-quoi et le Presque-rien, tome 2. La méconnaissance, le malentendu*).

Et, je me surprends à me demander pourquoi je n'avais pas simplement centré mes ratiocinations sur ce thème, pourtant gentiment offert par mon frère chimiste qui servait de liaison entre le Recteur scrupuleux et une chaîne de lecteurs inquiets, troublés, voire malentendants.

Il ne me revient certes pas de chercher à dissiper le malentendu, comme le souhaite le frère chimiste et comme s'y est employé l'ami Recteur. Ce qui est intéressant pour moi, c'est la nature de la mésintellection, imputée à une frange de lecteurs du message, dont une large majorité se recrute essentiellement, mais non pas exclusivement, dans les rangs des intellectuels belgo-congolais.

L'auteur est surpris d'apprendre que ses paroles auraient blessé d'aucuns, et il accepte de ce fait de présenter ses excuses, avec l'espoir qu'il lui en sera fait crédit. Mais, nous ne savons guère si les oreilles blessées ont fini par se reconnaître malentendantes ; sauf à s'être révélées comme des ouïes fines ayant décelé de mauvaises intentions, peut-être dévoilées à l'insu de leur porteur.

Manifestement, il y a eu quelque chose d'imperceptible qui aurait échappé à l'auteur et qui aurait filtré à travers des propos perçus comme indus, voire inappropriés, c'est-à-dire venus mal à propos. En effet, est-ce évoluer dans un même registre de compréhension que de se représenter la crise sanitaire comme dans une montée victorieuse en Occident et d'opposer à la revendication d'une victoire prochaine et finale de l'Occident une descente infernale et catastrophique en Afrique ?

S'il est compréhensible que ceux qui sont déjà au front nous interpellent et nous adjurent de nous préparer aussi à un rude combat, il peut paraître excessif de prédire (à moins d'être prophète) avec tant d'assurance et de certitude l'avènement de l'apocalypse pour les pays pauvres. Démarche qui n'a été possible que par un mécanisme d'occultation du réel ayant permis, d'une part, de célébrer l'excellence du système de sécurité sociale en Belgique, et, d'autre part, d'aseptiser l'hécatombe survenue dans cette nation en projetant la survenue d'une tragédie qui ravagerait les pays ne bénéficiant pas de structures hospitalières bien achalandées.

Tout porterait à penser que l'opération visant à dissiper le malentendu devrait d'abord conduire l'auteur des propos incriminés à prendre conscience des pièges du langage : il s'est laissé prendre au piège de sa bonne foi. Quand vous parlez, limitez-vous à votre sujet et ne cherchez pas à en rajouter. Et dans le cas sous examen, il ne s'agit pas d'une bonne parole tombée dans de mauvaises oreilles, mais plutôt d'une parole de trop qui a fait gaffe. La gaffe, à la manière de Gaston Lagaffe, est toujours d'une véracité déconcertante, quasi tragique.

Un message de reconnaissance, de soutien et de réconfort aux équipes hospitalières, n'avait pas besoin de référence aux pays pauvres pour rehausser leur mérite face à COVID-19.

Le malentendu a eu pour siège cette inférence indue, rattachée à une référence malencontreuse. Le langage lui-même, étant source de « malentendus quotidiens » et de « quiproquos », « crée entre cette bouche et cette oreille une zone non concertée d'arbitraire », conduisant ainsi bon gré mal gré à « l'embouteillage des relations sociales » (Jankélévitch).

Si donc, il y a eu ici une sorte de levée de boucliers, c'est parce que les auditeurs ont bien compris le message en débusquant le sous-entendu. On ne le dira jamais assez, dans sa fonction sociale, « le malentendu stabilise l'entente, tandis que la bonne audition favorise la mésentente ». Tout le monde sait que les systèmes sanitaires africains sont problématiques, mais il ne fallait pas l'évoquer ici, même pas en pensant à d'autres bouches ..., car il est des conversations qui doivent éviter d'aborder certains terrains scabreux : « *on ne parle pas poisson dans la maison d'un noyé, ni de bosses dans celle d'un bossu, ni de cornes dans celle d'un cocu, ni encore moins de perruques dans la maison des chauves* ».

Marquer le respect pour le langage permet d'éclaircir les propos, de dissiper le malentendu, d'affirmer et de manifester la tendresse humaine, comme l'a fait l'auteur du message querellé. Car alors, seule la franchise conduit les interlocuteurs naguère agressifs, de rire ensemble de la fausse brouille, en neutralisant le ressentiment. « Le malentendu serait plutôt comique, quand il est dissipé, on a envie de rire ».

Puisse-t-il en être ainsi.

4. Epilogue : le dessous de la langue

Mon cher Roland,

Je me serais arrêté sur ce mot, si tu ne m'avais envoyé un papier satirique intitulé « *les études égocentriques : un nouveau paradigme de la médecine sur l'absence de preuve* ». Cet écrit, qui se réclame de l'épistémologie, fustige la précipitation avec laquelle tel clinicien-chercheur marseillais aurait, dans une approche égocentrique, privilégié ses convictions sur l'exigence de preuves en matière d'approche thérapeutique.

L'orage de critiques contre l'utilisation de l'hydroxychloroquine, médicament si familier aux Africains, est devenu une tempête tropicale chez des politologues opportunistes qui ont préconisé de se saisir de l'occasion de Covid-19 pour recadrer le leadership de gouvernance politique en Afrique.

Les thèses prédisant des scénarios catastrophes pour l'Afrique ont donc fait florès, la crainte étant de voir le coronavirus revenir sur le vieux continent après avoir séjourné en Afrique[110]. Si l'on ose quand même accorder une chance à l'Afrique, ce serait sans doute à la faveur des conditions géographiques et climatiques, alors que l'intérêt pour les spécialistes en stratégie pencherait du côté de cette inconnue que constitue la manière dont l'Inde et la Russie pourraient sortir de la crise[111].

Mais, il n'a pas manqué de réflexion pour affirmer qu'il n'y aurait pas de tsunami sanitaire en Afrique[112], et d'autres pour soulever les vrais problèmes épistémologiques, tenant notamment au changement de la relation entre Etats dans l'optique d'un nouvel équilibre géopolitique, ainsi qu'au changement de la relation entre les hommes du fait de la restauration de la responsabilité de chacun vis-à-vis du collectif dans le secteur de la santé (la santé de chacun n'étant plus une affaire individuelle comme dans les maladies cardio-vasculaires et dégénératives)[113].

C'est sur ce champ épistémologique qu'il faudrait saluer l'approche marseillaise. Quoi qu'on dise et quoi qu'on fasse, que l'on monte ou que l'on descende, on ne pourra plus mener des essais cliniques en situation de crise sanitaire subite sans mobiliser une approche compassionnelle permettant d'administrer aux malades des produits avérés non toxiques et non nocifs déjà disponibles dans la pharmacopée usuelle. Le comble de l'immoralité consisterait à jouer au loto avec des cobayes humains, condamnés à recevoir des placebos, au titre de groupe contrôle. Et tous les scientifiques non dogmatiques savent qui a eu les meilleurs résultats dans la

---

[110] Tanguy BERTHEMET, « Scénario catastrophe pour l'Afrique désormais touchée », in *Le Figaro*, jeudi 2 avril 2020.

[111] Bruno TERTRAIS, *L'année du rat. Conséquences stratégiques de la crise du coronavirus*, Fondation pour la recherche stratégique, Note n. 15/20 du 3 avril 2020.

[112]Dr EKONGO Lofalanga, in *Burundi Forum*, Tribune postée le 15 avril 2020.

[113] Dominique STRAUSS-KHAN, *L'être, l'avoir et le pouvoir dans la crise*, Blog du Club des juristes/Blog du coronavirus, Libres propos, 9 avril 2020.

lutte contre Covid-19, avec des preuves à crever les yeux, sauf à affronter des regards aveuglés par des intérêts inavoués.

La crise du coronavirus nous aura montré à quel point les savants et les chercheurs continuent toujours d'être attirés par le caractère dit mystérieux de l'Afrique, et comment à la manière des réseaux sociaux, beaucoup en savent toujours mieux et plus sur les besoins des Africains et le devenir de l'Afrique, que les Africains eux-mêmes.

Mon grand-père ne cessait de me rappeler si bien que « *la bouche est toujours trop satisfaite : elle rend le dessus et le dessous de sa langue* ». Chaque fois que vous parlez de l'Afrique, dites-vous qu'il y aura des oreilles pour entendre, par-delà les paroles conventionnelles du dessus de votre langue, les sous-entendus dits par le dessous de votre langue.

Bien cordialement,

Ton ami déconfiné.

Religions, cultures et monde post-Covid-19

Par MpayKemboly

Nous abordons cette réflexion sur ce que la pandémie de COVID-19 donne à penser aux humains vivant ici et maintenant au moment de sa rage. Nous déployons cette réflexion à partir de notre adresse dans ce monde commun. Nous écrivons en effet à partir d'un point. Il s'agit de Kinshasa, une des mégapoles de près de 8 millions d'habitants, en Afrique, Afrique précisément noire et sub-saharienne.[114]

Ce point de localisation particulière devient un point de vue. C'est-à-dire un lieu qui nous permet de voir le monde : la manière dont il s'exprime en relation à cette pandémie. Ce monde s'exprime d'une part globalement, i.e., en produisant des réactions qui peuvent être généralisées, car ils sont plus ou moins identiques à plusieurs pays et groupes sociaux diversement dispersés sur notre globe terrestre. Ce monde s'exprime, d'autre part, dans des différences et diversités particulièrement déconcertantes en fonction de plusieurs facteurs.

Ce que ce point de vue nous donne n'est pas immédiat. Il est justement à penser, comme le dirait Paul Ricœur du symbole, dans la conclusion à son ouvrage *la symbolique du mal*.[115] De fait, l'expérience de la pandémie de COVID-19 donne d'abord. Autrement dit, elle est une offre de signaux ou données. Bien plus, elle se donne à nous et se confie à nous. Elle nous affecte. Elle est là devant nous, comme un fait indéniable, à la fois avec son poids écrasant et sa légèreté insoutenable. Cependant, cette offre ou cette donation de sens est à penser ensuite. C'est-à-dire, elle nous interpelle, nous provoque et nous convoque à la réflexion. Elle nous met en demeure de chercher à scruter le message qu'elle nous adresse, car ce message n'est pas

---

[114]Nous dédions cet article à la mémoire bienheureuse du Monsieur Mwimba Makiese Texas (1967-2020). Il fut un grand sportif catcheur dans la ville de Kinshasa. Il a été le leader incontesté de la pratique de ce sport de catch classique sans fétiche, président du catch club Inter-Africa, et président et fondateur de la Fondation Mwimba Texas « F.M.T. » - O.N.G. des Albinos. Il a utilisé son sport pour défendre les personnes vulnérables, principalement les albinos, dont il fut l'un d'eux. Nos chemins se sont croisés au hasard de notre passion partagée pour les sports de combat et de notre dévouement pour l'éducation de la jeunesse au début de l'an 2019.

[115] Ricoeur, Paul, *Finitude et culpabilité* : 2. *La symbolique du mal*, Philosophie de l'Esprit, Editions Montaigne / Aubier, Paris, 1960, pp.323-332.

si apparent que cela pour tout le monde. En d'autres termes, nous sommes obligés de répondre à cette question qui surgit en nous pour pouvoir trouver un sens à ce qui nous arrive: « qu'est-ce que cette expérience de pandémie veut me dire ici et maintenant? Qu'est-ce qu'elle veut nous dire ici et maintenant? Quel sens veut-elle m'indiquer ?».

Répondre à cette question irrévocable, c'est se munir de tout autre instrument d'optique ou c'est adopter tout une autre grille de lecture de ce qui se donne à nous, à travers cette expérience de pandémie, pour tenter en saisir la vérité qui se couvre du manteau de la pudeur ou qui s'enveloppe « dans les voiles du corps et du mythe ».[116] En d'autres termes, adopter une autre grille de lecture par la réflexion sur notre expérience de pandémie, c'est s'efforcer à discerner son message subtil et parfois brouillé ou à découvrir la « ruse » dans l'ordre du monde que cette expérience de pandémie indique.

Nous voudrions donc par cette contribution qui est en fait une réflexion en chantier vouloir comprendre, à partir de notre point de vue, qui est une fenêtre sur mon monde et notre monde commun, ce que l'expérience de pandémie COVID-19 vécue à partir de Kinshasa, me dit à moi-même d'abord, et éventuellement ce qu'elle me dit d'apporter à mon interlocuteur qui vit ici ou particulièrement qui vit ailleurs.

Notons que ce point de vue à partir de ce lieu déterminé qu'est Kinshasa se concentre particulièrement sur les effets de la pandémie de COVID-19 sur la religion ou la spiritualité et voies et traditions de sagesse, et sur la culture. Il se concentre aussi sur le rôle de la religion ou la spiritualité et voies et traditions de sagesse et celui de la culture dans la configuration de la transformation du monde d'après la COVID-19.

Cette réflexion en chantier se déroule en six parties. La première partie tâche de déterminer brièvement la portée des concepts de monde, religion et culture. La deuxième partie parcourt rapidement les deux prédictions concernant le monde d'après la COVID-19. La troisième partie présente la manière dont nous percevons la pandémie de COVID-19 en cours. La quatrième partie présente la façon dont la pandémie a pris le monde de cours et nous a désarçonnés. La cinquième partie voudrait tempérer notre enthousiasme concernant le monde post-COVID-19 en nous rappelant les leçons du passé, tandis que la sixième partie nous présente quelques tâches que les religions, les cultures et traditions ou voies de sagesse ont à réaliser pour espérer un monde post-COVID plus beau qu'avant.

[116] Hadot, Pierre, *La philosophie comme manière de vivre: Entretiens avec Jeannie Carlier et Arnold Ira Davidson*, Edition originale : Albin Michel, Paris, 2001 ; Livre de Poche, Paris, 2003, p.122.

I. Le monde, la religion et la culture

Le concept de monde est ici compris comme ce qui se réfère principalement aux relations que les êtres humains lient entre eux ; à celles que les institutions entretiennent entre elles ; et aux relations que les êtres humains nouent avec les autres êtres, notamment les animaux, les plantes, les minéraux, toute la planète terre et les esprits.

La religion est interprétée comme une généralisation à partir des diverses religions, spiritualités et traditions religieuses ou voies de sagesse. Ainsi les religions sont divers discours sur Dieu ou le divin ; relations ou rapports variés à Dieu, au divin ou à l'Absolu, aux êtres humains et au reste de la nature en vertu justement de ces rapports à Dieu, au divin ou à l'Absolu. Les religions sont pareillement divers services ou cultes et pratiques que le croyant ou la communauté de croyants performent devant et au nom de Dieu, du divin ou de l'Absolu. Les religions sont également perçues comme des institutions sociales qui se proposent elles-mêmes comme voies visibles et organisées vers Dieu, le divin ou l'Absolu ; et les religions se présentent ainsi comme les gardiennes et garants de l'authenticité de ces chemins et relations à Dieu, au divin ou à l'Absolu. Cette religion lorsqu'elle empoigne sérieusement le croyant ou la croyante elle devient visiblement une manière de vivre au monde et avec le monde, une attitude, une habitude et une culture.

Le concept de culture qui nous intéresse ici est ce qui permet à un être humain, individuellement ou collectivement, d'exprimer davantage son humanité, de développer plus profondément sa personnalité intérieure et d'amoindrir les risques de manifestation de son animalité et de son être superficiel et volatile, et donc de palier à ses manques. Dans cette perspective, nous souhaiterions indiquer deux acceptions spécifiques de la culture. D'une part, la culture comme ce qui est en rapport étroit au monde intellectuel, c'est-à-dire au domaine qui utilise davantage l'intellect, la pensée, l'esprit ou l'énergie intérieure; comme ce qui est en relation au monde artistique ; et au monde des sentiments. Elle dénote une acception élitiste de la culture. D'autre part, la culture est à appréhender comme un bien moral ou un savoir accessible aux individus et sociétés grâce à l'éducation et aux divers organes et diverses nouvelles technologies de l'information et de la communication (le web ou l'Internet, les réseaux sociaux…) des idées, des œuvres, etc. L'acquisition d'une telle culture accorde une qualité, confère une compétence à la personne ou à la société qui la possède. Remarquons que cette deuxième acception de la culture n'est pas élitiste, car elle atteint une plus grande portion de la société. Elle peut être des fois définiecomme « culture de masse » lorsqu'elle constitue un ensemble d'idées ou de concepts, d'images, de modèles culturels assez simples et primaires qui sont véhiculés par les moyens de communication de masse (la télévision, la radio, le cinéma, les magazines, la publicité) et par les nouvelles technologies de l'information et de la communication.

C'est ce tableau à trois panneaux (monde, religion et culture) qui à la fois affecte notre perception de l'expérience de la pandémie de COVID-19 et qui est affecté par cette même expérience de la pandémie. Cependant, chaque panneau de ce triptyque est en même temps appelé à se transformer après cette expérience de pandémie, grâce à l'effort de penser plus et autrement notre monde, notre religion et notre culture.

II. Deux prédictions

2.1 Après la pandémie de COVID-19, le monde ne sera plus le même

Nous sommes au début de la pandémie de COVID-19. Le corona virus étend cyniquement son vaste empire à travers les régions et les pays, en commençant par la région de Wuhan, en Chine, à la fin de l'année 2019, jusqu'à atteindre des régions fort éloignées de son point d'éruption. Le corona virus souffle à une allure tragiquement vertigineuse et angoissante sur le monde entier. Nous en sommes tous terriblement effrayés.

A moins de quatre mois, ce virus, minuscule et invisible à l'œil nu, est devenu un méga-despote redoutable. Il a pris contrôle de nos vies. Il a mis à genoux les systèmes de santé de nombreux pays, étrangement et en particulier ceux des nations puissantes du monde. Il est parvenu, sans autre forme de procès, à confiner les gens à domicile, i.e., dans leurs espaces de vie de quelques mètres carrés, presque contre leurs propres volontés. Ce virus nous a littéralement mis au bloc et en résidence surveillée, sans ménagement. Nous avons eu l'air de petits écoliers punis pour avoir dérangé l'ordre institutionnel en classe. En effet, le virus a réussi sans crier gare à arrêter la marche du monde, telle que nous les humains avons toujours l'habitude de conduire ce monde (l'économie et ses secteurs de production à tout prix ; le mouvement fluide des capitaux ; les voyages et la circulation des gens, des biens et services sans restrictions ; etc.).

Cependant, cet arrêt forcé, brusque et frustrant ou cette entrée en gare en mode d'urgence comporte quelques bénéfices pour les peuples, les sociétés et la nature. Par exemple, ici à Kinshasa, nous avons savouré les bienfaits des bruits modérés, voire du calme par endroits, des bars, des églises et des funérailles sur le mental des habitants. Nous avons apprécié à sa juste valeur, malgré son côté exigeant, ennuyeux, monotone et économiquement peu productif ou déficitaire, le temps passé ensemble en famille restreinte ou en très petits groupes de pensionnaires. Nous avons aimé avoir des rues plus aérées, des espaces publics peu bondés et les places plus respectables et peu coincées à bord des moyens de transport publics.

A la vue des tels états positifs et négatifs des choses, beaucoup de gens d'une part déclarent comme une évidence indiscutable que le monde ne sera plus le même après la pandémie de COVID-19. Le monde changera pour le mieux, croient-ils. Remarquons que le monde est à comprendre ici dans le sens que nous l'avons défini plus haut, à savoir l'ensemble des relations entre les humains, entre les institutions et entre les humains et d'autres êtres vivant sur cette planète Terre.

2.2 Après la pandémie de COVID-19, les religions et les cultures en seront affectées

D'autre part, certains esprits confient aux cultures et religions le rôle architectonique de configurer cette transformation envisagée du monde. C'est comme s'ils pensent que les religions et les cultures demeurent intactes face à la pandémie de COVID-19. Et pourtant, il s'avère que les diverses pratiques religieuses, voies et traditions de sagesse, expressions culturelles et attitudes sociales ont été affectées d'une manière ou d'une autre par cette pandémie. Les religions et les cultures sont à comprendre dans le sens déterminé plus haut. Quelques signes de cette « altération », adaptation ou entame des cultures et religions sont par exemple le fait que de nombreux gouvernements, au plus fort de la pandémie, ont interdit des rassemblements de plus de 10 ou 20 personnes ; les célébrations religieuses et celles de mariages et de funérailles doivent s'y conformer obligatoirement et sans concession aucune. Ces gouvernements ont imposé aussi le respect strict des mesures-barrières et de distanciation physique, allant, s'il le faut, jusqu'à empiéter sur des libertés individuelles longtemps « vénérées », justement au nom de l'urgence sanitaire.

III. Perceptions sociales variées de la pandémie en cours

Pourtant, il convient de remarquer que la perception sociale de la COVID-19, singulièrement de son caractère dangereux ou grave, de sa létalité et de son impact, varie selon des pays et les continents. Cette perception est capitale pour provoquer ou pas les peuples à un changement profond de mode de vie ou des mentalités. Elle est aussi capitale, en conséquence, pour accroître le degré de prise de conscience sociale au plan mondial que la pandémie est un temps critique et un *kairos* – c'est-à-dire un temps propice à engager des changements profonds dans les rapports des humains à l'être, à l'avoir, au pouvoir et au vouloir au niveau planétaire. En plus, il est important de noter que même à l'intérieur d'un même pays, cette perception sociale de la pandémie, de sa sévérité, de sa gravité et de sa létalité varie des zones urbaines et des zones rurales. Pareillement, à l'intérieur de la même cité, cette perception sociale change selon que l'on est dans des quartiers huppés et riches ou selon que l'on se retrouve dans des quartiers populaires, populeux et pauvres, ou selon que l'on se trouve dans des quartiers à densité modérée et où habitent des gens à la culture générale mise à jour, des gens assez instruits et aux revenus moyens.

Le parcours rapide de quelques opinions qui ont circulé au début de la pandémie de COVID-19 et qui circulent encore dans notre pays, spécialement dans cette ville de Kinshasa, à partir du 10 mars 2020, le jour oùle patient zéro a été identifié. Ce patient zéro est arrivé à Kinshasa le 08 mars 2020. Notons tout de suite que la brouille de départ dans la communication entourant ce patient zéro n'a pas facilité la perception sociale correcte et sereine de la pandémie. Cette « faute originelle », ajoutée aux campagnes d'information ultérieures de la part du gouvernement, aux campagnes de désinformation et de manipulation de l'opinion, et au flux d'information et d'alerte de toute sorte circulant sur les réseaux sociaux et dans les média de masse, a dès lors jeté le doute sur la gestion de cette pandémie aux yeux de l'opinion. Ces opinions qui circulent entre nous et par nous nous permettent de saisir la manière dont la maladie a été et est perçue par nos concitadins. Voici donc quelques réactions que nous avons recueillies auprès des kinois et kinoises d'instruction primaire ou secondaire, de culture générale moyenne et habitant quelques quartiers populaires et quartiers peu denses:

- « La COVID-19 est la maladie de ceux et celles qui voyagent, surtout en Occident. Je ne serai pas contaminé, car je n'ai pas de passeport ou un autre document de voyage ».
- « Le corona virus est la maladie de ceux qui vivent emmurés dans des quartiers huppés et respirent l'air conditionné du matin au soir. Tandis que moi je suis pauvre et passe le gros de ma journée en dehors de la maison. Je n'y rentre souvent qu'après 22h pour passer moins de 6h de sommeil. Je respire l'air libre ».
- « C'est la maladie de ceux et celles qui se nourrissent de la viande surgelée, conditionnée au formol, dit-on. Cette viande est importée, spécialement de l'occident. Alors que moi je me nourris presque exclusivement des produits locaux, à l'exception près de quelques morceaux surgelés d'ailes et de cuisses de volaille et du poisson chinchard. En effet, je me rue le plus souvent sur les poissons fumés de nos eaux douces, de la viande d'élevage de nos villages, des insectes, des chenilles et des larves de nos savanes et forêts, etc. »
- « Je préfère porter les masques fabriqués dans mon quartier à ceux qui viennent d'ailleurs. Car ces derniers contiennent des produits toxiques, dit-on ».
- « Ce corona virus est d'origine satanique, car il nous empêche de prier dans nos lieux de culte habituels. Il ne peut donc venir de Dieu ».
- «Je me préviens de la COVID-19 en boostant mon système immunitaire en consommant fruits, feuilles et racines de toute sorte légués par nos ancêtres. Certains de ces produits font en effet partie des

pharmacopées traditionnelles et nous ont toujours guéris des maladies, sans nous résoudre systématiquement à la médicine moderne européenne qui nous coûte les yeux de la tête».

- « Je tiens la COVID-19 à la porte en mangeant tout ce que je trouve de sain et de raisonnable qui me tient en bonne santé. J'y ajoute quelques minutes de prière ou de méditation par jour pour mon hygiène mentale et quelques heures de sport individuel ou de gymnastique par semaine pour ma santé physique et mentale également ».
- « Cette COVID-19 me paraît comme une de nos grippes ici ou comme une autre forme de malaria. Alors je la combattrai avec ma pharmacopée traditionnelle habituelle ».

Sans vouloir juger de la véracité de ces opinions quant à l'origine de la pandémie et de l'efficacité de ces prophylaxie et thérapies ou solutions, il me saute aux yeux que nous avons bien tenu le coup jusqu'à présent. De fait, voulant coûte que coûte vivre, nous avons tout pris, sans savoir exactement quel produit fait quoi dans l'organisme humain en face de ce corona virus-19. Peu importe, nous avons consommé tout cela, de manière très empirique bien souvent, à nos risques et périls. Cette hargne à vivre est venue se greffer sur l'expérience communautaire de la gestion des autres épidémies par le passé dans notre pays. C'est le cas à titre illustratif du choléra, de la rougeole, de la maladie du sommeil ou la trypanosomiase, de la tuberculose, et surtout le capital national de notre gestion de la maladie à virus Ebola qui en est en sa 11è irruption depuis 1976 dans ce pays. Toutes ces expériences ont cimenté la résilience et ont favorisé un optimisme prudent au sein de notre population. « Nous avons battu ces maladies et épidémies. Nous vaincrons encore cette COVID-19, Dieu voulant », entendons-nous souvent cette assurance comme un acte de foi inébranlable de la part de notre peuple.

En outre, la situation de la pandémie dans notre pays, tout comme dans beaucoup d'autres pays d'Afrique, a été jusqu'à présent très en deçà des prédictions avancées par ceux et celles qui ne veulent connaître l'Afrique qu'à partir des statistiques de leurs bureaux d'études et des échantillons de leurs laboratoires, et par les vautours qui se donnent du travail sur les dépouilles de nous autres Africains et Africaines. Alors quelques-uns de ces vautours et experts étrangers ont commencé à revoir leurs prédictions et la validité de leurs prémisses et paradigmes. Certains d'entre nous ont commencé à leur tour de douter davantage de l'existence de cette COVID-19.A dire vrai, les plus radicaux d'entre nous sont allés jusqu'à croire que cette affaire de pandémie de COVID-19 était une vaste blague, une mystification et une grande escroquerie, sur fond d'idéologies et de théories de conspiration diverses et persistantes. Les plus modérés d'entre nous ont commencé à penser que la maladie existe. Mais elle n'est pas aussi dangereuse que l'on croyait au début, si on exclut l'éventualité d'une mutation, naturelle ou artificielle, plus grave du virus au cours de son évolution.

Alors, s'il en est ainsi, c'est-à-dire tant que les choses sont telles qu'elles sont jusqu'à présent chez nous en Afrique, les politiques commencent à envisager la possibilité de vivre avec intelligence et réalisme raisonnable avec le corona virus. Autrement dit, la maladie à corona virus-19 deviendrait alors *mutatis mutandis* comme une forme de « pathologie chronique », comme la malaria chez nous ou le VIH SIDA. On la prendrait en charge tôt avec l'assurance de la vaincre ou de vivre longtemps plus ou moins « en bonne santé ». Remarquons que la population était presque déjà sur ce mode de vie de fait – en baissant de plus en plus la garde des gestes barrières, hélas et dépassant la panique initiale – sans attendre la décision des politiques.

IV. La pandémie de Covid-19 nous désarçonne

En attendant ce temps de vie plus ou moins avec la COVID-19, la pandémie s'est moquée de nos frontières nationales généralement considérées comme délimitant un territoire national sûr qui nous sécurise. Elle a secoué nos discriminations et privilèges liés à nos classes sociales comme étant des garanties qui nous assurent contre les infortunes et malheurs. Elle a renversé nos barrières idéologiques basées sur la différenciation des peuples et races entre « supérieur(e)s » et « inférieur(e)s » alléguant que ces différences étaient des données objectives et scientifiquement prouvées. Il n'en est rien du tout sauf mensonges et inepties. La COVID-19 a méprisé nos systèmes de classement des pays selon les rubriques de pays développés, de pays en voie de développement, de pays sous-développés et de pays non-développés ; ou entre des nations civilisées et des Etats voyous. La pandémie à corona virus-19 a sapé nos croyances, cultes et fantaisies concernant la santé physique, une belle allure ou une excellente musculature comme condition apotropaïque certaine et aussi comme promesse indéfectible d'un bien-être mental à jamais ou de jouvence éternelle.

En face du danger éminent, des défis et des enjeux que représentait la redoutable pandémie à coronas virus-19, l'ironie du sort a fait que, conscients de leur manque d'équipements adéquats, du déficit de leurs infrastructures sanitaires et de leur pauvreté, les pays moins fortunés ont transformé leurs faiblesses en forces ; tandis que les pays plus fortunés et apparemment plus équipés se sont retrouvés maladroitement dépourvus, mal préparés à faire face aux défis de la pandémie, malgré leurs forces apparentes. Ils étaient tellement sûrs à l'excès de leurs forces qu'ils ont négligé la préparation mentale adéquate et ont sous-estimé la virulence de l'adversaire inconnu que représentait la COVID-19. De fait, nous avons vu par exemple l'Italie lutter désespérément et terriblement presque toute seule dans sa gestion de la crise massive de COVID-19. Elle s'empêtrait dans cet état épouvantable jusqu'à ce que quelques équipes médicales des pays en dehors de l'Union Européenne, notamment la Chine, le Cuba et la Russie, lui viennent en renfort dans la deuxième quinzaine de mars 2020.[117]

La pandémie de COVID-19 n'a pas fait et ne fait pas de différences entre les continents, les pays, les nations, les races, les cultures, les religions, les âges, etc. De fait, toute personne, qui par tout hasard se retrouve au mauvais endroit et au mauvais moment avec des mauvaises personnes, peut être contaminée, tomber malade et éventuellement même trépasser. Ainsi, la COVID-19 démontre clairement que *naturauna et communis omnium est* vraiment, comme le déclarait le médecin-militaire, homme d'affaires et théoricien politique sierra léonais James Africanus Beale Horton (1835-1883).[118] C'est-à-dire que la nature humaine est une et commune en tous.

De plus, placés dans les mêmes conditions, les humains réagissent de manière presque similaire. De fait, des citoyens des nations africaines ou des Noirs ont été amusés de voir comment les Européens adoptaient des comportements qui étaient supposés être ontologiquement propres aux Noirs ou à d'autres « races inférieures ». Par exemple, nous avons vu dans des magasins et marchés des Occidentaux ou des Caucasiens se disputer de la nourriture (spaghettis, sacs de blé…), des rouleaux des papiers hygiéniques, des masques en papier, etc. Nous avons vu et appris ahuris à la télévision que dans l'un des aéroports chinois, devant les caméras des équipes de télévision, une commande des masques déjà payée et destinée à un pays être carrément détournée par un autre gouvernement qui vient de payer le double du prix et cash. C'est l'une des facettes de la guerre des masques que se sont livrée des gouvernements des pays dits civilisés.[119]

Ainsi, la gestion de cette pandémie a fait immédiatement tomber nos masques. Nous nous sommes battus « dangereusement » à visage découvert. Aussi, cette gestion nous a révélé certains aspects réels de notre nature humaine commune: l'égoïsme, la cupidité, l'avarice, l'hypocrisie, le

---

[117] Texte par *Radio France Internationale* (RFI) intitulé« Coronavirus: la Russie, la Chine et Cuba au chevet de l'Italie », publié le 22 mars 2020 à 14:47 et modifié le 23 mars 2020 à 11h41. Voir inhttps://www.rfi.fr/fr/europe/20200322-coronavirus-armée-russe-dépêche-centaine-virologues-italie
Consulté le 10 octobre 2020.

[118]Boele van Hensbroek, Pieter, "Some Nineteenth-Century African Political Thinkers", in Wiredu, K (dir), *Companion to African Philosophy*, Blackwell Publishing, Oxford, 2004; 2è éd. 2006, p. 84.

[119] Le journal français *Libération* dans son édition en ligne du 01 avril 2020 à 14h27 rapporte ce fait dans son article écrit par Dominique Albertini et intitulé « Fair-Play : Une commande française de masques détournée vers les Etats-Unis sur un tarmac chinois ». Voir in https://www.liberation.fr/france/2020/04/01/une-commande-francaise-de-masques-detournee-vers-les-etats-unis-sur-un-tarmac-chinois_1783805 consulté le 10 octobre 2020.
Voir aussi l'article « Coronavirus : la guerre des masques fait rage à pied des avions chinois » par Isabelle Lasserre et publié dans *Le Figaro* international le 02 avril 2020 à 17h31, et mis à jour le 02 avril 2020 à 19h50, in https://www.lefigaro.fr/international/coronavirus-l-amerique-relance-la-guerre-des-masques-20200402
consulté le 10 octobre 2020.

mensonge, la férocité et la cruauté. Mais nous avons également vu de nombreux actes de générosité extraordinaire et ordinaire, d'héroïsme, de gentillesse de la part des voisins et des étrangers. C'est aussi cela l'autre visage réel de notre nature humaine commune.

V. Les leçons du passé

Nous avons initié cette réflexion en chantier en indiquant deux prédictions qui couvent en fait un désir légitime, sonnant presque comme un devoir ou une exigence capitale : le monde d'après la pandémie de COVID-19 doit être différent du premier et les religions et les cultures, bien qu'affectées elles-mêmes par la même pandémie, devraient participer dans la configuration de cette transformation positive ardemment désirée de nos relations à nous-mêmes, aux autres, à l'avoir et au pouvoir.

Cependant, il est connu que l'habitude constitue une seconde nature chez l'être humain. Aussi, le changement des choses requiert du temps, spécialement pour ce qui touche à la qualité de nos relations humaines. Notre histoire commune des épidémies et pandémies (*e.g.* la peste, la fièvre espagnole, le VIH/SIDA) et les grandes horreurs et graves catastrophes que l'être humain a provoquées et fabriquées seulement au 20è siècle et en ce 21è siècle (*e.g.* notre interminable guerre livrée en diverses batailles depuis presque 1993 dans notre pays ; l'emploi des armes chimiques dans les guerres en Syrie, Iraq, Viêt-Nam et Corée ; l'usage des bombes atomiques au Japon (Hiroshima et Nagasaki) en 1945 ; les guerres mondiales I et II ; etc.) et les désastres naturels horribles peuvent nous apprendre que les peuples sont à première vue horrifiés et confus par leurs propres méfaits et crimes, et font le serment solennel que le passé ne reviendra plus. Mais, quelques temps par après, ils oublient vite malheureusement les faits et méfaits terribles et horribles et le serment solennel qu'ils ont juré ; et d'autres catastrophes reviennent, hélas. Ainsi, le cycle vicieux et infernal continue, de plus belle.

VI Tâches des religions, cultures et traditions ou voies de sagesse dans le monde post-Covid-19

Après avoir opéré l'anatomie de la pandémie de COVID-19 et apprécié son impact sur nos vies, il convient à présent dans cette deuxième partie de réfléchir sur la portée de cette anatomie sur la culture générale et la religion à partir de notre point de vue localisé de départ, à savoir Kinshasa. Ce point de vue est aussi notre fenêtre sur le monde, comme nous l'avions indiqué. En d'autres termes, nous voudrions tracer quelques pistes qui, espérons-le, nous permettraient de prendre en compte ce que la pandémie de COVID-19 nous donne à penser. C'est-à-dire nous aimerions examiner comment cette pandémie aurait de l'impact sur nos pratiques religieuses et nos expressions de culture. Egalement, nous souhaiterions envisager la contribution de la religion et de la culture dans la transformation de notre monde au cours et après cette pandémie. Bref, nous tâchons de reconnaître ou de dessiner les lignes d'horizon de nos relations au monde après l'expérience de cette pandémie.

6.1 Redécouvrir l'archéocratie des religions

Avant de considérer la contribution des religions et cultures dans la reconfiguration du monde après cette pandémie, il paraît plus honnête que les religions redécouvrent l'archéocratie ou le pouvoir de commencement de leurs propres fondateurs, la fascination et la mystique de leurs expériences fondatrices , et la profondeur de leurs propres écritures fondatrices ou de leurs propres paroles fondamentales. Cette redécouverte est essentielle étant donné qu'au fil des années, les religions peuvent ou ont en quelque sorte corrompu le message pur du commencement. Dans cette perspective, la redécouverte devient un ressourcement, une rénovation et une mise à jour (aggiornamento) devant nourrir et soutenir la vie de l'institution religieuse.

S'inscrire dans cette perspective, c'est vouloir récupérer le côté révolutionnaire ou prophétique de cette archéocratie sacrée, et donc du message originaire ou de la parole fondamentale et fondatrice pour envisager l'avenir qui serait plus adapté au monde d'après la pandémie de COVID-19. Récupérer la portée révolutionnaire ou critique de ce message requiert d'écouter «(30) les paroles de ceux qui ont écouté, (31) les conseils de ceux d'avant, (32) ceux qui ont jadis écouté les dieux» (*Enseignement de Ptahhotep*, P 5.3).[120]

Après cette invitation à retrouver la fascination originaire du message sacré ou fondamental, nous pouvons esquisser à présent ce que nous pourrions appeler les tâches des religions, cultures et traditions ou voies de sagesse dans le monde post-Covid-19. Sans vouloir les rendre exclusives et exhaustives, nous en alignons huit : redécouvrir que nous sommes tous frères et sœurs ; prendre conscience de l'humanité comme partie de la nature et de l'interdépendance globale ; besoin de re (dé)couvrir une théologie, spiritualité ou une culture de libération intégrale ; besoin de proposer une théologie, spiritualité ou une culture moins anthropocentrique ; exigence de vivre au diapason du monde vaste et interconnecté ; devoir de penser le défi de l'absence d'un lieu et d'un temps d'adoration institutionnalisés;

[120] Zaba, Zbynek, *Les Maximes de Ptahhotep*, Académie Tchécoslovaque des Sciences, Prague, 1956, pp.18, 70. C'est nous qui traduisons. Ptahhotep fut un sage égyptien et également vizir dans la 5è dynastie (vers 2345-2340 av. J.-C.). Voir aussi Paul Vernus, *Sagesses de l'Egypte pharaonique*, Imprimerie nationale Editions, Paris, 2001, p. 73.

obligation de penser le défi de la distanciation sociale ; et devoir de penser le défi des contacts « masqués » dans une société qui désire la transparence.

6.2. Redécouvrir que nous sommes tous frères et sœurs

Face aux agissements ou comportements que nous avons affichés et peut-être continuons encore d'afficher dans notre vécu de la pandémie de COVID-19, il nous importe de croire que chaque religion a le devoir d'éduquer ses membres à considérer chaque personne, chaque nation et chaque culture au-delà des croyances, idéologies, préjugés et prismes culturels enracinés de longue date. Cette éducation est capitale afin que chacun de nous soit en mesure de voir sinon d'entrevoir le noyau dur ou le fondement de notre humanité commune en autrui et de redécouvrir alors que nous sommes vraiment tous frères et sœurs. La pandémie de COVID-19 nous a en effet indiqué que « nous sommes tous frères », comme le proclame cette devise gravée sur la médaille commémorative de l'adoption du projet de loi au Parlement britannique pour l'abolition de la traite atlantique des Noirs le 25 mars 1807 et entrée en vigueur le 1er mai 1807.[121]

Nous éduquer à l'humanité commune, c'est signifier que nous sommes tous liés. En d'autres termes, les religions doivent proposer à nouveau avec une conscience beaucoup plus profonde le message de solidarité ou «d'humanité ». C'est offrir par exemple dans notre contexte immédiat de vie l'intériorisation de cette formule: «Je suis parce que nous sommes». Cette formule est en fait une interprétation succincte de l'expression qui dit littéralement que l'être humain (la personne) ne devient vraiment être humain (une personne, i.e. un être humain adulte et digne) qu'à travers la communauté (ensemble des personnes, i.e. une communauté des personnes, une communauté des êtres humains adultes et dignes, une communauté des personnes qui ont bien compris leur rôle propre et authentique dans leur communauté). Cette formule sert donc à souligner l'importance de la communauté comme lieu d'accession à l'humanité pleine et donc comme lieu d'éducation à l'humanité digne de ce nom et de promotion de l'humain, par la voie de la solidarité ou de l'interaction; mais une solidarité agissante et responsable. Telle est plus ou moins la philosophie reprise par le concept bantu en son variable sud-africain de «ubuntu»,[122] en vogue dans les années 1980-1995 en Afrique du Sud en transition vers *a rainbow nation* (« nation arc-en-ciel »), c'est-à-dire vers une société postapartheid, réconciliée avec la vérité de son passé ; une société juste, démocratique, multiethnique et multiraciale. Cette philosophie qui insiste ainsi sur la communauté voudrait combattre l'individualisme comme moyen d'accès privilégié au bonheur.

---

[121]Pinfold, John, "We are all brethren", in *Oxford Today: The University Magazine*, vol. 19, n° 2, Hilary 2007, pp.12-15.

[122]Cette philosophie d'*Ubuntu* vient par exemple de cet aphorisme *Umuntungumuntungabantu* en Xhosa, Ndebele et Nguni.

Mais, elle ne voudrait pas non plus faire le lit des irresponsables, des sans-soucis du lendemain, des parasites, des paresseux et des gens à l'esprit communautariste mesquin et étroit (tribalisme, ethnicisme, nationalisme fanatique et extrémiste, etc.). Le dire autrement et simplement, c'est reconnaître que ma vie dépend de la vôtre, comme la vôtre dépend de la mienne. Mon bonheur ou mon amertume, ma fortune ou mon malheur dépendde la vôtre, et inversement. Alors, il est de notre intérêt de nous entraider pour pouvoir vivre ensemble comme des êtres raisonnables.

Nous éduquer à l'humanité commune, c'est également prendre conscience que chaque personne humaine mérite respect et dignité, et que chaque vie compte. En effet, tout comme ZeraYacob le philosophe (1599-1692, Éthiopie) écrit :

« Tous les hommes sont égaux en présence de Dieu, tous sont intelligents, puisqu'ils sont ses créatures. Il n'a pas assigné un peuple pour la vie, un autre pour la mort, un (peuple) pour la miséricorde, un autre pour le jugement. Notre raison nous enseigne que cette sorte de discrimination ne peut exister aux yeux de Dieu, qui est parfait dans toutes ses œuvres (*HZY*12: 24-28) ».[123]

À cet égard, les religions, au-delà de leurs propres particularités, peuvent approfondir et étendre le message de Dieu comme étant le parent (père ou mère) de chaque personne, et par conséquent, nous, les humains, formons en fait une famille humaine, puisque nous sommes les enfants de Dieu.

6.3 Prendre conscience de l'humanité comme partie de la nature et de l'interdépendance globale

6.3.1 Les religions et cultures sont appelées à favoriser davantage la prise de conscience écologique

A cette ère de pandémie de COVID-19, les religions et les cultures sont conviées à favoriser la prise de conscience que nous, les humains, faisons partie de la nature et que tout dans la nature est interdépendant. Nos vies humaines dépendent des diverses ressources de cette nature. En fait, nous avons vu par exemple comment la recherche sur le remède contre la COVID-19, en particulier sur les remèdes alternatifs basés sur le renforcement de notre système immunitaire, a conduit les gens, surtout dans nos pays pauvres et appauvris, à se tourner vers les plantes (la phytothérapie), à adopter un régime alimentaire à base des aliments beaucoup plus naturels, et à vouloir mener un mode de vie davantage naturel. Par conséquent, par amour pour nous-mêmes du moins, nous devons

---

[123]Sumner, Claude, *Ethiopian Philosophy*, vol.2: *The Treatise of Zär'aYa'əqob and of WäldäḤəywåt: Texts and Authorship*, Commercial Printing Press et Addis Ababa University, Addis Ababa, 1976, 12. C'est nous qui traduisons. Notons que *The Treatise of Zär'aYa'əqob* sera désormais cité comme *HZY*, tandis que *The Treatise of WäldäḤəywåt*comme *HWH*.

protéger la planète terre et en prendre soin très sérieusement afin qu'elle demeure une « assise sûre à jamais offerte à tous les vivants » (Hésiode, *Théogonies*, 116).[124]

Aussi, les religions et les cultures peuvent éveiller et encourager la conscience écologique. A ce propos, la prise de conscience écologique doit déboucher sur la pamphylie ou l'amour de tout. Observons que le « tout » est ici compris à la fois comme l'univers et l'universel. Cette pamphylie qui est synonyme ici de l'amour écologique intimerait l'ordre à toute personne de considérer la planète, notre habitat commun et partagé, comme si elle était sa propre maison à administrer de manière responsable.

« La règle d'or de la pamphylie se formule comme un serment de fidélité, de gratitude et de solidarité à deux volets. Le premier volet manifeste la solidarité amnésique et s'énonce comme suit : 'prends soin de la planète, de tout ce qui la peuple, de ses richesses et de sa biodiversité par amour pour ceux et celles qui t'ont précédé sur cette terre' . Le deuxième volet exprime la solidarité proleptique. Elle se formule ainsi : 'prends soin de toute la planète – de ses habitants, de ses richesses et de sa biodiversité – par souci pour ceux et celles qui viendront après toi'. Prendre soin de la planète ici chez nous c'est savoir admirer et préserver les traits de beauté sublime de notre faune et flore, et prendre la mesure de la richesse de nos sols et sous-sols. Prendre soin de la planète ici chez nous c'est refuser de dilapider les ressources de notre pays comme si elles étaient renouvelables à souhait et intarissables à jamais. Prendre soin de la mère Terre ici chez nous c'est écouter les cris de ces érosions béantes et menaçantes devant nous et qui interpellent chacun de nous: 'prends soin de moi, dit l'abîme, sinon je t'engloutis, toi et ta famille, ta maison, ton quartier, tes routes, tes églises et tes universités'» ![125]

6.3.2 Les religions doivent redresser les interprétations du monde inspirées par le capitalisme

Accorder aux religions, cultures et aux traditions de sagesse ce rôle d'éveil et de promotion de la conscience écologique, c'est accepter qu'elles accompagnent le monde dans la recherche des moyens de redresser, ou carrément de quitter,[126] ce style de vie d'inspiration capitaliste qui attire tant de personnes et de nations à travers le monde.

---

[124] Hésiode, *Théogonies, les travaux et les jours, et le bouclier*, Collection des Universités de France, Les Belles Lettres, 1928, Paris, p. 36. Dans ce passage, la terre est présentée comme une demeure, un siège ou un fondement ferme, solide qui assure sécurité à tous ses habitants, tout le temps et pour toujours.

[125]Kemboly, Mpay, «Le dialogue authentique et le bien vivre-ensemble: de la philautie à la pamphilie», in *Revue Philosophique de Kimwenza*12-13-14, Fév. 2015 – Fév. 2016, p.11.

[126]Kempf, Hervé, *Poursauver la planète, sautez du capitalisme*, Le Seuil, Paris, 2009. A lire aussi Faculté de Philosophie Saint Pierre Canisius-Kimwenza, *Le Capitalisme en procès : Approches économique, sociale et philosophique:Actes des XIVèmes Journées Philosophiques*

Ce style de vie porté par le capitalisme est caractérisé notamment par le consumérisme ; par le règne absolu de l'argent et des multinationales; par l'individualisme ; par l'esprit de compétition; par la conviction selon laquelle la vie consiste à créer le plus de commodités possible; par le crédo selon lequel il faut produire en tirant toujours le plus d'avantages et intérêts possible avec le moins d'efforts possible; par l'illusion de la prospérité pour tous, de la liberté illimitée garantie à tous; par le mythe du progrès; et par l'indifférence envers les pauvres, les faibles, les opprimés et « les damnés de la terre» (Frantz Fanon, 1925-1961, Martinique)[127], etc.

6.4. Besoin d'une théologie, spiritualité ou culture de libération intégrale

L'une des façons de redresser ce mode de vie d'inspiration capitaliste pourrait être celle de nous nourrir d'une théologie, d'une spiritualité ou d'une culture qui prône la libération intégrale. Cette libération peut être formulée en ces termes: libérer les riches et les capitalistes de leur cupidité, de leur avarice, de leur hypocrisie, de leur « hubris » (arrogance, orgueil, autosuffisance excessive)du pouvoir; et libérer les pauvres de leur pauvreté (qui est à la fois économique, politique et anthropologique) et du processus prégnant de paupérisation,[128] de marginalisation, d'exclusion, d'aliénation et d'anéantissement auxquels sont mis eux-mêmes les pauvres, leurs religions et voies de sagesse, leurs cultures (en tant que voix, images, autres expressions), et leurs histoires depuis des siècles de la part de l'oppresseur aux multiples visages ou du capitaliste.[129] .

---

de la Faculté de Philosophie Saint Pierre Canisius/Kimwenza. Mars 2012, Journées Philosophiques Canisius 14;Editions Loyola – Publications Canisius, Kimwenza, 2012.

[127] Fanon, Frantz, *Les damnés de la terre*, Editions La Découverte & Syros, Paris, 2002 ; édition originale : Librairie François Maspero, Paris, 1961.

[128]Mveng, Engelbert, *L'Afrique dans l'Eglise : Paroles d'un croyant*, L'Harmattan, Paris, 1985, pp. 199-214. Mveng écrit en effet : « C'est qu'en Afrique, la pauvreté n'est pas seulement un phénomène socio-économique. C'est la condition humaine, dans sa racine profonde, qui a été tarée, traumatisée, appauvrie. *La pauvreté africaine est une pauvreté anthropologique*. Chez nous, la condition humaine est une condition de précarité, de fragilité, quand ce n'est pas, comme en Afrique du Sud, une situation de mépris, d'oppression, d'annihilation totale. Cette situation embrasse l'homme, tout homme, tous les hommes, à tous les niveaux » (Mveng, Englebert, *op.cit.*, pp.209-210).

[129]Kemboly, Mpay, « Fierté, Libération, Responsabilité et Discernement : Tentative d'un processus de résolution des aspects culturels et philosophiques de la marginalisation de l'Afrique », in Faculté de Philosophie Saint Pierre Canisius-Kimwenza, *Comment surmonter la marginalisation en Afrique:Actes des XIèmes Journées Philosophiques de la Faculté de Philosophie Saint Pierre Canisius/Kimwenza. Avril 2009*, Journées Philosophiques Canisius 11;Editions Loyola – Publications Canisius, Kimwenza, 2009, pp. 133-155.

6.5. Besoin d'une théologie, spiritualité ou culture moins anthropocentrique

Mais, en même temps, les religions qui mettent trop l'accent sur l'exploitation du monde au profit des êtres humains principalement, et sur l'être humain comme étant au centre et au sommet de la création, devraient subir de profonds changements dans leurs récits sur ces deux questions particulières fortement liées. Et les autres religions, cultures, et voies et traditions de sagesse qui offrent des récits alternatifs, c'est-à-dire des narrations qui accentuent peu ce côté d'exploitation de la création au profit de l'être humain principalement et sont donc peu anthropocentriques dans leur interprétation de la relation entre l'être humain et la nature doivent faire connaître de plus en plus leurs ressources, leurs spiritualités et leur sagesses à leurs membres ou les mettre à la disposition des non-membres.

En outre, ces mêmes religions, cultures et voies ou traditions de sagesse, qui ne sont pas tellement anthropocentriques, peuvent aider d'autres à être de plus en plus théocentriques et centrés sur la société comme famille de Dieu.

Concernant la question d'avoir des religions plus centrées sur la société, les religions traditionnelles africaines et d'autres religions autochtones et traditions de sagesse du monde peuvent nous aider à comprendre qu'être humain n'est pas tant une question d'avoir ou de posséder (des biens et services) que d'être avec les autres et les choses. C'est donc fondamentalement une question de relation et de partage, et principalement celle de la qualité de ces relations et partages. En effet, il existe un dicton africain (égyptien) qui dit: «si tu manges seul, tu mourras seul».

C'est aussi le cas avec le bonheur. En fait, être heureux n'est pas nécessairement tant le résultat de la quantité de choses (matérielles ou extérieures) que l'on possède que celui d'avoir une richesse intérieure ou d'être vraiment humain et en paix avec soi-même, avec les autres et avec le monde des esprits qui nous entoure.

6.6. Vivre au diapason du monde vaste et interconnecté

Pendant le confinement dû à la pandémie de COVID-19, de nombreuses personnes et institutions se sont résolues à travailler et à interagir en ligne, principalement via les médias sociaux et l'Internet. Les cultes et d'autres services religieux dans les religions institutionnelles et conventionnelles se sont également lancés dans ce type d'interaction. Qu'est-ce que ce mode de vie et de travail nous a appris ? Nous voudrions en suggérer quelques points :

- Ces services spirituels en ligne et d'autres services religieux via les médias sociaux et les moyens de communication de masse traditionnels (radio et télévision) ont entretenu le désir ardent que nourrissaient des gens d'assister à des services religieuxà présentiel ou en personne. Ils ont également préservé le sentiment d'appartenance à un groupe ou à une communauté, bien que les membres soient physiquement séparés.

- Les services ont motivé les pasteurs, les leaders religieux et les fidèles à rechercher des moyens plus créatifs et innovants et plus personnalisés d'être toujours une communauté de croyants et d'être attachés à des moyens institutionnels d'accompagnement et d'entretien spirituels.
- Ces services nous rendent plus conscients des opportunités que les nouvelles technologies de l'information et de la communication, en plus des médias de masse traditionnels, nous offrent pour poursuivre la mission de Dieu, pour atteindre virtuellement les gens chez eux – à leurs domiciles, à leurs lieux de travail – et tout simplement en un moment donné au cours de la journée.
- De plus, ces technologies donnent l'opportunité aux fidèles de transmettre à leurs amis et connaissances le message reçu de leurs pasteurs spirituels et ainsi de devenir co-missionnaires.
- De même, grâce à ces technologies, les fidèles ont la possibilité d'exprimer leurs préoccupations et leurs opinions aux responsables de leurs institutions religieuses et même dans les espaces publics. Ce faisant, ils aident ces institutions à être de moins en moins cléricales et monolithiques, et donc de devenir de plus en plus participatives et «démocratiques ».

6.7. Penser le défi de l'absence d'un lieu et d'un temps d'adoration institutionnalisés

Nous venons d'estimer le prix du nouveau mode de vie en ligne que nous avons expérimenté pendant le confinement. Cependant, le fait que les services religieux en direct ne pouvaient pas être organisés comme auparavant, en raison justement du confinement dû à l'urgence sanitaire de pandémie de COVID-19, nous fait réfléchir sur l'importance et la pertinence des services religieux quotidiens et éventuellement devant un grand nombre de fidèles et participants rassemblées en un lieu «sacré» déterminé. Les gens ont fait l'expérience qu'ils peuvent «survivre» sans, par exemple, pour les catholiques, assister à l'Eucharistie quotidienne ; sans pouvoir offrir des funérailles religieuses « complètes » ou comme il faut à leurs proches ; et sans recevoir d'autres sacrements en temps voulu. Les gens ont « goûté » qu'ils peuvent recevoir directement chez eux ou sur leurs lieux de travail les messages de leurs leaders ou accompagnateurs religieux grâce aux nouvelles technologies de l'information et de la communication, et aux médias de masse.

Seulement, une fois la pandémie terminée, comment les institutions religieuses peuvent-elles aborder l'importance de recevoir régulièrement ces sacrements comme nous le faisions auparavant, par exemple dans l'Eglise catholique ? Les institutions religieuses ne penseraient-elles pas plus profondément comment elles pourraient relever les défis d'avoir aucun temple ou aucun autre endroit convenable pour adorer Dieu «en esprit et en vérité» (Jean 4:24)?[130] Quel serait le « bon » lieu ou l'endroit « le plus adéquat » pour adorer Dieu et lui rendre un culte inconditionnel après la pandémie de COVID-19?

Tout comme Jésus le suggère dans Jean 4, 19-24, le cœur serait le «lieu approprié» d'adoration, c'est-à-dire l'adoration du créateur avec sa vie quel que soit le lieu ou l'époque. Dans cette perspective, l'adoration se transforme en une vie, en une culture et en une expérience continue. Ainsi, en ce qui concerne ce type de culte, il peut nous être utile de rappeler ce proverbe africain (toucouleur) qui dit: «La religion d'un homme est dans son cœur», et une ancienne instruction égyptienne pour le pharaon Merikare (vers 2160-2125 avant notre ère) qui déclare également que «le caractère de celui dont le cœur est droit est plus agréable que les bœufs de celui qui pratique le mal (44)».[131]

Ainsi, certaines religions traditionnelles africaines – locales ou autochtones – peuvent aider les religions allochtones et institutionnelles à approfondir ou à redécouvrir que l'adoration faite à Dieu n'est pas tellement fixée à un lieu, aussi saint soit-il. Car ce Dieu est esprit et invisible, vécu comme le souffle et la lumière. On l'entend mais on ne le voit pas. On voit par lui mais lui on ne le voit pas. L'importance doit plutôt être accordée à l'adoration de vie et dans sa propre vie, mais également à l'adoration et au partage du message de Dieu à favoriser et réaliser dans sa famille.

6.8. Penser le défi de la distanciation sociale

Pour éviter la transmission de la COVID-19 et la contagion au virus ou du moins diminuer le risque potentiel d'exposition au virus, l'Organisation Mondiale de la Santé préconise la distanciation physique comme l'un des gestes barrières à observer. C'est-à-dire, garder une distance d'un à deux mètres au moins entre des personnes, surtout celles qui ne se connaissent pas. Car, ignorant l'état sérologique de l'une et l'autre. Tout à coup, le vide autour de soi ou la distance à assurer entre individus devient une certaine voie du salut en face de cette pandémie.

Seulement, il convient de prendre garde à ce que la distanciation physique ne devienne pas l'occasion d'une distanciation sociale dangereuse. De fait, nous avons noté comment cette distanciation physique peut encore exacerber la solitude des personnes vivant seules, des personnes de troisième âge, des personnes malades et vulnérables. Egalement, cette distanciation sociale peut encore renforcer l'individualisme, la stigmatisation de l'autre

---

[130]Chareire, Isabelle, « Plus de temple, nul lieu pour l'esprit : Epreuves pour l'institution ecclésiale», in *Concilium* n° 242, 1992, pp. 95-102.

[131]Helck, Wolfgang, *Die Lehrefür König Merikare* (KÄT;Harrassowitz, Wiesbaden, 1977, pp. 79-80; Quack, Joachim F., *StudienzurLehrefürMerikare*, GOF, ReiheÄgypten 23, Harrassowitz, Wiesbaden, 1992, pp 94-5; Parkinson, Richard B, *The Tale of Sinuhe and Other Ancient EgyptianPoems 1940-1640*, Oxford UniversityPress, Oxford, 1997, p. 226. C'est nous qui traduisons.

que j'ignore. Cet autre que j'ignore pourrait facilement être identifié avec l'étranger, l'immigré, avec celui ou celle qui n'est pas comme moi, avec les minorités, etc. En plus, prévenant la contagion, la distanciation physique aurait « provoqué » d'autres maladies et multiplié certains stress déjà présents en nous et autour de nous.

Or la vie est aussi contact et transmission d'expériences entre générations, surtout entre les grands-parents et les petits-fils et arrière-petits-fils. La vie, c'est la circulation des énergies venant de plusieurs âges différents. Cette circulation ou cette transmission s'exprime par des accolades, des étreintes, des rapprochements physiques. En effet, on se serre les coudes pour faire front ensemble au danger. On se rassemble en bloc pour ne pas se disperser par la bourrasque des événements qui risque d'emporter des individus qui se tiennent seuls.

Par ailleurs, cette distanciation physique est presque impossible à observer dans des milieux de vie étroits et populeux, où beaucoup de personnes vivent à l'étroit et confinées sur une superficie réduite. En effet, « c'est un monde sans intervalles, les hommes y sont les uns sur les autres, les cases les unes sur les autres ».[132]Paraphrasant Frantz Fanon, nous dirions que c'est un milieu de vie affamé, affamé de pain, de viande, de chaussures, de charbon, de lumière. C'est un milieu de vie accroupi, à genoux, vautré.[133] Vouloir imposer la distanciation physique dans un milieu pareil, ce serait narguer toute une population, la violenter, l'énerver et provoquer des émeutes sérieuses.

Tenant compte de ce qui vient d'être dit, la culture est invitée à repenser nos règles d'urbanisation ou d'occupation de l'espace ou d'habitation. Autrement dit, elle est interpellée à revoir les paramètres de configuration de notre espace vital. Là où c'est une pratique acceptée, faudrait-il vraiment continuer à « parquer » les gens dans des hospices des personnes âgées, des maisons de retraite et de repos, ou devons-nous garder les générations sous un même toit, dans la mesure du possible, ou, du moins, dans un espace vital rapproché ?Egalement, ne faudrait-il pas, là où les populations vivent à l'étroit, dans des endroits exigus, que les intervalles soient créés entre les habitations, afin que « chacun puisse respirer en son espace/en temps » (CT 1130 VII 463a)?[134] Ne convient-il donc pas créer des lieux d'habitation

---

[132] Fanon, Frantz, *Op.cit.*, p. 43.

[133] Voir Fanon, Frantz, *Op.cit.*, 43.

[134] De Buck, Adriaan, *The Coffin Texts*, vol. 7, University of Chicago – Oriental Institute Publications n° 87, University of Chicago Press, Chicago, 1961, p. 463. C'est nous qui traduisons. C'est l'extrait de la version d'un texte inscrit sur le fond de 7 sarcophages trouvés à el-Bersheh (Deir el-Bersha), sur la rive gauche ou orientale du Nil, près de la ville d'el-Minya, en Moyenne Egypte. Cet extrait reprend l'une des quatre bonnes actions que le créateur de tout avait créées au début de la création. Notons que ces textes dits des sarcophages dateraient approximativement du 22è au 18è siècle avant notre ère.

plutôt aérés, où les gens s'y épanouissent à l'aise, surtout en ces temps de pollution de l'air et de réchauffement climatique?

6.9. Penser le défi des contacts « masqués » dans une société qui désire la transparence

Précédemment nous avons noté que la guerre des masques, l'une des facettes de la guerre commerciale qui se livrent les nations, a fait tomber nos masques. Car, elle nous a obligés de vivre dans la sincérité, justement à visage découvert et donc sans masques.

Cependant, comme c'est le cas avec la distanciation physique, l'Organisation Mondiale de la Santé préconise le port des masques comme l'une des mesures barrières à observer pour empêcher la transmission de la COVID-19 et la contagion au virus ou du moins diminuer le risque potentiel d'exposition à ce virus. Dès lors, toutes les expressions du visage deviennent masquées, illisibles et presque invisibles. Tous les traits distinctifs du visage humain apparaissent désormais cachés et les personnes sont peu facilement repérables à certaine distance. Or, le visage dit presque tout de la personne, de l'être humain. Nous voici désormais dans une société où les différences personnelles sont apparemment et à première vue difficiles à définir, car elles tendent à se cacher, à s'abriter dans l'indistinction, la confusion et presque dans l'anonymat.

Devant un tel état des choses, la culture se fait sentinelle du sujet, c'est-à-dire, de l'individu, responsable de la conjugaison de ses verbes. Car, la culture est invitée dorénavant à veiller à ce que le port des masques ne nous replonge point dans une société presque anonyme à responsabilité limitée, où les contacts se feraient désormais masqués, dans la méfiance ou dans la peur. Elle doit veiller à ce que le commerce humain se déroule dans la transparence et l'honnêteté. Bref, nous devons assurer que le port des masques à la fois nous préserve de la contagion au virus et nous garantit des contacts dans la véracité et la vérité.

VII. Conclusion

Nous voici au terme de notre réflexion en chantier sur les rôles des religions, des spiritualités, des voies et traditions de sagesse, et des cultures dans la configuration du monde après cette pandémie de COVID-19.

Le terme hiéroglyphique 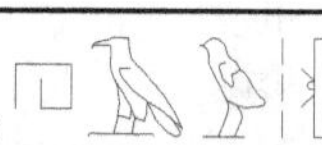 (*haw*) possède ici deux connotations: spatiale et temporelle. La première signifie l'espace comme environnement, la location ou le milieu de vie, tandis que la deuxième le temps de vie. La deuxième connotation est assurée par la leçon d'un seul sarcophage sur 7 du défunt Aha-Nekhet (« le combattant vigoureux ») qui se trouve au Musée des Antiquités du Caire dont le numéro est 28094.

Certes, le monde d'avant la pandémie était agréable pour ceux et celles qui en avaient des moyens de s'offrir le bonheur, par exemple, des voyages et contacts sans gestes barrières et restrictions, etc. Mais, nous n'aimerions pas regretter ce monde d'avant, car il était aussi un monde d'inégalités criantes et d'arrogance. Assurément, le monde d'après la pandémie de COVID-19 aura aussi ses discriminations, ses inégalités et ses expressions d'arrogance. Cependant, nous avons souhaité que la pandémie se transforme en un *kairos*, c'est-à-dire en un temps propice à engager des changements profonds dans les rapports des humains à l'être, à l'avoir, au pouvoir et au vouloir. Nous avons désiré que la pandémie devienne une opportunité à transformer la qualité de nos relations aux êtres, aux choses et aux mots vers un mieux-être, avec beaucoup plus de dignité et respect qu'auparavant. Il s'avère donc que le monde d'après la COVID-19 se dégage comme un objet de volonté et de résolution. C'est-à-dire, nous nous donnons le devoir et l'exigence d'engager résolument le monde d'après la pandémie dans les chemins de la qualité meilleure de la vie et de nos relations.

Afin de nous aider à garder espoir dans l'avenir, nous aimerions pour le moment arrêter cette réflexion en cours en nous armant de l'espérance et de la patience. Car, « c'est la nuit que les étoiles sont visibles», nous dit un proverbe africain. Et pour finir, nous nous invitons à la prière du sage et philosophe érythréen WäldäHeywat (1630-?):

« En temps d'affliction et de maladie, avec lequel il plaît à Dieu de nous mettre à l'épreuve durant ce service, nous devons être patients et le prier afin qu'il nous affermisse dans notre confiance en lui, et nous rabaisse sous sa sainte main (*HWY*38:19 -21) ».[135]

Par MpayKemboly, S.J.

[135] Sumner, Claude, *Ethiopian Philosophy*, vol.2, p. 35. C'est nous qui traduisons.

Axe 4

La Covid 19 : les questions du langage et de la communication

Covid 19 et communication au Congo (DRC)

par Kutumisa et kwetukadila

Introduction

Une interview faite en date du 15 juillet 2020 par un journaliste de la chaine de télévision PNDHtv au Camps Luka, un quartier de la commune de Ngaliema à Kinshasa, a révélé que les messages émis sur le Coronavirus n'atteignaient pas correctement la population cible. Sur 10 personnes interrogées, quatre hommes et six femmes, une seule personne, un homme, visiblement un handicapé assis sur un banc, incapable de se mettre debout, a pu répondre correctement à la question posée. Celle-ci consistait à définir le Covid 19 et à décrire les mesures barrières édictées par les autorités sanitaires.

Les réponses ont été déroutantes. Certaines personnes disaient qu'il fallait porter les capots. D'autres ont répondu en évoquant les précautions nécessaires pour éviter la maladie à virus Ebola. D'autres encore tentaient de stigmatiser le comportement de ceux qui ne connaissent pas les précautions à prendre pour éviter la typhoïde ou le choléra. Visiblement, ils ne comprenaient pas la question. C'est incroyable ! On me l'aurait raconté que je n'aurais pas cru.

Pourtant, les radios et les télévisions de Kinshasa vocifèrent à longueur de journée autour du Covid 19 ainsi que les mesures barrières qu'il faut observer. Les statistiques quotidiennes des malades et des morts n'émeuvent personne. Dans ce quartier on n'en sait rien. Il aurait été intéressant que l'équipe de riposte sur ce Covid 19 suive cette émission.

Nous pensons que ce raté est dû, entre autres, à des problèmes de communication. Il est évident que dans le quartier d'enquête, un des plus pauvres de la ville, plusieurs ménages n'ont ni radio ni télévision ni électricité.

En plus, ce message sur le Covid19 est donné, comme d'ailleurs pour les autres messages publics, soit en français, peu connu dans ce quartier, soit en lingála, mais dans la variante linguistique de cette langue appelée 'lingála classique'. Nous voyons au point suivant comment le lingala classique est difficile à assimiler pour les Kinois.

1. Le lingála classique

Le lingála est bien la langue utilisée par tous les locuteurs kinois (de Kinshasa). Mais, la variante classique n'est utilisée que par les missionnaires catholiques à la messe, par quelques journalistes au cours d'un journal télévisé.

Certains enseignants du lingála ont tenté d'enseigner le lingála classique à l'école des langues. Or, on apprend les langues à l'école des langues pour des raisons pratiques : se débrouiller dans la vie. Mais ces enseignants n'enseignent pas ce que leurs étudiants iront trouver sur le terrain.

Les messages publicitaires commerciaux sont donnés en lingála ordinaire parce que les émetteurs de ceux-ci voudraient que ce soit bien compris. Ils rendent leurs messages attrayants et n'ont aucune raison de les compliquer avec le lingála classique.

Le lingála ordinaire est bien la langue utilisée à Kinshasa et dans les provinces lingálaphones à travers le pays. C'est celle qu'utilise chaque kinois qui rencontre n'importe qui. Ce n'est pas à confondre avec les formes de verlan qu'utilisent les jeunes délinquants appelés « kulunas » ainsi que les « shégués[136] »

Mais, il n'existe nulle part une contrée où on parle le lingála classique même dans les provinces réputées lingálaphones d'origine, habitées par les Bangala, en général originaires de l'ancienne Province de l'Equateur de l'époque coloniale ainsi que ceux de la partie Ouest de l'ancienne Province Orientale.

En fait, le lingála classique a été mis au point par les missionnaires catholiques à partir de Makanza (nouvel Anvers), dans la province de l'Equateur, au début de la colonisation, au siècle dernier. Ces missionnaires étrangers avaient l'impression que le lingála était un charabia parlé en désordre. Dans les phrases du lingála classique, en imitant les autres langues bantu, ils ont créé des infixes et des accords entre les formes nominales, les formes pronominales et les formes verbales en alignant les autres affixes sur les préfixes nominaux. Le lingála ordinaire ou populaire que parle la population, a supprimé ces accords et les infixes et a rendu invariables les formes pronominales, les formes adjectivales ainsi que les préfixes verbaux.

[136] Les shégués sont des jeunes enfants errants et sans domicile. Les kulunas sont des jeunes gens très agressifs.

Exemples :

Lingála classique	lingála ordinaire
Ex. 1. Likambolyangólizalílibé	Likamboyangóezalímabé
2. Masangamangómazalímabé	Masangayangóezalímabé
3. Bilókobyangóbizalíbibé	Bilókoyangóezalímabé
4. Batobangóbazalímabé	Batoyangóbazalímabé
5. Monokomwangómozalímobé	Monokoyangóezalímabé
6. Minokomyangómizalímibé	Minokoyangóezalímabé
7. Bondokibwangóbozalíbobé	Bondokiyangóezalímabé
8. Moto yangóazalímabé	moto yangóazalímabé
9. Balóyébísíbóyâ	Bayébísíbínóbóyá

Traduction :

1. *L'affaire en question est mauvaise*
2. *La boisson en question est mauvaise*
3. *Les choses en question sont mauvaises*
4. *Les personnes en question sont mauvaises*
5. *La langue en question est mauvaise*
6. *Les langues en questions sont mauvaises*
7. *La sorcellerie en question est mauvaise*
8. *La personne en question est mauvaise*
9. *On vous a dit de venir*

Ainsi qu'on le constate dans les exemples du lingála ordinaire, mise à part la forme nominale qui est en première position, toutes les autres formes sont identiques sur le plan syntagmatique dans tous les exemples. Néanmoins, dans les exemples 4 et 8, la langue fait la différence entre le singulier et le pluriel pour le préfixe verbal : 'a' pour le singulier (cl.1) et Ba pour le pluriel (cl.2). La langue ne conserve pas cette différence en ce qui concerne les autres classes. Et pourtant, il n'y a pas de confusion lorsque les locuteurs parlent. Ça rappelle le latin qui mettait le verbe au singulier alors qu'il y avait plusieurs sujets.

La colonne de gauche oblige le locuteur à répéter les préfixes dans les formes pronominales, verbales et adjectivales. C'est une activité inutilemènt fastidieuse. C'est pourquoi, les tenants du lingála classique, les prêtres à la messe, quelques journalistes et certains enseignants de lingála se trompent eux-mêmes régulièrement. Et une fois qu'ils ont quitté leur chaire, ils parlent le lingála de tout le monde en utilisant la colonne de droite.

Dans l'exemple 9, l'infixe 'lo' de la première colonne a été supprimé au profit du substitutif de personne ($2^{\text{ième}}$ pers. pluriel) 'bino'. Les deux morphèmes n'ont aucun rapport de forme. Dans ce même exemple 9, le ton descendant sur bóyâa été changé en ton haut bóyá. C'est une règle générale : tous les tons descendants et montants, par lesquels on reconnait d'ailleurs un mongala tel que défini ci-dessus, ont été convertis en tons hauts.

Dans la colonne de droite, on peut simplifier ezalí en ezá.

2. La simplification linguistique

Les exemples de simplification du lingála sont nombreux. Nous n'avons repris ici qu'un échantillon. Dans un article, nous avons démontré que le lingála et le kiswahili[137] ont opéré plusieurs simplifications similaires comme si les locuteurs s'étaient entendus. Cela a rendu l'apprentissage de ces deux langues simple. Dans les six mois qui suivent l'installation d'un Africain ou d'un Asiatique à Kinshasa, il devient capable de faire ses courses seul, se débrouillant bien en lingála. Il en est de même de celui qui s'installe à Lubumbashi pour le kiswahili. Ce n'est pas le cas de celui qui s'installe à Kananga ou à Mbuji-Mayi car le cilubà a gardé intactes toutes les anciennes structures linguistiques très diversifiées. Observons les exemples suivants :

	Cilubà	Traduction
1.	Muntuewuudimubi	cette personne est mauvaise
2.	Maluvuaaadimabi	cette boisson est mauvaise
3.	Cintuecicidicibi	ce truc est mauvais
4.	Nzubu e iidimibi	ces maisons sont mauvaises
5.	Bantu ababadi babi	ces personnes sont mauvaises
6.	Dikonda e didididibi	cette banane est mauvaise

Nous avons gardé ici l'ancienne transcription, sans tons, afin de faire comprendre aux non linguistes, quels sont les accords qu'exige le cilubà. Même comparé au lingála classique déjà difficile à appliquer, le cilubà demande plus. S'il n'exige que la répétition de ci…ci dans l'exemple 3, celle de di…di dans l'exemple 6 et de ba…ba.dans l'exemple 5, voyez les exemples 2 et 4 : maluvuaaadimabi ; Nzubueiidimibi. Il n'y a pas de rapport physique entre le préfixe de la forme nominale et celui de la forme pronominale. Celle-ci elle-même commence tantôt par e-, tantôt par a-.

Prenons une comparaison : si on accepte que le français vient du latin, ce qui n'est pas si évident que ça étant donné que les Francs étaient un peuple germanique, on peut accepter que le français, d'un certain point de vue, est plus simple que le latin. Dans celui-ci, un même mot peut avoir plusieurs formes différentes suivant la fonction syntaxique. Pour un même terme

137 Lire KUTUMISA B.K(2010) des raisons intralinguistique de la propagation du lingála et du kiswahili, CELTA, collection Travaux et recherches

comme 'Dieu' en français, on aura en latin 'deus' au nominatif correspondant au sujet de la phrase, 'deum' lorsqu'il s'agit de l'accusatif correspondant au complément d'objet direct, 'dei' au génitif exprimant l'appartenance, 'deo' au datif et à l'ablatif correspondant respectivement au complément d'objet indirect et à différents compléments circonstanciels. Le français ne donne qu'un seul terme pour tous les cas et utilise la position dans l'énoncé pour déterminer la fonction syntaxique. Bien sûr, on peut dire que même en latin, il s'agit d'une seule forme, mais elle est changeante. C'est une véritable contrainte qu'on ne trouve pas en français. On ne reviendra plus à ce qui est plus difficile.

La simplification d'une langue répond au principe de facilité. C'est ce qui fait qu'un nouveau venu apprend le lingála et le kiswahili en six mois, comme dit ci-dessus. Mais pour le cilubà on reconnait encore le nouveau venu même après 5 ans. Ça prend plus de temps à l'apprentissage. Le fait qu'un non Kasaïen parle correctement le ciluba est un phénomène plutôt remarquable.

Notre plaidoyer pour la langue ordinaire cherche à éliminer un obstacle inutile dans la transmission des informations et des connaissances. Pour communiquer avec efficacité, l'émetteur doit se placer sur la même longueur d'onde que le récepteur. A Kinshasa, afin que le message soit bien compris, on doit utiliser la forme populaire ou ordinaire, je dirais même ''la forme démocratique'' de la langue, abusivement appelée langue vulgaire. Les médias vont dans cette direction d'une langue à portée des auditeurs. Les émissions de télévision les plus suivies (Canal presse, Po na ekolo, Kinshasa na biso, buluyeke, etc.), par les Congolais de Kinshasa, de Brazzaville, de l'ensemble des provinces et de la diaspora sont celles où on parle le lingala ordinaire qui est en fait le lingala facile. Ce n'est pas du charabia ainsi que le disaient les premiers colonisateurs, non linguistes.

On sait que la langue joue plusieurs rôles (les fonctions du langage). Dans certaines sociétés, elle permet de distinguer le rang social et les castes. La langue des nobles s'est souvent imposée au détriment de la variante de la plèbe. Les tenants de ces différences dans ces sociétés ont été également les défenseurs des classes sociales. Aujourd'hui, même dans ces sociétés-là, les choses se sont éclaircies. Il n'y a plus qu'une seule langue française. On ne la traite plus de vulgaire. C'est ainsi que la messe, qui était restée en latin pendant des siècles et paraissait trop sacrée pour être dite dans une langue ''vulgaire'' comme le français, est dite aujourd'hui dans cette langue.

La langue populaire comme le lingála de Kinshasa, est une langue comme les autres. Les locuteurs et les interlocuteurs se comprennent parfaitement. C'est l'élément le plus important. On ne peut pas parler en termes de bon ou de mauvais lingála ou de mauvais kiswahili. Cela s'entend ci et là. Le mauvais lingála devait signifier qu'on le parle en commettant des fautes, ce qui n'est pas possible pour un locuteur natif. Par contre, essayez de mal placer une seule voyelle, une consonne ou un ton de ce lingála populaire, on dira directement que vous ne connaissez pas la langue.

3. le lingála et l'emprunt linguistique

Le problème qui se pose pour le lingála populaire, c'est celui du lexique. A cause de la provenance diversifiée de beaucoup de locuteurs, plusieurs termes sont inconnus. La tendance est de les remplacer par des termes français ou par des termes provenant des langues des premiers occupants de Kinshasa. En 1960, Kinshasa comptait 82% de Bakongo et de Bayaka qui, sur le plan linguistique, parlent la même langue. Ils ont pu imposer plusieurs termes aujourd'hui intégrés dans le lingála. Après tout, il s'agit aussi de langues bantu comme le lingála.

Les usages linguistiques des kinois font que, quand bien même un terme existerait en lingála, le locuteur cultivé préfère utiliser un terme français. Exemple : les chiffres. Dans certains cas, on préfère utiliser un terme français, dans d'autres, un terme lingála. Exemples :

	Lingála	Traduction
1.	Mwanamókó (et jamais Mwanaun)	*un enfant*
2.	Bagarçonsmíbalé (et non bagarçonsdeux)	*deux garçons*
3.	Vingt dollars (et non pas dollar túkúmíbalé)	*vingt dollars*
4.	Banabasidix (mais aussi banabasizómi)	*dix filles*

Ainsi que vous le constatez aux exemples 1 et 2, même les emprunts ne se font pas de manière anarchique. Par ailleurs, le problème de l'emprunt lexical n'est pas propre au lingála ordinaire. Toutes les langues recourent souvent à des termes empruntés à d'autres langues. Le français est truffé de termes anglais. Mais là, il existe une institution qui encadre cette langue. Cette institution, appelée 'Académie Française' est parfois amenée à intervenir pour spécifier ou créer un terme proprement français qui se démarque de l'anglais ou d'autres langues. C'est pourquoi le gouvernement d'un pays ne laisse pas les langues évoluer seules sans organe de suivi.

La langue scientifique est exigeante aussi en ce qui concerne le lexique. Celui-ci apporte une précision méticuleuse nécessaire pour éviter la confusion. Dans les travaux scientifiques, tout terme qui s'écarte de son emploi ordinaire doit être signalé et justifié. C'est pourquoi, chaque discipline scientifique possède un jargon utilisé par les pratiquants de la discipline : jargon médical, jargon linguistique, jargon philosophique, etc. Les termes scientifiques spécifiques ne se créent pas tout seuls. Ils sont proposés par des scientifiques au cours des colloques ou de symposiums. Les termes qui sont acceptés par les pairs sont retenus. On ne crée pas une nouvelle grammaire. La grammaire française par exemple reste la même pour toute la société française. C'est là le péché du lingála classique qui veut enseigner une nouvelle grammaire au lieu d'affiner le lexique.

En ce qui concerne le lingála, il arrive régulièrement que des artistes-musiciens, des hommes de théâtres, créent des nouveaux termes qui se répandent grâce aux spectacles. Ainsi est apparu le terme « monyato » en lingála au cours d'une pièce de théâtre vers les années 1990. Il signifie 'un billet de banque de mauvaise qualité'.

4. Création d'une académie

Ainsi que nous l'avons dit ci-dessus, un pays ne peut abandonner les langues à leur seule évolution. Il devrait y avoir une académie des langues chargée du suivi et de l'usage de celles-ci. Elle s'occuperait notamment de la création ou de l'acceptation des nouveaux termes. L'académie n'impose pas de langue. Elle encadre.

Les dirigeants africains s'occupent parfois plus des langues d'autrui que des leurs propres. A la période du recours à l'authenticité, Mobutu, pour se démarquer des Belges avec lesquels il avait plusieurs fois des démêlés, s'est mis à règlementer l'usage du français au Congo. Ainsi, il a décrété qu'on ne pouvait plus utiliser les termes de la liste de gauche ci-dessous, mais qu'il fallait les remplacer par ceux de droite. Quelques exemples :

Nonante	Quatre-vingt dix
Septante	Soixante-dix
Trois heures du soir	Quinze heures
Cinq heures du soir	Dix-sept heures
Huit heures du soir	Vingt heures

Ainsi qu'on peut le remarquer, ces termes ont connu une fortune diverse. Les termes 'septante' et 'nonante' ont été réhabilités par les usages. L'arrivée du téléphone portable ainsi que la possibilité de dicter des chiffres ont eu raison des termes 'quatre-vingt-dix' car à la dictée, on note déjà 80 avant d'entendre le 10 qui vient. Et pour soixante-dix, on note déjà 60 avant d'entendre le 10. On est obligé d'effacer et de recommencer.

Mobutu aurait pu tout simplement créer une « académie congolaise des langues ». Certes, il y existe ' un observatoire des langues'. Mais, ce service ne peut pas prendre la place d'une académie. Il est laissé sans moyens.

5. Création lexicale sur le Coronavirus pour le kiyaka

Le kiyaka est une langue parlée au Kwango, la province la plus proche de Kinshasa par l'Est. Il est parlé par une population estimée à 8 millions de personnes. Soit 10% de la population totale du Congo dont une grande colonie est à Kinshasa. Dans trois des cinq territoires du Kwango, on parle kiyaka à plus de 90%. Et on n'y parle que ça. Les autres langues sont si périphériques et résiduelles qu'on ne les entend pas.

Ainsi, que dit ci-dessus, si dans la population de Kinshasa, où se trouvent concentrés tous les moyens de communication, plusieurs citoyens ont des difficultés à comprendre le Coronavirus, imaginez ce qui doit en être à l'intérieur du pays, surtout là où on ne parle aucune langue nationale comme dans les territoires yaka du Kwango.

Afin d'aider ces populations, un groupe de professeurs d'université, auxquels se sont joints quelques locuteurs natifs de cette langue, a choisi de travailler sur le lexique afin de rendre compréhensibles les messages sur le Coronavirus et plus tard sur d'autres problèmes. C'est ainsi que les termes suivants ont été sélectionnés. La langue étant une convention, on demandera aux locuteurs de les adopter. Les tons sont marqués sur les termes afin que la prononciation soit correcte. C'est le dialecte de Pelende qui a servi pour l'exercice comme pour les grands travaux antérieurs de cette langue depuis Meeussen et Karel Van den Eynde.

Français	Kiyaka
Symptômes	Bidíĭmbu
Respirer difficilement	Kukhófúkĭla
Coronavirus	Kháwáăka (cl.9)
Contagion	N-sáambu (cl.3)
Maladie contagieuse	Imbééfúkyátsámbúkĭla
Peste porcine	Mawélúmŭna (cl.5)
Cache-nez	Ikáámba (cl.7-8)
Mesures barrières	Bikăku (cl.8)
Eternuement	'Tsya (cl.9)
Maux de tête	ǹ-twáphási
Fièvre	Mbáăwu, féléféle
Respiration haletante	Phănzi
Respiration avec des piquons	Dyóónga
Essoufflement maladive	Kapháăpha
Essoufflement après course	Ihéémwa
Frissonner	Kutékĭta
Respirer de façon saccadée	Kutéwúkĭla
Son de mauvaise respiration	Tswéénga
Faire un hoquet	Kuhíkúkĭla
Cancer	Masúsú

La création lexicale que nous allons poursuivre répond à deux techniques : l'arbitraire du signe linguistique ou le caractère motivé de celui-ci. Dans le premier cas, on peut créer un terme nouveau sans être obligé de justifier pourquoi ce terme est créé comme cela. Il suffit qu'il respecte les règles phonotactiques de la langue afin que les locuteurs puissent le reconnaitre comme appartenant à la langue. Exemple : « masŭsu » que nous traduisons par « *cancer* ». Pourquoi ? Le chercheur répondra comme notre professeur flamand : waaromzijnde banane krom ? *Pourquoi la banane est-elle courbe ?* Il veut dire par là que quelque chose ou un terme peut exister sans qu'on sache pourquoi il est comme ça. C'est le cas de la plupart des termes du vocabulaire. L'action de manger est traduite en français par le terme 'manger'. Pourquoi ? C'est une simple convention arbitraire. D'autres désignent cette action par 'eat', d'autres encore par 'kúdya'.

Le terme 'cancer' en kiyaka ne peut pas être traduit par 'masase' parce que dans cette langue, on ne peut pas trouver un terme qui se termine par un « e » précédé d'un « a ». Les règles linguistiques phonotactiques sont strictes à ce sujet.

On peut créer un terme de manière motivée, c'est-à-dire sur base d'un autre terme ou d'un son. Par exemple, le terme « bêler ». Il aurait été créé sur base du son [bee] qu'on croit entendre lorsqu'un mouton bêle. En kiyaka, bêler se traduit par « kumééka » car on croit entendre [mééé]. L'une ou l'autre procédure de création lexicale est valable.

Lors de la traduction, nous avons trouvé des termes yaka qui n'ont pas d'équivalents en français. Par exemple « kuyákámăna ». Il se dit de l'action qui consiste à faire bouillir les feuilles de certaines plantes (manyókányóka, lúmbálúmba, matsútsútsu), inspirer le gaz fumant qui sort de la marmite en se couvrant la tête avec une étoffe. Une technique connue de tous les Africains. Certains estiment qu'il s'agit là d'un remède qui devrait être efficace contre le Covid 19 puisqu'il est efficace contre les grippes dans les villages. Personne n'a fait le test.

Notre équipe de traduction[138] va s'élargir et s'ouvrir aux spécialistes en traduction disponibles, aux médecins, aux tradi-praticiens, aux infirmiers et aux infirmières. Par ailleurs, ceci n'est qu'un exemple. Nous allons encourager les collègues à faire la même chose pour les autres langues. Les problèmes de langue doivent cesser de bloquer l'information et la formation des Congolais. Ils ne lisent qu'un seul livre : la Bible.

6. Comment communiquer à Kinshasa ?

On doit communiquer en lingála de Kinshasa avant même de penser le faire en français, une langue statistiquement très minoritaire. On n'est francophone que lorsqu'on a terminé les études secondaires. Les statistiques de l'Examen d'Etat de fin d'études secondaires attestent que depuis 1967, quatre millions de Congolais ont présenté cet examen, soit 5% de la

---

[138] Pr. KUTUMISA B. Kyota, Pr. KUETUKADILA N-kwataata, Mr/ NZAZI Kabila Roger, Mr. KUTUMISA J. Pierre, Mr. BAYEKULA Putu Calvin et Mr. BULEMBA MwangaSelius.

population totale du Congo. Toutefois, il faut reconnaitre que le français garde l'avantage d'être la langue officielle et administrative.

Avec le lingála ordinaire, on sait communiquer à plus 10 millions de personnes de la Ville de Kinshasa. Ajouter à ceux-là les locuteurs des provinces lingálaphones d'origine définis ci-dessus comme Bangala, habitants de l'ancienne province de l'Equateur, y compris Maïndombe. La moitié Ouest de l'ancienne Province Orientale est aussi lingálaphone d'origine avons-nous dit. Il faut la comptabiliser sur le lingála de Kinshasa. Le lingála est également compris dans les provinces non lingálaphones d'origine, mais issues du démembrement de la province de Kinshasa : Kongo-central, Kwango, Kwilu même s'ils ne parlent pas quotidiennement cette langue.

Les habitants de ces trois provinces considèrent toujours Kinshasa comme leur centre comme avant le démembrement. C'est ainsi qu'il est quasiment impossible de rencontrer des personnes issues de ces provinces qui ne connaissent pas le lingála. Celui du Nord de Brazzaville est le même que celui de Kinshasa. Il faut comptabiliser ces habitants.

Lorsqu'un locuteur du lingála ayant un accent provincial se rend à Kinshasa, il fait tôt d'abandonner cet accent car il ne voudra pas qu'on sache qu'il vient d'une province. Par contre, lorsqu'un locuteur de Kinshasa se rend ailleurs dans une province, il continue à parler son lingála de Kinshasa par complexe de supériorité. Certains locuteurs provinciaux vont même tenter del'imiter. De toute façon, les différences ne sont pas énormes. Elles portent sur le ton.

La sommation de tous ces locuteurs du lingála ordinaire ne compte pas moins de 40 millions de locuteurs dans la moitié Ouest de la République Démocratique du Congo. C'est très rentable sur le plan de la communication. Il est temps qu'une équipe de traduction officielle se mette en place.

Jadis, le lingála était compris comme une langue militaire venue de l'Equateur. Mais aujourd'hui, le lingála représente avant tout la Ville de Kinshasa. Il a ainsi acquis le prestige de la Capitale.

Le lingála peut être compris même dans les provinces swahiliphones de l'Est du pays. Déjà à l'époque coloniale, tous les militaires où qu'ils soient affectés, avaient une seule langue : le lingála. Et comme on sait, lorsque le militaire rencontre des civils, c'est à ceux-ci de comprendre ce que le militaire dit et non l'inverse. Les civils sont rançonnés s'ils ne comprennent pas ce que raconte le militaire en lingála. Les civils ont donc été poussés vers cette langue.

Aujourd'hui, avec les groupes armés et les rebelles qui pullulent dans l'Est du pays qui est swahiliphone, avec les massacres récurrents, les populations ont toujours peur de rencontrer des militaires. Lorsqu'elles en rencontrent qui parlent kiswahili, les civils fuient le plus vite possible. Lorsque par contre ces populations rencontrent des militaires parlants lingála, elles viennent en toute confiance vers eux car elles savent qu'il s'agit des militaires des FARDC, l'armée nationale, chargée de les protéger, même si cela ne se passe pas toujours ainsi. Les civils font ainsi l'effort plus agréable d'apprendre le lingála.

Un Rwandais, monsieur Anicet était affecté à Kananga. A plusieurs reprises, il était intercepté par la police qui lui exigeait les pièces de son véhicule, en lingála car c'est aussi la langue de la Police Nationale Congolaise. Ne pouvant pas répondre à l'interpellation, monsieur Anicet s'en sortait en abandonnant chaque fois quelques billets de banque. Fatigué de se faire rançonner chaque fois, il décida d'apprendre le lingála. Il s'informa sur les possibilités de s'inscrire à une école de langue où on enseignait le lingála. On lui conseilla d'épouser une deuxième femme, lingálaphone. L'apprentissage serait plus doux. Par contre, l'école des langues lui enseignerait le lingála classique qu'il ne pourrait pas utiliser dans la rue.

Shambuyi lui, est un chauffeur de taxi à Kananga. Il est tombé dans les filets de la police de roulage. Un policier s'est mis devant sa voiture pour éviter qu'il ne puisse s'enfuir pendant qu'un autre policier lui exigeait les pièces du véhicule. Le policier parlait à Shambuyi en lingála. Celui-ci répondait en ciluba car il savait que ce policier était Muluba. Le dialogue des sourds s'est poursuivi : l'un parlant en lingála, l'autre répondant en ciluba. Chacun savait que l'autre connaissait la langue de son interlocuteur. Le policier ne voulait pas parler le ciluba car cela introduirait une familiarité qui le corromprait moralement alors qu'il avait besoin d'un autre type de corruption : les espèces trébuchantes et sonantes. Il y a beaucoup de locuteurs du lingála à Kananga : tous les taximen, toutes les femmes libres, tous les pousse-pousseurs, etc.

Notre texte semble tourner à l'apologie du lingála. Mais tel n'est pas notre objectif. Mais cela montre qu'il existe des langues congolaises parlées par un grand nombre de locuteurs comme le lingála et le kiswahili, mais qui sont négligées par les dirigeants politiques par manque de politique linguistique cohérente.

7. La communication dans les provinces de l'Est

Comment communiquer dans les provinces de l'Est ? Il va de soi que dans ces provinces, la langue de communication est le kiswahili. Mais, il se pose le même problème que celui du lingála. Faut-il employer le kiswahili classique appelé kiswahili bora, utilisée par la Tanzanie, pays d'origine de cette langue ou faut-il utiliser le kiswahili congolais ?

Notre réponse est claire. Le kiswahili bora ou le kiswahili classique n'est bien compris que par ceux qui ont fait les études en kiswahili. Les locuteurs katangais qui n'ont pas été à l'école, les ménagères, ne le comprennent pas.

On peut recommencer les tests de compréhension que nous avons faits à Lubumbashi.

Il faut choisir une variante du kiswahili que peuvent comprendre tous les swahiliphones de l'Est. Il nous semble que le kiswahili de Bukavu se trouve à mi-chemin entre le kiswahili tanzanien et celui du Katanga. Comme pour le lingála, il faut un organe de suivi et d'encadrement de la langue. Avec cette langue, on peut toucher toute la partie Est du pays. Il ne faut cependant pas perdre les munitions en s'accrochant au kiswahili bora, soit disant le bon kiswahili. Il y a moyen de trouver un kiswahili capable d'informer tous les Congolais concernés sans nourrir un complexe d'infériorité face aux tanzaniens qui se proclament propriétaires de cette langue.

Le bon exemple est donné par les reporters des matchs de football à Bukavu comme à Lubumbashi. Ils parlent en un kiswahili bien compris de tous.

8. Comment communiquer au Kasaï avec efficience

Le colonisateur avait déjà simplifié certaines réalités linguistiques qui se sont dégradées après l'indépendance. Il y avait un ciluba normalisé, qui était le même pour tous les Kasaïens, utilisé pour l'enseignement dans toutes les écoles. Mais avec la création du Kasaï oriental et de la ville de Mbuji-Mayi, et l'inversement des rapports des forces politiques, économiques et sociales, il y a maintenant deux variantes qui sont sur le même pied. Puisqu'il s'agit de variantes provinciales, chaque province peut gérer sa variante à sa guise, une variante pour le Kasaï oriental et une autre pour le Kasaï occidental auquel se joint la nouvelle province du Kasaï.

Le ciluba comprend un avantage que ne possèdent pas le lingála et le kiswahili. Il est, à la fois, une langue véhiculaire utilisée pratiquement par tout le monde au Kasaï au Sud du Sankuru, mais c'est aussi une langue vernaculaire parlée par des populations qui n'ont pas d'autre langue : on peut parler le ciluba sans recourir à des emprunts de manière excessive comme on le fait avec le kiswahili et surtout le lingála.

Dans la nouvelle province du Kasaï ayant Tshikapa comme capitale, il existe plusieurs autres langues que le ciluba. Si tout le monde connait le ciluba, il n'y a pas de problème. Mais, si les Bapende et les Cokwe ne communiquent pas en ciluba, il faudra trouver d'autres solutions au niveau local. Aucun Congolais ne peut être abandonné.

Un cas particulier : une partie du Kasaï « Mapangu, Ilebo » emploie le kikongo parce qu'elle se trouve dans le diocèse d'Idiofa dont la capitale est au Kwilu. Mais, comment les Bashilele, les Ndengese communiquent-ils, il faudra peut-être trouver des solutions au niveau provincial ou au niveau local.

Au nord de la rivière Sankuru, c'est l'otetela (C72) que les locuteurs parlent. A Kananga, les Batetela ont tendance à parler le lingála (C36) qui est dans la même zone linguistique que leur langue. Ils sont nombreux à Kananga 2 où se trouve un grand campus de formation militaire où la langue est le lingála.

9. Les langues locales

Le Congo n'est pas entièrement couvert par les 4 langues nationales. Il existe plusieurs larges étendues par lesquelles ne passe aucune langue nationale à l'exemple du Sankuru évoqué ci-dessus dont la langue est l'otetela.

On appelle langues locales celles qui couvrent ce genre d'étendues. Est-il raisonnable d'appeler langue locale cet otetela compris depuis la province de Mai-Ndombe (Ekonda) jusqu'aux Kusu du Maniema ?

Le kiyaka est une langue de ce genre. Il est parlé sur plus de 800 Km depuis Kabuba, Bukanga-lonzo, jusqu'à Tembo. Peut-on raisonnablement appeler le kiyaka langue locale ? Que faire pour bien communiquer ? Faire comme les populations elles-mêmes : utiliser le kiyaka dans les territoires de Kasongo-lunda, Popokabaka et Kenge. En raison de l'intercompréhension entre le kiyaka et le kisuku, le territoire de Feshi peut s'adjoindre aux trois autres.

10. Conclusion : nécessité d'une politique linguistique cohérente et d'une académie congolaise des langues.

L'échec sur la communication à propos du Covid 19 à Kinshasa doit faire réfléchir. Si on enregistre un tel échec dans la capitale où sont concentrés la plupart de médias, qu'en est-il du reste du pays, surtout en milieu rural ? C'est pourquoi nous pensons que le gouvernement doit concevoir une politique linguistique qui puisse permettre aux citoyens d'être bien informés. Nous proposons aux ministères concernés : ministère de l'Intérieur, ministère de l'Enseignement Primaire, Secondaire et Technique, ministère de l'Enseignement Supérieur et Universitaire, ministère de la Justice, sous le leadership du ministère de la Culture et des Arts, qui ne pense pour le moment qu'aux musiciens et aux hommes de théâtre, de classifier les langues après une étude approfondie qui puisse répondre à la question de savoir quelle langue on doit utiliser à chaque coin du pays pour être sûr d'avoir informé tous les citoyens de façon correcte. Sans études préalables, les pasteurs protestants parviennent, comme l'Eglise catholique qui était sur le terrain depuis le début de la colonisation, à apporter leur information religieuse en langue maternelle à leurs ouailles au point que les Congolais n'ont dans leur tête que la Bible.

Au Congo, on peut avoir la classification suivante :

1. Langue officielle : le français. On peut aussi convertir les langues nationales en langues officielles. La conférence Nationale Souveraine avait déjà pris cette décision. On peut y revenir si on n'a pas peur de représailles françaises. Les langues sont, en effet, en rapport avec l'économie, la politique, la colonisation, etc. Mzee Kabila, à son arrivée à Kinshasa, avait décidé de quitter la francophonie. Mais dès sa deuxième année de pouvoir, le besoin d'aide économique l'a fait revenir dans le groupe.
2. Langues nationales : on peut maintenir les langues nationales actuelles ou ajouter à la liste l'une ou l'autre grande langue parlée par au moins 8 millions de personnes. Ex. l'Otetela.
3. Langues provinciales : dans chaque province, on peut adopter une ou des langues provinciales qui seront utilisées à ce niveau-là pour informer les citoyens. La langue doit être parlée dans au moins trois territoires.
4. Langues locales : une langue sera proclamée locale si elle couvre au moins un territoire entier. Une radio, une télévision locale, d'autres médias du territoire peuvent émettre dans cette langue. Il va de soi, qu'un média local doit aussi émettre en langue provinciale, en langues nationales et en langue officielle pour amener les citoyens de bas niveau vers ces langues-là. Mais, l'objectif est de bien former et de bien informer les Congolais dans les langues qu'ils parlent à la maison comme le colonisateur a enseignés les Congolais au niveau primaire dans les langues maternelles.
5. Les langues nationales doivent être enseignées. A l'Est, on enseignera les langues de l'Ouest et vice versa. Pour éviter la tricherie, les élèves choisiront les langues qu'ils ne connaissent pas. Il est difficile de le vérifier. Dans l'expérience faite dans les années 1980 dans les écoles de la ville de Kananga, les élèves ont pratiquement tous choisi le lingala.
6. Une académie congolaise des langues est d'une stricte nécessité.

11. Bibliographie

1. KUTUMISA, B.K (1979) « Transformations phonétiques des termes français en yaka ». *La linguistique* n°9, Université de Lubumbashi, CELTA.

2. KUTUMISA, B.K, et SWIGGERS, P.

- « Concomittence-mediated plural and grammatical personhierachy in yaka. Folialinguisticae, *acta societatis linguisticaeeiropeae*, Tome XXII/ 3-4, Berlin, Mouton de Gruyter, 1988
- « remarque sur le distribution des adjoints pronominaux en Yaka », Bulletin de la société de linguistique de Paris, Paris, Klincksieck, Tome LXXXXIII, p. 339, 1988.

2. KUTUMISA, B.K (1999) ; *Eléments morphologiques et morphotonologiques dans la construction d'un énoncé Yaka*, Munich, LINCOM EUROP

3. KUTUMISA, B.K (2000), *Méthodologie de l'enseignement du ton en lingála*. Kinshasa, CELTA, Collection « travaux et recherches »

4. KUTUMISA, B.K, *Des raisons intralinguistiques de la propagation du lingála et du kiswahili.* Kinshasa, CELTA ; collection Recherches et travaux. 2012

5. KUTUMISA, B.K, N'SOKO S.K, KUETUKADILA N. T., (2016), « Nouvelle orthographe du kiyaka », Kinshasa, Fac. Lettres, in *voix Muntu volume* 2, n°3

6. KUTUMISA, B.K (2006), L'orthographe et la standardisation des langues nationales et transnationales ». Communication présentée à la première édition du FESTILA (festival des langues), « Promotion et co-développement des langues d'Afrique ». Kinshasa, 12-14 juin 2006.

7. KUETUKADILA, G. (2010), *Difficultés de traduction des textes produits en langues congolaises. Cas du N-zuma n-zíīku et du nzumayaka*, Kinshasa, CELTA.

TABLE DES MATIERES

La communication gouvernementale sur la Covid 19 en R.D.Congo.

Etat des lieux et perspective d'une communication de proximité

Par Fulgence MUNGENGA Kawanda

Introduction

Il n'est de doute pour personne lorsqu'il faut affirmer que la communication joue un rôle incontestable dans la vie des hommes. Les entreprises, les organisations, etc., y recourent dans différents moments donnant ainsi lieu à plusieurs champs communicationnels : la communication des organisations, de la communication des entreprises, de la communication politique, la communication environnementale, la communication marketing, etc. Bref, rien ne se fait plus aujourd'hui sans le recours à la communication[139]. Les Etats, les gouvernements sont intéressés à la communication non seulement dans le cadre d'une communication politique et autre, mais aussi, lorsqu'il s'agit des questions de santé publique.

Le 31 décembre 2019, l'Organisation Mondiale de la Santé (OMS) a été informée de la présence de cas d'un syndrome grippal inhabituel qui évoluait vers une pneumonie d'étiologie inconnue dans la ville de Wuhan, dans la province du Hubei, en Chine dont le premier cas remonterait au 1er décembre 2019. Le 1er Janvier 2020 il y a eu fermeture du marché de Wuhan. Plusieurs victimes étaient des vendeurs d'un marché local spécialisé dans la vente en gros de poissons et de fruits de mer; le 7 janvier 2020, les autorités chinoises ont identifié un nouveau coronavirus (COVID-19) comme agent étiologique et la séquence du génome de la COVID-19 rendue disponible le 10 Janvier 2020. L'OMS intensifie les efforts de préparation au

[139] Pour plus de détails, lire aussi L. SFEZ, *La communication*, Paris, PUF, 2004, p. 3.

nouveau coronavirus dans la région africaine et appuie les pays pour mettre en place les recommandations formulées par le Comité d'urgence du Règlement sanitaire international, qui s'est réuni à Genève, en Suisse, le 30 janvier. Sur les conseils du Comité d'urgence, le Directeur Général de l'OMS a déclaré que l'épidémie du nouveau coronavirus était une urgence de santé publique de portée internationale (USPPI)[140].

Le 10 mars 2020, les autorités congolaises, par le biais du Ministre de la santé EteniLongondo, annonce la présence du premier cas en République Démocratique du Congo.

Notre préoccupation majeure à travers ce texte est de faire un état de lieu de la communication du Gouvernement congolais sur cette maladie, déclarée pandémie par l'Organisation Mondiale de la Santé, OMS en sigle. Notre démarche est critique et consiste à démontrer que la communication en cette période de crise due à la pandémie de la corona virus a été déplorable et sans un grand impact sur la population. Ceci nous conduira à proposer un type de communication efficace pouvant produire des effets attendus pour changer les comportements de nos concitoyens.

1. Etat des lieux de la communication sur à la Covid 19

Depuis l'annonce du premier cas de cette pandémie, le 10 mars 2020, en République Démocratique du Congo, les autorités se sont engagées à informer et à sensibiliser la population.

L'information tournait autour de la présence de ce virus dans notre pays, qu'il était contagieux et dangereux. La sensibilisation consistait à faire appliquer les mesures de prévention mises en place par l'OMS pour se protéger contre ce virus mortel. Parmi ces mesures, on cite : se laver les mains régulièrement avec du savon ou avec le gel hydro-alcoolique, tousser ou éternuer en couvrant la bouche ou le nez avec la coude, la distanciation sociale c'est-à-dire parler avec quelqu'un à une distance de plus ou moins un mètre, éviter les attroupements de plus de vingt personnes, éviter les sorties inutiles et donc « rester chez soi ». Ces mesures considérées universelles ont été accompagnées des dispositions internes de chacun des Etats à travers le monde. Ainsi, pour la RD. Congo, la proclamation de l'Etat d'urgence, le 24 mars, par le Président de la République décrétait la fermeture de toutes les écoles et établissements d'enseignement supérieur et universitaire publics et privés, de tous les lieux de culte, des restaurants, des bars, des terrasses à

---

[140] EQUIPE NATIONALE DE COORDINATION DE PREPARATION ET DE RIPOSTE A L'EPIDEMIE DE LA MALADIE A CORONA VIRUS (COVID 19), *Plan nation de préparation et de riposte à une éventuelle épidémie de la maladie à corona virus (Covid 19) en République Démocratique du Congo*, 2020, p.3.

travers toute l'étendue de la République, de toutes les frontières terrestres, aériennes et maritimes pendant quatre semaines.

L'effort de chaque Etat et surtout le succès dans l'application de ces mesures barrières consistait en l'appropriation par la population de ces mesures de prévention à travers une communication efficace.

En République Démocratique du Congo, les efforts de l'Equipe de Riposte sont considérables mais les résultats ne suivent pas. Le nombre de cas atteints par la maladie augmente au jour le jour. On entend le Professeur Muyembe dire à travers les médias « tout ira bien si la population observe les mesures barrières ». Mais, comment la population observera ces mesures de préventions si ceux qui doivent communiquer le font mal ? Quel type de communication mettre en place pour aider cette population à adopter de nouvelles pratiques d'hygiène individuelle et publique en vue de prévenir la pandémie ?

En effet, la communication peut s'avérer verticalement défavorable si l'un des protagonistes ne fait que projeter son message selon ses propres valeurs, sa personnalité, son mode de fonctionnement sans se préoccuper de savoir si la personne en face est réceptive ou capable d'entendre réellement son message, ni même se soucier de l'impact de cette communication sur son interlocuteur. Toutes les communications médiatiques depuis l'avènement de la Covid 19 dans notre pays sont de ce type. C'est le lieu de se demander si tous ceux qui passent à la télévision informent ou communiquent. A notre avis, ils viennent informer et non communiquer. Malheureusement, lorsque chaque jour l'Equipe de Riposte vient présenter la situation épidémiologique, les autorités accusent la population de ne pas respecter les mesures barrières au vu du nombre des cas en progression. Comment communique-t-on ces mesures à la population pour attendre d'elle un comportement répondant aux desiderata des autorités? La réponse à cette question constitue une évaluation de toute la démarche communicationnelle entreprise et menée dans le cadre des mesures préventives de lutte contre la Covid19 en RDC.

Le concept 'communication' est utilisé par tout le monde et dans diverses circonstances. Parfois les gens s'en servent sans comprendre ce qu'il signifie exactement. Pour communiquer, il y a plusieurs éléments qui interviennent, à savoir l'émetteur, le destinataire, le message, le canal, le code, le feedback et le contexte. En d'autres termes, qui communique (identité du communicateur) à qui il communique (la cible doit être bien connue pour adapter son message et ses codes), qu'est-ce qu'il communique (l'information/message), par quel canal (les voies, les moyens de communication sont multiples : les médias de masse, de groupe ou la communication interpersonnelle, etc.), quel code utilise-t-il (le code utilisé par l'émetteur doit être bien compris par le destinataire sinon la communication est vouée à l'échec), quel est le contexte de cette communication (toute communication doit être située dans un contexte si l'on veut aboutir à de bons résultats) et enfin, est-ce le destinataire a compris cette communication ? (se poser la question sur la façon dont le destinataire réagit au message reçu c'est aussi réfléchir sur les effets de cette communication).

La communication du Ministère de la Santé, de l'Equipe de Riposte et de toutes les structures chargées de sensibiliser sur la pandémie est une communication alarmante, en état d'urgence qui demande réparation à travers des propositions concrètes. Ses failles sont dues à plusieurs facteurs :

1.1. Des médias de communication

Pour informer et sensibiliser la population congolaise, en général et kinoise en particulier, les autorités ont utilisé des médias de masse, plus particulièrement la radio et la télévision. Selon le constat sur l'exposition médiatique, beaucoup de radios ne sont pas suivies par les kinois à cause de leur contenu médiocre. La radio nationale, la RTNC est plus suivies par les hommes politiques et ceux au pouvoir, vue sa nature de donner des informations institutionnelles de manière totalement hiérarchique. D'aucuns la considèrent comme une chaine qui ne prend jamais en compte les réalités de la vie quotidienne des populations. La seule radio qui connait une très vaste audience est Top Congo. Devant cette crise de la corona virus, une seule radio ne suffit pas à jouer pleinement son rôle en dépit du temps qu'elle pouvait accorder aux émissions consacrées à laCovid 19.

Les observations que nous avons faites sur les radios sont les mêmes pour les chaines de télévision kinoises. La médiocrité des programmes, la non préparation de la plupart des journalistes pour aborder des sujets importants sont parmi les causes de l'émigration médiatique du public congolais vers les chaines étrangères. Les quelques chaines qui sont suivies ont du succès à cause de leur banalité et vulgarité. Quant à la RTNC, elle est suivie pour les informations politiques. C'est la chaine nationale, média par excellence des informations des institutions politiques du pays. C'est à travers cette chaine nationale que les autorités informent et sensibilisent nos populations contre laCovid 19. Leurs messages sont relayés dans plusieurs autres chaines de la capitale et du pays.

Même si toutes ces chaines avaient des contenus attrayants, beaucoup de ménages, surtout à travers la ville de Kinshasa n'ont pas accès à l'électricité et donc à la télévision. L'exposition à la télévision est un besoin non satisfait par beaucoup de familles kinoises.

1.2. De la langue de communication et du public cible

A l'exception du chef de l'Etat qui annonçait les mesures barrières et décrétait l'Etat d'urgence, c'est surtout le Ministre de la santé, EteniLongondo, le Gouverneur de la ville de Kinshasa, GentilyNgobila et d'autres acteurs politiques et de la société civile que l'on a vu parmi les principaux agents de sensibilisation.

Ces agents sont passés à côté de leur public au point de concevoir et de diffuser des messages uniquement en français. Connaissent-ils réellement leur cible ? Qu'attendent-ils d'un message diffusé en français et non compris par la plupart des Congolais, en général, et des Kinois, en particulier ? A quel résultat s'attendaient-ils lorsqu'ils sensibilisaient les Kinois en français ?

La langue des Kinois, c'est le lingala. Un message conçu et diffusé en lingala est mieux compris et a un grand impact auprès du public kinois que celui diffusé en français avec des concepts que ce public ne comprend parfois pas. Ces gens pensent que l'essentiel est de passer à la télévision alors que l'essentiel est ailleurs.

Des exemples sont légion sur le français comme langue de sensibilisation adoptée par nos autorités. Sur un spot de sensibilisation qui passe sur la RTNC avant le journal télévisé, on voit la Ministre d'Economie, Madame Acacia Bandoluba qui fait son témoignage à propos de la Covid 19 dont elle a été victime puis guérie, sensibiliser en français. Comme si cela ne suffisait pas, le message écrit qui accompagne sa sensibilisation est en anglais. On peutlire: *washyour hands, use a tissue for caughs, avoidtachingyour face.* Un tel message interroge plus d'une personne. On se demande à qui s'adresse-t-elle réellement ? Quel objectif poursuis-t-elle ?

Lorsqu'on voit sur la chaine nationale, la RTNC, le Ministre de la Communication et Porte-parole du Gouvernement, Monsieur Jolinho, DiwampovezaMakelele, laver les mains, il s'exprime en ces termes en français et en lingala: « je lave les mains pour me protéger et pour protéger mes collaborateurs et ceux qui sont dans mon immeuble », puis : « nazosokolamaboko po na mibatela, pe po na batela baoyo na salaka na bangopebaoyobaza na immeuble na ngai ». En examinant de plus près ce message, nous pouvons une fois de plus confirmer que le Ministre du Gouvernement qui est censé s'adresser à toute la population a sa cible particulière. Ce sont donc ceux qui travaillent, ceux qui habitent les immeubles qui sont concernés par son message. C'est donc une présence télévisuelle creuse, vide d'impact aux yeux des gens sans emploi ou de ceux qui vivent dans des conditions d'habitation non acceptables. En d'autres termes, que représente un tel message auprès d'un shegué, d'un chômeur, d'un étudiant, etc. qui vit dans les quartiers populaires de camp Luka, de Badara, de Masina rail ou dans divers autres coins les plus reculés de la République ? Encore une fois, un message produit des résultats attendus s'il est bien contextualisé et adapté à la cible car en lui seul il ne signifie rien et n'aura pas d'impact.

Si nous pouvons affirmer avec Dubois qu'une langue est un instrument de communication[141] et que la fonction essentielle de cet instrument est celle de communication[142], tous ces agents sensibilisateurs doivent alors prendre

---

[141] J. DUBOIS *et alii., Dictionnaire de linguistique et des sciences du langage,* Paris, Larousse, 1994

[142] A. MARTINET, *Eléments de linguistique générale*, Paris, Armand Colin, 1980, p.9. Lire aussi Christelle FORTINEAU et Gabrielle LE TALLEC-LLORET, *La langue, outil de communication ou objet culturel* dans www.aplv.languesmodernes.org

au sérieux la dimension linguistique afin de mieux se faire comprendre par leur public.

En effet, à l'exception du français considéré comme la langue officielle, notre pays compte quatre langues nationales : le lingala, le kikongo, le swahili et le ciluba. Des messages de sensibilisation dans toutes ces langues à travers la chaine nationale non seulement renforceraient l'unité nationale en ce temps de crise mais aussi rendraient plus facile la compréhension de ces messages jusqu'à provoquer le changement de comportement attendu.

La langue dans la communication est un code dont se servent les deux interlocuteurs : l'émetteur et le récepteur. Ce code doit être bien compris par chacune des parties pour réussir la communication. C'est ici le lieu pour nous de rappeler que la communication se caractérise surtout par l'utilisation d'un code établissant les correspondances entre un signe et son sens qui doit être commun aux interlocuteurs. L'absence de code commun entre émetteur et récepteur est l'une des sources d'échecs de la communication car chacun suppose que l'autre comprend son code sans que ça soit le cas[143].

Il est de ce fait clair que tout le discours en français, bon soit-il, véhiculé par d'innombrables personnalités, éprouve cette difficulté de la compréhension du message par le public aussi bien kinois que congolais du fait de la non correspondance dans le décodage.

Dans la plupart de cas, ce sont des mandataires des entreprises et d'autres hautes personnalités très bien habillées en veste et cravate qui passent sensibiliser les kinois aux conditions de vie précaire, surtout en ce temps de crise. Le Covid 19 est de ce fait stéréotypé, étiqueté. Point n'est de s'étonner lorsque les gens proclament tout haut : « *ezamaladiyabatoyambongo* » (la maladie des riches) ou encore « *maladiyabatoya Gombe* » (la maladie des habitants de la Gombe). Tout ceci, parce que ceux qui passent sensibiliser ne s'identifient pas du tout à la population tout entière sur le plan socioéconomique, voire culturel, etc. Une maman maraichère

En période de crise, l'habillement est porteur de significations. L'habit que nous portons est communication. Il communique les différentes circonstances de la vie de l'homme, les différents événements, les lieux, les sentiments et les émotions. C'est ainsi qu'en temps de deuil notre culture nous impose un accoutrement adapté à la circonstance. Il doit en être de même pour ce temps de crise sanitaire. La veste et la cravate communiquent l'aisance, la joie, la fête.

Notre souci est de faire comprendre à tous ceux qui communiquent leurs messages de sensibilisation que nous sommes en un moment de crise d'une ampleur mondiale. Tout ce qu'on cherche avant tout c'est le changement de comportement des populations. On ne peut pas changer de comportement sans communication. Dans ce contexte, la fonction miroir des médias est élément important pouvant influencer les comportements des gens. En effet,

---

143 https://www.monagencedecommunication.com

en pareille circonstance, la communication orientée vers un shegué, vers une maman maraichère, vers un quado, vers un chauffeur ou un receveur de taxi a de l'impact si quelqu'un des leurs s'adressait à eux dans un langage qui leur est propre et habituel. En d'autres termes, l'une des clés d'une bonne communication réside en l'adaptation du message à la cible.

1.3. Une communication ambiguë et contradictoire

Des messages ambigus contradictoires, imprécis, non corrects au sommet de l'Etat créent un flou, une confusion, et suscite parfois de la panique et fait perdre, par surcroit de la confiance et de la crédibilité. Comment peut-on continuer à prendre pour vrai ce qui vient des hautes personnalités moins sures de leurs propos. Les personnes de référence en ce moment de grande crise sanitaire se perdent dans leur communication, elles font fausse route.

Le premier problème de communication se pose dès le premier jour, le 10 mars 2020 de l'annonce du premier cas de Covid 19 en République Démocratique du Congo. Pour le Ministre de la santé, à travers son premier communiqué de la journée dans les médias (RTNC et autres) il s'agit d'un sujet belge qui est venu de l'Europe par Air France alors que les réseaux sociaux disaient autres choses. Au journal du soir, vers 19h00, il revient corrigé. Cette fois, ce premier malade du corona virus n'est pas belge mais un Congolais qui est venu de l'Europe par le même vol.

Le deuxième problème de communication est constaté lorsqu'il s'agit du vaccin contre le Covid 19. A ce sujet, c'est le Professeur Jean Jacques Muyembe, Coordonnateur de l'Equipe Technique de Riposte qui tient un discours contradictoire. La première fois lorsqu'il apparait à la presse pour parler de ce vaccin, il dit: « Nous avons été choisis pour faire ces essais. Le vaccin sera produit soit aux Etats-Unis, soit au Canada, soit en Chine. Nous, nous sommes candidats pour faire les essais ici chez nous ».

Ces propos du Professeur MuyembeTanfum ont provoqué non seulement une peur et un mécontentement auprès de la population congolaise, mais aussi et surtout une grande tension au point que le Professeur était obligé de reformuler son message en ces termes pour apaiser les esprits : « Mon message de ce soir est d'apaiser la tension que j'observe dans la population. Mon intention en parlant du vaccin Covid 19 n'était pas d'affirmer que nous allons commencer la vaccination en RDC sans qu'il soit testé auparavant en Amérique et ailleurs. Les essais de vaccination ont déjà commencé dans ces pays notamment aux USA et en Chine.... Je suis moi-même Congolais et ne permettrai jamais d'utiliser les Congolais comme cobayes. Pour l'instant, nous nous focalisons à maitriser la pandémie du Covid dans notre pays. Le plus important pour le moment est d'observer les gestes barrières et les mesures d'hygiène pour lutter contre la pandémie Covid 19 ».

Dans une situation de crise, la personne du leader est porteuse d'espoir. Ces propos sont suivis avec une grande attention par tous. Il doit éviter de se contredire. Il est invité à contrôler chacun de ses gestes, de ses mouvements et chacune de ses paroles au risque de remplacer l'espoir par l'angoisse et la désolation.

Lorsque l'on communique, la matière, le contenu de la communication doit être précis, clair, sans aucune ambiguïté. Le communicateur doit éviter de se montrer non préparé. Il doit s'abstenir de présenter ses émotions au public car ce qui intéresse le public, ce ne sont pas ses sentiments et ses émotions du moment, mais le message essentiel, objet de sa communication.

La communication telle faite au premier jour sur le premier cas a créé un doute voire une méfiance de la part de la population qui voulait plus croire aux autorités. Plusieurs personnes, sinon la plupart a continué et continuent à se comporter, face à cette pandémie, comme d'habitude. Pour comprendre cela, nous avions effectué une étude de terrain pour nous rendre compte des effets de la communication gouvernementale liée à la Covid 19 sur la population.

2. De la perception de la Covid 19 au travers le cache-nez

Le 22 mai 2020, nous avions procédé à une descente sur terrain pour observer le comportement de nos concitoyens, habitant la ville province de Kinshasa, dans l'observance des mesures barrières, spécialement le port des cache-nez. Nous avions choisi comme terrain d'enquête, le quartier trois dans la commune de Kimbanseke, juste à quelques mètres de la station Egen. Nous ne nous étions concentrés que sur les enquêtés qui se dirigeaient vers l'arrêt Pascal car il était, pour nous difficile de nous occuper des deux mouvements (aller et retour). Notre observation s'est déroulée entre 7h00 et 8h30, l'heure à laquelle les habitants de ce coin se dirigent nombreux vers des destinations diverses, surtout vers l'arrêt Pascal pour enfin se décider de la vraie destination car Pascal est pour la plupart d'entre eux non, seulement l'arrêt des bus, taxis et taxis bus, mais aussi, un lieu de rencontre, un marché, un carrefour pour effectuer plusieurs opérations (vol des sac, des appareils portables, des porte-monnaie et autres biens de valeur). L'arrêt Pascal est aussi, pour la plupart, des gens, un point de départ dans la mesure où plusieurs moyens de transports en commun partent de ce lieu vers de multiples destinations. Pascal est pour certains un lieu de sauvetage, c'est-à-dire qu'on y arrive bredouille pour repartir avec des poches gonflées après avoir accompli quelques forfaits. Le contraire est aussi possible, pour d'autres qui se voient dépouiller de tout à leur insu. Pascal se révèle ainsi comme un lieu de beaucoup de paradoxes.

Nous étions à bord de notre jeep pour éviter de nous faire appréhender par nos enquêtés qui pourraient avoir sur nous des pensées moins favorables au point d'empêcher l'aboutissement de cette étude. Nous nous étions intéressé à toute personne qui passait, de tout âge et de sexes confondus. Il s'agissait pour nous de nous rendre compte comment les habitants de cette partie de la ville province de Kinshasa se comportent par rapport aux mesures édictées par le gouvernement, en particulier le port obligatoire des cache-nez pour se protéger contre la pandémie de la corona virus.

Nos observations avaient identifié trois catégories de personnes : les personnes portant le masque, avec masques au bras ou au cou et sans masques tel que repris dans le tableau ci-dessous :

	EFFECTIF	%
AVEC MASQUES	84	3,56
MASQUES AU BRAS/COU	395	16,58
SANS MASQUES	1874	79,64
TOTAL	2353	100

A la lecture de ce tableau, il ressort que nous avions observé 2353 personnes qui allaient vers Pascal. Seules 84 personnes (3,56%) portaient les masques, 395 (16,58%) avaient les masques au bras ou au cou et 1874 (79,64%) n'avaient pas du tout de masques. Nous précisons qu'à cet espace de temps, il était impossible pour nous d'observer tous les passants. Notre regard s'était arrêté sur ce nombre qui constitue notre échantillon.

Entretiens avec les trois catégories

Après cette observation, nous avons procédé aux entretiens avec les trois catégories pour avoir plus d'informations sur le type de comportement lié à chaque catégorie à propos de l'usage du cache-nez.

Catégorie1 : Personnes avec cache-nez

A cette catégorie nous avons cherché à comprendre les raisons qui poussaient chacun à porter le cache-nez. Pour certains enquêtés, ils les portaient pour se protéger contre la maladie due à la corona virus. D'autres ont tout simplement dit qu'ils portaient les cache-nez par peur d'être arrêtés par les agents de la police et qu'ils n'avaient pas cinq mille francs à payer.

Catégorie 2 : Personnes avec cache-nez au cou ou au bras

Auprès de cette catégorie nous avons cherché à savoir pourquoi chacun portait le cache-nez au cou ou au bras et non aux endroits indiqués par les autorités sanitaires.

Pour quelques-uns, c'est suffoquant. On ne sait pas bien respirer quand on a le masque au nez. Pour la plupart, *« To bimaka na ba masque po skia policiers bamonibiso sans masques ba ko kangabiso. Yangowana to latakayango na loboko po na kolatabangosoki to kutani na ba policiers »*

(Nous portons les cache-nez au bras ou au cou pour ne pas nous laisser appréhender par les agents de la police. Les placer au bras ou au cou nous donne la facilité de les porter rapidement en cas d'une présence policière[144]).

Tous les enquêtés de cette catégorie soutiennent que *« Maladiyangoezali te » (*la maladie en question n'existe pas.*)* ; *« maladiwanaataezali, po na biso te. Ezali po na bamindele, batoyapoto na batoyambongo »* (cette maladie si elle existe, elle n'est pas pour nous. C'est pour les Blancs, pour ceux qui vivent en Europe et pour les riches. Ici en République Démocratique du Congo, ils n'ont vu personne qui en est morte. Ils n'ont pas peur, Dieu avec eux.

Catégorie 3 : Personnes sans masque

Notre préoccupation était de savoir pourquoi les enquêtés de cette catégorie ne portaient pas les cache-nez. Presque tous ont convergé dans le même sens : *« po elokoyakobangaezali te. Corona virus ekokomaepai na biso te. Ebandaki na Chine ti napotoekotikalakakakuna. AwaNzambe aza nabiso », « Biso toyebi ke maladiwanaeza ya bamindele ya biso te » « balakisabisobatobakufina corona virus ». (Je ne porte pas le cache-nez parce qu'il n'y a rien à craindre. Cette maladie de corona virus n'arrivera pas chez nous. Elle a commencé en Chine et en Europe et s'arrêtera là-bas. Dieu est avec nous. Nous avons appris que c'est une maladie des Blancs et non des Noirs. Qu'on nous montre les gens décédés de suite de la Covid 19 pour que nous puissions y croire).*

Tous les enquêtés de cette catégorie n'appliquent aucune mesure barrière. Ils considèrent les autorités politico-administratives comme des voleurs qui se servent de la Covid 19 pour s'enrichir pendant que la population croupit dans la misère : *« Ba autorité yawapi?Ba miyibibazo lia mbongobisokaka na pasi. » « « Soki moto akufiata na maladimosusubangobabimibapesi bongo po bondimakeakufi na corona ». « Ba mesure wanailfautkozalanamayi, biso mayiebimaka te, basavonna bango pe mbongo ya kosombakaezali te. Bango mokobayebioyo bazo sala namaladina bango oyo »*. (Quelles autorités ? Des voleurs! Ils volent de l'argent sous prétexte de la corona virus pendant que nous souffrons. Si quelqu'un meurt d'une maladie autre que celle liée à la Covid 19, les autorités donnent de l'argent à la famille éprouvée pour considérer le cadavre comme mort de la Covid 19. A propos des mesures de prévention, chez nous l'eau ne jaillit jamais, comment allons-nous faire? Même l'achat de savon est difficile parce que nous n'avons pas d'argent. Les autorités savent ce qu'elles veulent autour de cette pandémie).

Il ressort de cette descente sur terrain des éléments ci-après :

- la pandémie de la corona virus n'existe pas en République Démocratique du Congo ;

---

[144] La police à travers toute l'étendue du territoire national sommait toute personne n'ayant pas porté son cache-nez de payer cinq mille francs de contrevention.

- si la Covid 19 existe, c'est une maladie des Blancs pas des Noirs ;
- si elle est présente en RD. Congo, c'est à la Gombe, et donc pour les riches ;
- les populations kinoises n'ont jamais vu quelqu'un mourir de la Covid 19 ;
- les gens qui meurent ne meurent pas de la Covid 19 ;
- laCovid 19 est un business pour nos autorités ;
- le cache-nez est une mascarade : ceux qui le portent le font par peur des agents de la police.

Les données de terrain que nous avons récoltées ne doivent pas laisser le chercheur en communication ni tout celui qui veut communiquer sur la Covid 19 indifférent dans la mesure où elles sont un véritable soubassement pour engager une bonne communication. Ce que nos enquêtés nous ont révélé au travers de cet échantillon, si petit soit-il, est en grande partie la réalité sur ce qui se vit ici à Kinshasa par rapport à cette pandémie. Il s'avère urgent de penser à un nouveau mode de communication, c'est-à-dire concevoir des nouvelles stratégies pour communiquer avec la population pour l'aider à dissiper les préjugés ou les stéréotypes et les incompréhensions suscités par une mauvaise communication.

3. Pour une communication de proximité : les relais communautaires

3.1. La communication de proximité

Nous venons de jeter un regard critique sur la communication telle qu'elle nous est proposée par les instances politico-administratives dans le but de se protéger contre la pandémie de la Covid 19. Nous avons relevé plusieurs aspects négatifs qui constituent, des obstacles d'une bonne communication et ne permettent pas l'appropriation par la population, surtout kinoise, des gestes barrières tels que édictées par l'OMS et relayés par les autorités de la R&publique. Par la façon de communiquer de ces autorités, il nous semble qu'elles ont placé la communication dans un « état d'urgence » sans lui conférer ses véritables aspects qui font d'elle une relation dans une communauté où les gens sont invités au partage, à l'échange. Nous avons assisté depuis tout ce temps à une communication verticale, descendante. Les messages sont conçus par les autorités vers la population sans impliquer celle-ci.

Notre contribution dans la résolution de ces failles repose sur une communication de proximité à travers les relais communautaires.

La communication de proximité est centrée vers le local à la recherche des relations de face à face, des valeurs du terroir et des racines. Elle est opérationnelle à long terme et s'opère au plus proche du public et de ses attentes.[145] En tant que capteur d'informations, le communicant local doit être sur tous les lieux de réflexion ou d'action et nouer des relations solides avec de nombreux acteurs de sa vie locale.

C'est une communication efficace qui a de nombreux avantages. Elle permet de :

- gagner en aisance relationnelle, améliorer ses relations avec autrui ;
- faire passer un message efficacement en évitant les malentendus ;
- développer son assertivité ;
- manager de manière constructive ;
- convaincre plus rapidement ;
- apaiser les tensions, gérer les conflits adéquatement ;
- mieux appréhender les changements, notamment les résistances[146].

La communication de proximité rompt avec le modèle linéaire où tout le pouvoir communicationnel est dans les mains de l'émetteur[147]. Elle met l'accent sur la bidirectionnalité. Elle valorise une descente sur le terrain dans une approche dialogique à la recherche du consensus avec les membres de la communauté.

Depuis quelques décennies, il a été démontré qu'une communication de proximité réussie passe par les relais communautaires. Dans le domaine de la santé et du développement en général, ces relais communautaires ont joué et continuent à jouer un rôle non négligeable.

Dans le cadre de la santé, surtout du VIH/SIDA[148], par exemple, les relais communautaires sont chargés de mener des activités de sensibilisation, d'information, d'éducation et de communication à propos du VIH/IST et de la santé sexuelle dans leur communauté. Ce sont des membres de la communauté qui se portent volontaires pour exécuter les tâches ou des activités liées à la santé d'intérêt communautaire. C'est une courroie de transmission pour que les informations s'échangent entre la communauté et la hiérarchie. C'est l'interface entre la communauté et les autorités. Ces relais communautaires sont des volontaires qui acceptent d'assurer le pont entre la communauté et les services de santé et de consacrer une partie de leur temps pour des activités d'intérêt communautaire.

Sur le terrain, ces relais communautaires s'engagent dans une communication interpersonnelle. Celle-ci est une interaction[149] entre deux

---

145 http//tlibaert.info/documents/commproximiteavril97.doc, consulté le 29/4/2020

146 www.manager.go.com, consulté le 28/4/2020

147 ERIC MAFUTA, *Programme de santé et relais communautaires : des défis pour un meilleur rôle d'interface. Cas de la République Démocratique du Congo*, dans www.health4africa.net

148 L. SFEZ, *La communication,* Paris, PUF, 6ème édition, 2004, p. 45.

149 www.manager.go.com, consulté le 28/4/2020.

150 J. LAZAR, *La science de la communication*, Paris, PUF, 3ème édition, p. 53.

individus entrant en relation pour échanger des informations, des émotions, etc. Transmettre, partager, dire, reformuler, expliquer, se mettre au niveau de son interlocuteur, s'assurer qu'il a bien entendu, bien compris, voilà l'essence même de la communication interpersonnelle[150].

C'est ce type de communication dont devait se servir nos autorités pour des actions de sensibilisation auprès de nos concitoyens contre la Covid 19. Il appartient à ces autorités d'identifier ces leaders d'opinion par quartier, par commune pour les former selon le besoin de l'heure. Pour ce qui nous concerne c'est la Covid 19. Il s'agit des donner à ces combattants des communautés des outils nécessaires sur le plan anthropologique, sociologique, psychologique et de la santé pour constituer un contenu et un message fort, cohérent et contextualisé.

Dans nos villes et nos cités congolaises, chaque rue, chaque quartier et chaque commune a ses leaders d'opinions : ses pasteurs, ses enseignants, ses comédiens, ses notables, etc. capables de prendre en main la destinée des membres de la communauté. Ses leaders sont très écoutés par leurs communautés respectives où ils sont influents grâces aux différents rôles qu'ils jouent dans leurs espaces de vie de tous les jours. Ils connaissent les moments forts et les préoccupations de leurs membres. Ils sont, ainsi capables de capitaliser tous les atouts communautaires pour parler à leurs populations dans un langage approprié et compréhensibles.

Vivant dans ces qui communautés qui sont les leurs, ils peuvent assurer le suivi de leurs actions en mettant en évidence les aspects négatifs et leurs causes pour y apporter des solutions d'ensemble et les points positifs à consolider en vue du changement véritable.

Les autorités, malgré le pouvoir qui leur est conféré par les institutions, sont considérées comme des étrangers au sein des communautés et leurs actions dans le cadre du changement attendu sont moins productives si elles ne passent pas par les leaders d'opinions qui sont des vrais relais communautaires.

Les interventions des différents acteurs consistent à l'éradication de la pandémie dans notre pays. Cela doit passer par le changement de comportement de chaque individu. Il n'y a pas de changement sans communication. Dans ce cas l'appel à la communication pour le changement de comportement (CCC) des Congolais face à laCovid 19 devient une voie de solution non négligeable.

L'information ainsi diffusée alimente l'opinion de l'individu et forme une connaissance acquise après son interprétation. De cette manière, la CCC n'intervient pas sans toutefois suffisamment livrer les raisons de mieux se comporter. En d'autres termes, l'information permet à l'individu de prendre connaissance du problème, tout en l'aidant à découvrir le danger tout comme le bénéfice qui en résulte. Elle conduit aussi à l'auto-évaluation, laquelle déclenche à son tour la prise de conscience et pour enfin susciter l'engagement.

L'information n'est pas le point d'arrivée car dans une approche de la CCC prône il faut passer de l'information à la sensibilisation et de la sensibilisation à la conscientisation.

Par cette communication, on vise à construire des ponts et non pas des barrières, car communiquer c'est « créer un état d'esprit en commun entre celui qui émet et celui qui reçoit » pour que les acteurs en situation de communication soient les co-auteurs du dire. La communication est ainsi une négociation entre les états du moi. Dans cet élan, une communication réussie a besoin d'être présentée dans un contexte, qui donne à chaque interlocuteur sa valeur. La CCC communique ainsi pour coopérer et tisser les relations visant à transformer l'individu.

La CCC considère qu'un changement à coup de décret ou d'imposition, est un changement voué à l'échec. Christian Baylon et Xavier Mignon ajoutent à ce sujet qu' « il ne suffit pas de rendre une mesure obligatoire, de menacer d'une sanction en cas d'inobservation pour modifier le comportement individuel »[151] . De la contrainte résulte la dissonance cognitive conduisant à la résistance ou encore le rejet d'une réglementation ressentie comme des actes d'agressions non motivés.

La CCC est une démarche consensuelle, elle n'est pas une intervention « pour l'individu ou la communauté » mais plutôt une intervention « avec l'individu ou la communauté pour l'individu ou la communauté ». De par cette acception, la CCC démontre que l'appropriation n'est possible que lorsque l'individu participe pleinement au processus.

Comme nous pouvons bien le comprendre, la communication pour le changement de comportement ne peut produire des effets si elle ne recourt pas à la participation des membres de la communauté.

Cette participation de la communauté constitue une philosophie d'action qui propose une stratégie d'intervention misant sur le potentiel des individus, des réseaux, des groupes et des communautés dans la prise en main d leurs problèmes sociaux[152].

Dans le processus de la participation communautaire, il est souhaitable de prendre en compte les réalités liées à la psychologie de la vie communautaire, à la dynamique de groupe et à l'environnem ent cognitif et mutuel de ladite communauté pour une bonne cohésion communautaire.

---

[151] C. BAYLON et X. MIGNON, *La communication. Les outils et les formes de la communication : une présentation méthodique et illustrée,* Paris, Armand Colin, 2009, p. 271. Lire aussi G. BESSETTE, « La communication pour le développement en Afrique de l'Ouest et du centre : vers un agenda d'intervention et de recherche », dans G. BESSETTE et C.V. RAJASUNDERAM (dir), *La communication participative pour le développement. Un agenda Ouest-africain.* Ottawa, Centre de recherche pour le développement international, 1996, p.13.

[152] D. BOURQUE, et Y. BOUCHER, *L'approche communication.* Québec. Chaire de recherches du Canada en organisation communautaire (CRCOC), 2001.p.2.

Pour ce faire, les intervenants communautaires doivent tenir compte de plusieurs paramètres liés à la personnalité de la communauté, de sa vie interne telle que déterminée par ses composantes[153]. Il convient de retenir qu'il règne dans une communauté des tempéraments, des caractères, des intelligences, des motivations, etc. C'est de cet ensemble de rencontres et de la façon dont elles vont se faire au sein de la communauté que va dépendre la participation hautement active des membres[154].

3.2. Le profil du public

Beaucoup d'actions de communication, parfois mieux budgétisées n'ont pas porté de fruits parce que ceux qui les ont conçues ont pensé que l'essentiel résidait au seul message à diffuser. Une bonne communication de proximité doit aussi tenir compte du profil du public cible en insistant sur certains aspects très importants comme :

a) la connaissance de la population sur la corona virus

A ce niveau on constate qu'il y a une

✓ Faible connaissance sur les conséquences de cette pandémie.

✓ Faible connaissance sur les bienfondés des gestes barrières.

b) L'attitude de la population sur la corona virus

Du côté de la population, nous avons constaté :

✓ une mauvaise croyance sur laCovid 19 : « c'est une maladie des Blancs », « une maladie des habitants de la Gombe », « une maladie des riches ».

✓ qu'elle ne perçoit pas laCovid 19 comme une préoccupation majeure,

✓ une indifférence sur tous les messages de sensibilisation.

c) pratique par rapport à laCovid 19

Sur le terrain on trouve :

✓ un train de vie habituelle,

✓ des attroupements sans aucun respect de la distanciation sociale,

✓ une indifférence, voire refus de porter les cache-nez.

3.3. Création des messages

L'effort consenti, ici, consiste à mettre en place un discours ouvert, susceptible de toucher l'âme des publics cibles. Il s'agit d'un discours qui doit demeurer dans l'imaginaire collectif et qui doit faire agir au même moment.

« La non observance des gestes barrières et d'autres mesures de prévention est la cause de la contamination de la maladie. Le respect de

---

[153] K. LEWIN, *La psychologie dynamique*, 4ème édition. Paris, Presse universitaire de France, 1997, p. 43.

[154] N. COTE LEGER et alii., *Les aspects humains de l'organisation*. Québec, Gaëtan Morin, 1917, p. 67

toutes ses mesures nous apporte plus de chance de vie car nous pouvons vivre dans un espace où le risque d'exposition à la corona virus n'existe plus ».

Slogan :

'' Sans ma contribution pour stopper la corona virus, moi et mes proches serons contaminés !''

Pour atteindre ses objectifs, le changement doit être ressenti à tous les niveaux de la vie. C'est pourquoi ce slogan doit être utilisé dans une vision éclatée. Dans son application, chaque individu devra se responsabiliser, c'est-à-dire jouer le rôle d'acteur-protagoniste du changement, c'est la somme de ces résultats qui fera l'ensemble de la population.

3.4. Canaux de communication

Faire agir pour changer, c'est aussi sélectionner les moyens compatibles par lesquels le message passera de la source vers la cible. Ce choix se fait en fonction des quelques critères suivants :

- ✓ L'adéquation à la cible (accès, préférence, degré de familiarité),
- ✓ La crédibilité du canal,
- ✓ L'impact (engagement, attraction, attention, mémorisation),
- ✓ La couverture géographique,
- ✓ Le coût.

Pour le cas d'espèce, les canaux choisis sont les canaux socioculturels (les relais communautaires, leaders d'opinion) et les réseaux sociaux.

Pour ce faire, nous nous servirons des moyens ci-dessous :

- ✓ le porte-à-porte,
- ✓ les mégaphones
- ✓ l'implantation des banderoles,
- ✓ les causeries éducatives,
- ✓ les marathons,
- ✓ lesT-shifts,
- ✓ les casquettes,
- ✓ les dépliants etc.

Conclusion

Notre réflexion nous a permis de comprendre que le concept étant vaste à définir elle impose diverses manières de la rendre concrète et applicable. C'est ainsi que les gens s'en servent de plusieurs manières sans souvent tenir compte des aspects fondamentaux pouvant intervenir pour la compréhension du message.

Aussi, la communication à travers les médias de masse n'est plus de nos jours la seule voie pour communiquer. A travers une communication de proximité on a la chance de mieux atteindre le public cible, d'échanger et discuter sur les résultats auxquels l'on veut y parvenir. Le rôle des relais communautaires dans cette communication de proximité s'avère fondamental car ils sont considérés comme étant proches de la communauté et de ses membres qu'ils invitent à participer activement dans le processus de la communication. C'est à ce type de communication que doivent donc recourir nos autorités si elles veulent voir les Kinois et tout le peuple congolais adhérer aux initiatives qu'elles proposent en vue de lutter contre laCovid 19. Un vrai changement ne pourra avoir lieu que lorsqu'on aura bien communiqué. Bien communiquer implique bien des choses : la connaissance de l'autre, la maitrise des codes, la construction des messages, le choix du canal, le ton à utiliser, etc. En effet, « là où un message peut, dans un premier temps, se limiter à des instructions, vous devez ensuite réfléchir au ton que vous voulez donner. Un message peut être correct sur le fond mais être mal interprété parce que le ton qu'il utilise est inadéquat. Une organisation qui ne réagit que de manière impersonnelle sans montrer d'émotion ne suscitera pas de sympathie. En tant que professionnels de la communication, il vous appartient de définir le ton du message et de veiller à la dimension humaine de celui-ci »[155].

Bibliographie

BAYLON, C. et MIGNON, X., *La communication. Les outils et les formes de la communication : une présentation méthodique et illustrée,* Paris, Armand Colin, 2009.

BERGERO, J.L., COTE LEGER, N., JACQUES, J. et BELANGER, L, *Les aspects humains de l'organisation.* Québec, Gaëtan Morin, 1979.

BESSETTE, G., « La communication pour le développement en Afrique de l'Ouest et du centre : vers un agenda d'intervention et de recherche », dans G. BESSETTE et C.V. RAJASUNDERAM (dir), *La communication participative pour le développement. Un agenda Ouest-africain.* Ottawa, Centre de recherche pour le développement international, 1996.

BOURQUE, D. et BOUCHER, Y, *L'approche communication.* Québec. Chaire de recherches du Canada en organisation communautaire (CRCOC), 2001.

DUBOIS, J. *et alii. Dictionnaire de linguistique et des sciences du langage,* Paris, Larousse, 1994.

EQUIPE NATIONALE DE COORDINATION DE PREPARATION ET DE RIPOSTE A L'EPIDEMIE DE LA MALADIE A CORONA VIRUS (COVID 19), *Plan nation de préparation et de riposte à une éventuelle*

[155]www.fedweb.belgium.be*Faire face à la crise, guide pratique pour communiquer en cas de crise. Guide pour les communicateurs fédéraux.* Collection n°7, Edition 2016

épidémie de la maladie à corona virus (Covid 19) en République Démocratique du Congo, 2020,

FORTINEAU, C., et LE TALLEC-LLORET, G., *La langue, outil de communication ou objet culturel* dans www.aplv.languesmodernes.org.

LAZAR, J. *La science de la communication,* Paris, PUF, 3ème édition, 2002.

LEWIN, K., *La psychologie dynamique*, 4ème édition. Paris, PUF, 1997.

MACERNAC, L. et al., *Stratégies publicitaires : de l'étude marketing aux choix des médias et de techniques hors médias*, Paris, Breal, 2002.

MAFUTA, E., *Programme de santé et relais communautaires : des défis pour un meilleur rôle d'interface. Cas de la République Démocratique du Congo*, dans www.health4africa.net, consulté le 28/4/2020.

SFEZ, L. *La communication*, Paris, PUF, 2004.

MARTINET, A., *Eléments de linguistique générale*, Paris, Armand Colin, 1980. https://www.monagencedecommunication.com, consulté le 28/4/2020.

http//tlibaert.info/documents/commproximiteavril97.doc, consulté le 28/4/2020.

www.manager.go.com, consulté le 28/4/2020.

La lutte contre le coronavirus à Kinshasa : les déboires d'une communication publique

Par Jean Didace Diama

Introduction

La fin de l'année 2019 et le premier trimestre de 2020 auront été cauchemardesques pour l'humanité tout entière dans le domaine sanitaire. Tout est parti de la Chine, précisément de la ville de Wuhan, où une alerte médicale est lancée faisant état de la présence et la circulation d'un virus dangereux qui causerait la mort en peu de temps.

Minimisée au départ, l'information prend de l'ampleur sur la chine populaire, qui commençait à enregistrer un nombre de décès sans précédent, et les nations du monde étaient obligées de prendre la nouvelle menace sanitaire au sérieux au regard de ce qui se vivait en Chine. Ce qui a commencé à Wuhan va s'étendre sur toute la Chine et dépasser les frontières nationales pour être vécu en Europe, en Amérique, en Afrique...entre février et mars 2020.

Il s'agit donc du Coronavirus, au début épidémie puis pandémie au regard de sa propagation, dénommé COVID-19, qui défie tous les calculs et prévisions humains mettant ainsi en difficulté toutes les économies et mobilisant toutes les énergies nationales (scientifiques, financières, matérielles, politiques, religieuses, etc.) quant à sa lutte.

A cet effet, des appels furent lancés par l'Organisation Mondiale de la Santé (OMS) sur cette menace mondiale pour que tous les pays s'activent afin de barrer la route à cet ennemi commun. Pour cela, chaque nation devrait prendre des dispositions utiles pour prévenir et, au besoin, lutter efficacement contre ce fléau.

Ceci appelle alors à une communication publique en vue de la mobilisation communautaire et de la préservation de la santé humaine dans chaque Etat. Selon P. Zémor, *le rôle de la communication publique consiste à informer (faire savoir, rendre compte et faire valoir), à écouter (les attentes, les interrogations et les apports du débat public), à contribuer à assurer la relation sociale (sentiment d'appartenance collectif, prise en considération du citoyen en qu'acteur) et à accompagner les changements tant comportementaux que de l'organisation sociale*[156].

Cette petite note historique nous permet de nous interroger sur la communication publique relative à la lutte contre la Covid-19 à Kinshasa. Ladite communication, valait-elle la peine ? Le citoyen, était-il pris en compte en tant qu'acteur dans ce processus de lutte ?

Ce sont ces préoccupations qui vont guider la présente réflexion et auxquelles nous tenterons de répondre. Pour ce faire, notre réflexion s'organise en quatre points. Dans un premier temps, nous présenterons succinctement ce qu'est la communication publique, en mettant l'accent sur son rôle. Le deuxième sera consacré au contexte et à la pertinence des communications publiques sur la Covid-19 en RD Congo faites par les autorités nationales et provinciales. Le troisième, lui, sera axé sur les réactions populaires et le quatrième portera sur quelques recommandations aux gouvernants quant à leurs communications publiques.

I. Contexte des communications publiques en R. D. Congo

Le monde traverse une crise sanitaire sans pareil depuis l'apparition de la Covid-19. Les gouvernements se mobilisent pour enrayer ce fléau et les recherches scientifiques et médicales sont en train d'être menées pour tenter de trouver des solutions à cette pandémie, en termes de vaccin et traitement curatif. Tous les continents sont presque touchés sauf l'Afrique qui était, jusque mi-février, relativement épargnée.

Il aurait fallu attendre vers la fin du mois de février et début mars 2020 pour que le continent africain puisse ouvrir son compteur avec les pays tels que l'Egypte, le Sénégal, la Côte d'Ivoire, la RD Congo, etc. Ce qui paraissait éloigné a enfin rattrapé le vieux continent. Ce n'est plus de la fiction.

Les africains devront désormais affuter leurs armes pour affronter cette triste réalité et beaucoup prédisaient le pire au cas où la pandémie atteignait l'Afrique, car cette dernière ne dispose pas d'un système sanitaire pouvant assurer la prise en charge appropriée des infectés et faire face aux dégâts que causerait ce virus. Les expériences européennes et américaines, où les institutions sanitaires disposent des équipements techniques (technologiques) appropriés et assurent des soins de santé de qualité, ont illustré combien ce virus était dévastateur. Les morts sont comptés en milliers quotidiennement et les services de santé et de sécurité débordés. Ceci a fait craindre la catastrophe en Afrique en général et en RD Congo en particulier.

---

[156] P. ZEMOR, *La communication publique*, Paris, Presses Universitaires de France, 3ème édition mise en jour, 2005, p.6.

C'est dans cet environnement de grande psychose mondiale que la RD Congo enregistrera son premier cas de Covid-19 en début mars 2020, soit le 10. Depuis lors et au regard de l'ampleur de la situation, les gouvernants congolais étaient tenus de tenir la population en alerte maximale. Ainsi, du 10 mars au 21 juillet 2020, un certain nombre de communications publiques ont été faites par les autorités du pays.

Dans le cadre de cette réflexion, nous nous sommes intéressé à quatre d'entre elles, à savoir :

- La première sortie médiatique du patron de la Santé publique annonçant le premier cas de Covid-19 au pays ;
- L'annonce de l'Etat d'urgence sanitaire ;
- Le confinement de la Ville-Province de Kinshasa ;
- Le port obligatoire des masques dans les lieux publics.

I.1. La première sortie médiatique du Ministre de la Santé publique annonçant le premier cas de Covid-19 au pays

Un cas de Covid-19, le tout premier, a été confirmé mardi 10 mars à Kinshasa. Plus tôt, le mardi, le Ministre de la santé publique, Dr. EteniLongondo, cité par « Top Congo FM », a laissé entendre qu'il « s'agit d'une personne venant de la Belgique, un belge », précisant que « les personnes en contact avec lui seront testées et/ou mises en quarantaine pour limiter la contamination ».

Un peu plus tard, le même jour, il a changé de version, affirmant cette fois-là que la personne atteinte est un rdcongolais de 52 ans arrivé de France le dimanche 8 mars.

I.2. L'annonce de l'Etat d'urgence sanitaire

Face à la menace grandissante de la Covid-19 sur le territoire congolais, le Chef de l'Etat, Félix-Antoine TshisekediTshilombo, a été amené à décréter l'Etat d'urgence sanitaire au pays. Cette annonce a été faite mardi 24 mars 2020 assortie de plusieurs restrictions de libertés individuelles et collectives, notamment : la fermeture des écoles (de tous les niveaux), des lieux de culte, des frontières (aériennes, fluviales, terrestres, etc.), l'interdiction de rassemblement de plus de 20 personnes, etc.

I.3.Le confinement de la Ville-Province de Kinshasa

La mesure du confinement total intermittent de trois semaines de la Ville-Province de Kinshasa décidée par le Gouverneur, GentinyNgobilaMbaka, qui prendra effet à dater « du samedi 28 mars 2020 dans la ville et se prolonger le dimanche 29, lundi 30 et mardi 31 », pour enrayer l'avancée du Covid-19 a été finalement reportée vendredi 27 mars 2020 dans la soirée pour des raisons suivantes :

a) L'autorité provinciale évoque deux raisons : la flambée exagérée et inexpliquée des prix des biens sur le marché, d'un côté, et les menaces d'ordre sécuritaire, de l'autre côté.

b) Du côté de la primature, un communiqué du Cabinet du Premier Ministre, annonce qu'à l'issue de la réunion, organisée autour du Premier Ministre réunissant le Gouverneur de la Ville de Kinshasa, le Vice-ministre de la santé, le Conseiller spécial du Chef de l'Etat en matière de la santé et le Coordonnateur de la Task Force pour la lutte contre le coronavirus, l'Administrateur général de l'ANR ainsi que le Coordonnateur du secrétariat technique à la riposte contre le coronavirus vendredi 27 mars 2020 réunissant , dans le cadre des dispositions pratiques pour l'application des mesures de lutte contre la pandémie, il a été décidé, après les avis des experts, de reporter le confinement à une date ultérieure pour des raisons ci-après :

- Les bousculades observées dans la capitale à l'annonce de la mesure ;
- Le confinement doit avoir un triple objectif ;
- L'épicentre de l'épidémie est situé dans la commune de la Gombe, il importe que le confinement soit accompagné d'un dépistage sélectif.

I.4.Le port obligatoire des masques dans les lieux publics.

Une autre mesure annoncée est celle relative au port obligatoire de masque dans les lieux publics. Cette annonce est intervenue lundi 20 avril 2020. Tout contrevenant payera une amende équivalant à 5.000 FC qui, du reste, devront être versés à la banque pour la cause.

II. Pertinence des communications publiques en RD Congo

Toutes ces différentes adresses à la population étaient-elles opportunes ? Certes, oui. Il faut souligner que la communication publique, conçue comme *la communication formelle qui tend à l'échange et au partage d'informations d'utilité publique, ainsi qu'au maintien du lien social, et dont la responsabilité incombe à des institutions publiques ou à des organisations investies de mission d'intérêt collectif* [157], vise l'intérêt général. En tant que telle, elle est un instrument d'une grande importance pour les institutions publiques qui visent l'efficacité du service public. En gros, la communication publique[158] :

1. Est organisée sous la responsabilité de l'Etat ;
2. Vise l'intérêt communautaire ;

[157] P. ZEMOR, *Op. cit.*, p.5.

[158] P. NTONDA KILEUKA, Communication publique et santé en République Démocratique du Congo, Paris, L'Harmattan, 2009, pp.30-31.

3. Met en œuvre un ensemble d'actions, des méthodes et des stratégies pour gérer les rapports entre l'Etat et la population ;

4. A pour finalité d'assurer la promotion sociale de la population en combattant, par le biais de la communication, les maux qui menacent la société ;

5. Incite la population à prendre ses responsabilités en participant à l'effort national de développement à travers son implication dans la vie publique.

Devant cette sérieuse menace de la santé publique, il était de bon adroit que les autorités du pays puissent informer le public de l'existence réelle de la maladie, des moyens de prévention individuels et communautaires, de la prise en charge et du danger qu'encourait chaque citoyen en cas de non observance des directives et consignes données à cet effet. De ce fait, il y a lieu de confirmer que les différentes communications des autorités nationales sur le Covid-19 ont répondu aux critères de communication publique dont l'objectif est l'intérêt communautaire.

III. Réactions populaires

Les communications publiques ci-haut énumérées ont provoquées des réactions différentes dans le chef de la population kinoise. En effet, tout est mal parti avec la première sortie médiatique du Ministre de la santé publique qui, en moins de 24 heures, a livré au public deux informations différentes. D'abord, il s'est agi d'un sujet belge avant de parler d'un sujet RD congolais de 52ans de retour de France. Une contradiction qui a créé un tollé général et une psychose au sein de l'opinion. On note que le Ministre s'est trompé sur la nationalité du malade, le pays de provenance et la date d'entrée en RD Congo. Un scandale qui étale la légèreté avec laquelle ce dossier délicat est géré par le ministère de la santé publique (Médiacongo.net).

Cette présentation de fait, fait dire, sinon croire, aux kinois ce qui suit :

- Il n'y a pas de Coronavirus dans la capitale ;
- L'annonce du ministre est fallacieuse, car faite quelques jours après que la Banque Mondiale ait promis une enveloppe succulente aux pays africains qui seraient touchés par la maladie. Les gouvernants veulent à tout prix avoir une part de gâteau dans la promesse de la structure financière mondiale (ce qu'ils qualifient de « coop », signifie négociation pour tirer profit de ce qui proviendrait de la Banque Mondiale au détriment de la population). Ce point de vue est même partagé par certains acteurs politiques nationaux et groupes religieux traditionnels qui voient un manque de sérieux dans la manière de conduire la lutte contre cette maladie.

Un autre couac, qui renforce l'opinion publique sur le refus de l'existence de la maladie, se révèle lors des interventions médiatiques des premiers malades sur « Top Congo » qui ne se reconnaissaient pas malades de la

Covid-19 et/ou étaient toujours détenus alors que guéris. En outre, les mesures évoquées pour justifier le report du confinement intermittent de la ville par le Gouverneur ne sont pas les mêmes avec celles évoquées lors de la réunion spéciale convoquée par le Premier Ministre et à laquelle il a participé. Les contradictions observées entre la Primature et le Gouverneur de la ville consolident la position et les préjugés populaires. Lorsque les décisions ne sont pas coordonnées, il ne peut naître que des contradictions. Ne dit-on pas que : « Ce qui est bien conçu s'énonce clairement et les mots pour l'expliquer viennent aisément ? ».

Cependant, l'annonce de l'Etat d'urgence sanitaire par le Chef de l'Etat semble mettre tout le monde d'accord sur l'existence de la maladie au pays au regard de nombre de cas recensés et de décès. A ce stade, certains citoyens et protagonistes politiques commencent à prendre conscience de l'existence de la maladie sur le sol congolais en général et kinois en particulier. Quelques timides messages de sensibilisation de quelques leaders d'opinion politiques, culturels, religieux... sont diffusés à la base via les chaînes de radio et de télévision tant publiques que privées pour tenter de persuader la population. Mais cette dernière ne désarme pas.

Le 20 avril 2020, le port de masque est rendu obligatoire dans les lieux publics. Le gouvernorat prévoit une amende de 5.000 FC pour tout récalcitrant et la police provinciale est mise à contribution pour rendre effective cette mesure. Restant sur sa logique, le port de masque est justifié par la population par peur de la police et non par peur de maladie. Un vendeur ambulant, Tsheko, que nous avons interrogé, déclare ce qui suit : « Nous plaçons par moment le masque lorsque nous apercevons les policiers pour échapper à leurs tracasseries ».

« Nous voulons voir ». La gestion de la Covid-19 est devenue une affaire mondiale. Le monde est devenu, si nous empruntons l'expression du canadien Mc Luhan, « un village planétaire » où ce qui se fait, se dit à un bout et vite présenté, connu à l'autre bout et vice versa. Pour croire en l'existence de la maladie, le public kinois voulait inéluctablement voir des images, à l'instar des pays occidentaux, des hôpitaux où sont pris en charge les atteints du coronavirus, et ce, de manière régulière. Ce qui ne pouvait pas être fait pour des raisons de déontologie médicale, ont affirmé certaines autorités. Le fait de ne jamais vu des images des malades réellement hospitalisés n'a fait que renforcé le préjugé kinois ou ce qu'ils en pensent : « La Covid-19 n'existe pas ».

« Le District de Tshangu épargné ». C'est un autre phénomène dans la capitale congolaise. Les données sur l'évolution de la propagation telles qu'avancées par le secrétariat technique à la riposte de la Covid-19 révèlent, jusqu'au moins à la fin du mois de juin 2020, que le district précité, regroupant cinq communes (Masina, Nd'jili, Kimbanseke, N'sele et Maluku), n'a pas encore eu de cas de Covid-19 alors que cette partie de la capitale est très populeuse et l'on yobserve la non-application des gestes barrières et de la distanciation sociale en dépit de la sensibilisation. Ses habitants ont été parmi les premiers à s'opposer à l'existence de la maladie la qualifiant soit de fléau des « Blancs (Européens, Américains, etc.) » soit encore des « Riches habitant les communes urbanisées telles que Gombe, Limete et Ngaliema » où l'on avait dénombrait beaucoup de cas Covid-19. Le refus du départ a-t-il donné raison aux « BanaTshangu ? Nous pensons que les raisons de cet état de chose sont à rechercher ailleurs.

IV. Leçons à tirer

Il ressort alors de tout ce qui précède que l'échec des communications publiques est dû, à notre humble avis, à la manière dont les autorités ont procédé pour lancer la lutte contre la Covid-19, c'est-à-dire un échec méthodologique. Le recours, par les autorités impliquées directement ou indirectement dans la gestion de la lutte conte la Covid-19, à l'approche monocausale et linéaire a montré ses limites.

Si la communication publique, selon Michel Le Net, *a pour objectif de rendre le citoyen responsable de ses choix en matière de santé, de sécurité, d'environnement et d'assurer sa participation à la vie publique et à la promotion des valeurs sociales*[159], il apparaît clairement que la mise à l'écart de l'individu ou de la communauté de base dans la conception et le processus de sensibilisation ne peut que préparer l'échec du projet. La communication valorise l'individu et rend la décision applicable[160]. Les communautés n'ont pas été préparées et impliquées dans les discussions relatives aux mécanismes de lutte contre la maladie. A ce sujet, nous disons, avec Dominique Mégard, que *la communication publique se doit aujourd'hui d'être citoyenne, de ne pas se réduire à l'émission de messages fussent-ils au service de grands causes. Mais comme la gouvernance elle-même, elle a vocation d'être attentive à la parole citoyenne, de non seulement regarder l'opinion mais aussi et surtout d'organiser les voies et les moyens pour qu'Etat et collectivités écoutent et comprennent. Concertation, débat public et consultation aujourd'hui appartiennent au vocabulaire de la communication publique autant qu'information et pédagogie…*[161]

Dans ce contexte, nous pensons que, lorsqu'il faut résoudre un problème d'intérêt communautaire, si grave ou compliqué soit-il, les bénéficiaires soient au moins associés aux programmes et aux différentes étapes du processus de la résolution du problème. Si la communauté ne pouvait pas

---

[159]M.L. NET, *Communication publique : pratique des campagnes d'information*, Paris, Documentation française, 1993

[160] M.L. NET, *L'Etat annonceur*, Paris, Editions d'organisation, 1981, p.210.

[161] D. MEGARD, *La communication publique et territoriale*, Paris, Dunod, 2012, p.9.

être directement associée à la réflexion, il était quand même nécessaire que les leaders des structures de base, en tant que *icônes du changement*[162],notamment ceux des confessions religieuses, des organisations socio-culturelles, des institutions d'enseignement (primaire, secondaire et universitaire), etc., soient réellement invités à réfléchir sur les mécanismes de sensibilisation de la population qui soient adaptés, efficaces au contexte kinois et deviennent, de ce fait, les premiers mobilisateurs de leurs communautés respectives par leur comportement qui, du reste, devra être conforme au discours véhiculé (lavage régulier des mains, port de masque, etc.). Il est quasiment difficile de penser développement, changement de comportement en matière de santé ou de chercher à obtenir des résultats escomptés d'une campagne sans implication active de ceux à qui s'adresse le projet. Leur participation est une nécessité impérieuse et gage de l'appropriation dudit projet.

Un autre facteur d'échec de ces communications publiques à Kinshasa est l'absence d'un « Programme de communication », conséquence d'une mauvaise méthodologie. En effet, le programme de communication offre de nombreux avantages[163] dans le cadre de la lutte contre une maladie, une pandémie.

D'abord sur *le plan de l'organisation*, ici entendu le Ministère de la santé, le programme de communication favorise, d'une part, la mise en place de structures capables d'améliorer les rapports entre les établissements sanitaires et les communautés et, d'autre part, permet de promouvoir les méthodes participatives d'apprentissage et de prise de décisions dans le but d'améliorer la participation des communautés ainsi que l'appropriation par celles-ci des campagnes de sensibilisation sur la santé. Et puis, sur *le plan des stratégies*, le programme de communication aide les communautés à formuler des méthodes permettant d'identifier, de toucher le plus grand nombre de personnes et de retrouver des personnes malades ou présentant des symptômes tels que définis. Le programme offre également la possibilité d'identifier et de former des agents de motivation volontaires pour la diffusion des messages sanitaires, l'animation des débats ainsi que l'appui à l'action communautaire, etc.

V. Pour une communication publique efficace

Comme nous pouvons le remarquer, la communication publique, qui se définit par la légitimité de l'intérêt général, ne peut être efficace qu'en

---

[162] S. GROSJEAN et L. BONNEVILLE, *La communication organisationnelle. Approches, processus et enjeux*, Québec, Chenelière Education, 2011, p.184.
[163] P. NTONDA K., *Op. cit.*, p.116.

faisant participer l'individu au processus ou programme qui concourt à son bien-être moral, matériel, sanitaire, etc.

C'est ainsi que l'intégration, selon Jacques Ellul, *est encore plus nécessaire dans la mesure où nous vivons dans une société en changement rapide et que l'individu doit être sans cesse adapté, réadapté à de nouvelles conditions de vie, de travail, de consommation, de participation, de civisme, etc.*[164]. Ce nouveau mode de vie ne peut se faire spontanément ni en recourant aux anciens modèles axés sur des communications verticales plutôt qu'horizontales. Tout nouveau mode de vie nécessite une action volontaire, préconçue, organisée et méthodique pour obtenir le comportement exigé par le changement lié à la transformation de la société. En effet, la société moderne ne peut fonctionner qu'à certaines conditions dont la participation, l'accord, la coopération et la complicité des personnes prises isolément ou en groupe. C'est en cela que réside l'importance de la communication publique dans la société moderne en tant qu'*ensemble des phénomènes de production, de traitement, de diffusion et de rétroaction de l'information qui reflète, crée et oriente les débats et les enjeux publics…*[165].

La communication publique est un processus sous-tendu par de grands principes. Organisés entre eux, ils donnent corps à celle-ci. Ils font d'elle un processus qui vise à :

- Etablir et maintenir les relations entre collectivités et habitants ;
- Diffuser des informations utiles, nécessaires à la vie collective ;
- Proposer de s'orienter vers un modèle collectif de représentation.

Alors, pour y parvenir, le processus de communication publique solide passe par les phases suivantes qui, du reste, sont interdépendantes :

1. La liaison :

Il est question, à ce stade de début, de créer et de maintenir le lien entre la collectivité et ses composantes, individuelles ou collectives. C'est le contact.

La vie politique locale est, de nos jours, faite d'écoute et de dialogue. Pour que les échanges existent, les parties prenantes doivent se connaître et se reconnaître. Dans le cas d'espèce, il s'agit de : *Gouvernants* (Président, Ministres, Autorités locales), organisateurs ou responsables des activités de communication visant l'intérêt général, et G*ouvernés* (citoyens, populations, communautés) dont le changement de comportement est sollicité ou souhaité par les gouvernants (autorités).

C'est ici que s'exerce le véritable champ de la communication sociale, entendue comme *une interaction, médiatisée par des signes verbaux et non*

---

164 J. ELLUL, « La conformisation aux données fondamentales de notre société par la persuasion » In *Colloque International sur la Persuasion Sociale,* Paris, Ed. Anciens ENPC, p. 283.

165 F. DEMERS, « La communication publique, un concept pour repositionner le journalisme contemporain », In *Les Cahiers du journalisme* n° 18, Printemps 2008, p. 210.

verbaux, au travers de laquelle les inter-actants (les émetteurs – récepteurs) établissent et définissent entre eux un type particulier de relation sociale[166].

En d'autres termes, la communication sociale est considérée également comme *l'ensemble des codes et des règles qui rendent possibles et maintiennent dans la régularité et la prévisibilité les interactions et les relations entre les membres d'une même culture*[167].

L'objectif de la communication sera d'aller vers les individus ou les collectivités et de créer la relation régulière et permanente avec eux parce que toute communication suppose le primat absolu de la relation et du cadre (accord préalable), d'une part, et la légitimité institutionnelle se prouve dans la relation (mais celle-ci n'est plus donnée d'avance ni gratuite, il faut par contre de plus en plus la construire), d'autre part.

Le lien étant établi, on peut alors passer le message ou l'information à l'individu ou à la collectivité sur la Covid-19 ou tout autre fléau qui menacerait la santé publique par exemple. C'est le début de la deuxième phase.

2. L'information

C'est le moment de passer le message ou l'information nécessaires, tels que pensés ou réfléchis par les autorités (gouvernants), aux individus, à la communauté tout entière.

La vie en communauté nécessite des règles partagées par tous, c'est-à-dire, pour emprunter les termes de Pierre Legendre, une *communication normative*[168]. Avant leur partage, il est important que les membres de la communauté puissent les connaître. L'existence de la Covid-19 en RD Congo a obligé les citoyens congolais, voire du monde, à adopter des nouvelles règles de conduite tant au niveau individuel que collectif. Ces nouveaux modes de vie se sont ajoutés sur ceux déjà connus et appliqués sur le territoire national.

Donc, la diffusion de nouvelles règles dont le but est de sensibiliser l'individu et la communauté devient, pour les autorités, une nécessité impérieuse. L'information permet à l'individu de résoudre des problèmes et de prendre des décisions, étant donné que son usage rationnel est la base de la connaissance.

Les tentatives à la résistance au changement de comportement sont toujours fortes et grandissantes. C'est grâce à l'information vraie que la prise

---

166 MPOYI MUKENDI, *La communication politique en Afrique : une approche pragmatique*, Louvain-La-Neuve, CIACO, 1990, p.15.

167 L. SFEZ, *Dictionnaire critique de la communication*, Tome I, Paris, PUF, 1993, p.147.

168 La signification de "normes" peut avoir plusieurs sens. P. Legendre, par exemple, parle de la communication normative pour évoquer le fait de mettre en commun. Dans le cadre de notre réflexion, il s'agit de la diffusion des normes, règles collectives qui soient bénéfiques à la vie communautaire.

de conscience devient possible : « L'Homme agit en connaissance de cause et à cause de la connaissance ».

3. La concertation

Le contact assuré, l'information donnée, il faut maintenant favoriser *l'écoute* et *la participation* des citoyens. C'est la phase qui déclenchera le processus d'appropriation du message par la communauté-cible et nous allons nous étendre un peu sur cette question. Ici, on est dans le plein champ de la communication participative. L'information cesse d'être un bien privée, elle devient une matière commune ou communautaire.

Le concept de « participation » est appliqué de plusieurs façons et couvre différents champs pratiques. Selon G. Bessette, *on l'emploi parfois pour légitimer des approches qui ne sont pas, dans les faits, participatives. Dans certains cas, on dira : « c'est une approche participative puisque nous avons pratiqué les techniques de recherche participative avec les communautés. » En réalité, ces techniques vont de pair avec la compréhension des fondements de l'intervention*[169].

La participation n'est pas synonyme de la mobilisation, qui cherche le soutien et l'adhésion de la communauté, et ne peut nullement se limiter à la consultation qui, elle, recueille les avis et considérations. Elle va au-delà de toutes ces considérations. Participer est, selon le dictionnaire français, l' « action de prendre part ou part que l'on prend » et *un bon indicateur est donné lorsque les gens prennent la responsabilité de mener à bien une initiative de développement. C'est-à-dire que les membres de la communauté prennent non seulement part aux activités, mais sont engagés directement dans le processus décisionnel et dans la planification de l'initiative de développement*[170].

Pour le groupe de la banque Mondiale, la participation est *un processus par lequel les parties prenantes influent sur les initiatives, les décisions et les ressources qui concernent leur développement et en partagent le contrôle*[171].

D'après l'ONU, *le concept de participation est introduit dans le champ du développement comme le moyen par lequel les citoyens devraient s'impliquer dans le processus de leur propre devenir*[172]. En étant associés, les membres de la communauté sont susceptibles d'influer positivement sur

[169]G. BESSETE, *Communication et participation communautaire. Guide pratique de communication participative pour le développement*, Laval, Presses de l'Université Laval, 2004 consulté sur http://www.ulaval.ca/pulle 11/10/2020 à 13 heures.

[170] Idem.

[171] K. A. HAMENOU, *Degré de participation des populations locales aux projets de « SOS village d'enfants Togo » : cas du programme de renforcement de la famille du village d'enfants Lomé*, Institut International de l'eau et de l'environnement, Master en innovations, développement et sociétés, Ouagadougou, 2009, Inédit

[172]*Idem*

la conception du message à diffuser, le moment de sa diffusion, la langue à utiliser, les acteurs locaux à impliquer, etc.

Comme on peut le constater, ces différentes appréhensions démontrent, justement, que le changement d'attitude (de comportement) ou de mobilisation populaire dépend en grande partie du degré d'implication de la communauté au processus de résolution du problème.

A la préoccupation de savoir : Pourquoi la population doit-elle s'impliquer activement dans toute action ou initiative qui la concerne ? Plusieurs raisons sont avancées, en fonction des circonstances, des besoins, des intérêts, des matières, des lieux, etc., pour justifier cette participation.

En effet, une participation réelle et engagée permet de parvenir au progrès, de respecter certaines règles sociales et sanitaires, de contrôler le pouvoir, de construire une culture démocratique …en facilitant les échanges entre les différents acteurs en vue de cerner un problème de développement commun.

C'est ainsi qu'il est soutenu que *la façon la plus efficace d'assurer la pertinence culturelle d'un projet est de faire élaborer, réaliser et évaluer celui-ci par ses bénéficiaires. Il ne suffit pas d'impliquer la population locale dans un projet élaboré par des intervenants extérieurs, même s'ils ont une formation professionnelle. La population locale doit être pleinement impliquée dans le projet afin de ressentir que celui-ci lui appartient.*[173]

La participation populaire est un exercice conduisant non seulement à l'apprentissage mais aussi et surtout à l'appropriation des actions d'intérêt commun.

Conclusion

Notre préoccupation, à travers cette réflexion, était de démontrer que les communications publiques initiées par les autorités du pays en rapport avec la Covid-19 ont été pertinentes et bien contextualisées. Cependant, elles ont buté à plusieurs résistances par manque d'un véritable « Programme de communication » qui devrait prendre en considération les différents territoires et acteurs (politiques, culturels, sociaux, religieux, économiques, etc.) et leur association au processus communicationnel lié à la lutte contre la pandémie de Covid-19.

La communication publique vise l'intérêt général, qui est *le résultat d'un compromis d'intérêts entre les individus et des groupes de la société qui consentent au contrat social dans le cadre duquel s'inscriront lois, règlements, jurisprudence,…*[174]. Même si l'intérêt général est un sujet à

[173] UNESCO, *Changement et continuité. Principes et instruments pour l'approche culturelle du développement*, Paris, Editions UNESCO, 1999, p.146

[174]P. ZEMOR, *Op. cit., p.7.*

controverse, néanmoins il repose, dans tous les cas, sur l'acceptation de la décision publique par des citoyens. C'est pourquoi, ces derniers ne peuvent nullement être relégués au second plan. Par contre, ils doivent être consultés, associés ou impliqués à la conception et à la diffusion des messages d'intérêt général.

Toute stratégie de communication qui s'articule autour du paradigme « Stimulus-Réponse (réaction) », tel que vécu avec les communications publiques analysées, est de nature à ne pas produire d'effets souhaités surtout lorsqu'il s'agit de viser un changement de comportement dans le chef de la population. L'approche participative, qui privilégie l'interaction des acteurs en présence, n'a pas été, malheureusement, exploitée. Les médiocres résultats obtenus, en termes de non-respect des gestes barrières par la grande majorité de la population kinoise, sont, selon nous, la résultante d'un programme non concerté et/ou non participatif.

Bibliographie

1. BESSETE, G., *Communication et participation communautaire. Guide pratique de communication participative pour le développement*, Laval, Presses de l'Université Laval, 2004 consulté surhttp://www.ulaval.ca/pul
2. DEMERS, F., « La communication publique, un concept pour repositionner le journalisme contemporain », In *Les Cahiers du journalisme* n° 18, Printemps 2008.
3. ELLUL, J., « La conformisation aux données fondamentales de notre société par la persuasion » In *Colloque International sur la Persuasion Sociale,* Paris, Ed. Anciens ENPC, 1981.
4. GROSJEAN, S., et BONNEVILLE, L. (S/D), *La communication organisationnelle. Approches, processus et enjeux*, Québec, Chenelière Education, 2011.
5. HAMENOU, K.A., *Degré de participation des populations locales aux projets de « SOS village d'enfants Togo » : cas du programme de renforcement de la famille du village d'enfants Lomé*, Institut International de l'eau et de l'environnement, Master en innovations, développement et sociétés, Ouagadougou, 2009, Inédit
6. LE NET, M., *Communication publique : pratique des campagnes d'information*, Paris, Documentation française, 1993.
7. LE NET, M., *L'Etat annonceur*, Paris, Editions d'organisation, 1981.
8. MEGARD, D., *La communication publique et territoriale*, Paris, Dunod, 2012.

9. MPOYI MUKENDI, La communication politique en Afrique : une approche pragmatique, Louvain-la-Neuve, CIACO, 1990.

10. NTONDA KILEUKA, P., *Communication publique et santé en République Démocratique du Congo*, Paris, L'Harmattan, 2009.

11. SFEZ, L., *Dictionnaire critique de la communication*, Tome I, Paris, PUF, 1993.

12. UNESCO, *Changement et continuité. Principes et instruments pour l'approche culturelle du développement*, Paris, Editions UNESCO, 1999.

13. ZEMOR, P., *La communication publique*, Paris, Presses Universitaires de France, 3ème édition mise en jour, 2005. Sur http://www.com.ulaval.ca/etudes de compublique/accueil.html

Jean Didace DIAMA A KIBOBA
Doctorant en Sciences de l'Information
et de la Communication /Université de Kinshasa

Le coronavirus : une pandémie génératrice d'une inflation lexicale intense en République démocratique du Congo et dans le monde

Essai d'analyse lexico-sémantique

Par Jean-Baudouin MOKOHA MONGA-ADOGO [1]
et Jean-Vincent NDZIA LIKOMBE MOLABU[2]

Résumé

L'éruption du Coronavirus a entrainé dans la chaîne parlée l'usage récurrent d'un lexique abondant et précieux sur le plan sanitaire qui ne peut laisser insensibles les philologues. C'est dans ce contexte que nous avons tenté de le relever du discours quotidien de nos compatriotes et de la presse tant locale qu'étrangère pour mieux l'analyser, le décortiquer, le comprendre, le diffuser et le conserver.

Mots-clés : Coronavirus, pandémie, confinement, déconfinement, contagiosité, dangerosité, riposte, distanciation.

Introduction

L'année 2020 aura été, pour l'humanité tout entière, une année macabre, à évaluer les dégâts humains causés par les décès des milliers (de personnes de 318.000 morts) de par le monde, dus à la pandémie du coronavirus qui s'est atrocement abattue sur la planète, en se répandant à une vitesse

[1] Professeur à la Faculté des Lettres et Sciences Humaines, Département des Lettres et Civilisation Françaises, Université de Kinshasa
[2] Assistant à l'Institut Supérieur de Développement Rural de Bosondjo à Lisala

vertigineuse de l'Asie (Houan en Chine), en passant par l'Europe et l'Afrique jusqu'en Océanie et la Nouvelle Zélande.

Même le Lesotho que d'aucuns croyaient avoir été épargné de cette pathologie fut, fort malheureusement, atteint, un peu plus tard, au mois de mai 2020. Et les populations francophones du monde, dans leurs préoccupations de gérer efficacement la pandémie, ont dû développer des réflexes de défense et de conservation en sécrétant des stratégies langagières de survie à l'aide d'un riche lexique qu'il nous a plu de recenser, d'analyser et de comprendre au cours de nos investigations.

Notre souci n'ayant été rien d'autre que de faire œuvre utile d'historiens de la langue devant contribuer à la diffusion et à la conservation de ce lexique qui aura été d'extrême utilité dans la gestion, la prophylaxie et la protection des populations de cette pandémie.

I. Présentation du corpus

Notre corpus porte globalement sur les mots les plus couramment usités au cours de la désastreuse pathologie du coronavirus. Comme on l'aura constaté, ces mots relèvent essentiellement du registre médical et politique. Toutefois, notre curiosité doublée de notre passion de philologues, nous a particulièrement incités à sonder les concepts et à les appréhender rationnellement dans leurs différents contours sémantiques ou leurs différentes acceptions, quels que soient leur appartenance et leur domaine du savoir.

Loin de nous cependant la prétention à l'exhaustivité dans la présentation de ce répertoire.

1) Artémisia
2) Aseptiser
3) Cache-nez
4) Bulletin journalier
5) Certificat de non-contagiosité
6) Chaine de contamination
7) Chute pondérale
8) Confinement
9) Coronavirus
10) Courbe ascendante
11) Courbe descendante
12) Covid-organics
13) Covid-19
14) Dangerosité
15) Déconfinement
16) Dépistage

17) Désinfection
18) Détresse respiratoire
19) Distanciation
20) Endémie
21) Epicentre
22) Etat d'urgence sanitaire
23) Epidémie
24) Gel hydroalcoolique
25) Gestes ou mesures barrières
26) Létalité
27) Masque
28) Montée exponentielle
29) Négativité
30) Pandémie
31) Pathologie chronique
32) Personnes contacts
33) Pic
34) Positivité
35) Précautions sanitaires
36) Paludisme
37) Quarantaine
38) Quatorzaine
39) Respirateur
40) Riposte
41) Vaccin
42) Vecteur
43) vitamine C et paracétamol

II. La portée sémantique du lexique

- Artémisia : plante médicinale à base de laquelle on met au point des vaccins et remèdes contre le paludisme et le coronavirus
- Aseptiser : Désinfecter
- Bulletin : C'est le relevé journalier des personnes contaminées, guéries ou décédées de cette pathologie
- Cache-nez : masque
- Certificat de non contagiosité : un document qui atteste l'état d'une personne saine, exempte de la pathologie
- Chaine de contamination : l'ensemble des personnes contaminées
- chute pondérale : la diminution sensible du poids physique du patient atteint de la pathologie
- confinement : le fait de se confiner, de s'enfermer chez soi, sans entrer en contact avec des personnes extérieures

- coronavirus : C'est le virus dévastateur venus d'un animal, vraisemblablement du pangolin ou de la chauve-souris
- Courbe ascendante : la montée irréversible du nombre des personnes contaminées jusqu'à un sommet nommé « pic »
- Courbe descendante : la diminution du nombre des personnes contaminées après le pic jusqu'à l'éradication de la pathologie
- Couvre-feu : déploiement des soldats pour surveiller les personnes cloitrées
- Covid-organics : le vaccin découvert par les chercheurs malgaches censé guérir les patients du coronavirus, mais contesté dans certains milieux des disciples d'Hippocrate
- Covid-19 : la formule abrégée du coronavirus ayant commencé à semer la terreur en 2019
- Dangerosité : le caractère dangereux de la maladie
- Déconfinement : l'autorisation officielle de la sortie des populations enfermées chez elles par crainte de la contagion du coronavirus
- Dépistage : l'examen médical consistant à tester toute personne pour se rendre compte de son état de positivité ou de négativité
- Détresse respiratoire : déficit respiratoire
- Désinfecter : aseptiser
- Distanciation : le fait de se situer à une distance de plus d'un mètre des autres personnes pour éviter la contamination
- Endémie : une pathologie permanente dans une contrée. Exemple : la malaria
- Eradication : Effort tendant à juguler la pathologie
- Epicentre : le foyer à partir duquel se répand la maladie. Par exemple : en RDC, Kinshasa est considéré comme l'épicentre du coronavirus importé de l'Europe
- Etat d'urgence sanitaire : décision politique interdisant tout mouvement des populations
- Epidémie : une pathologie qui s'abat sur une contrée pouvant être éradiquée suite aux stratégies thérapeutiques appropriées. Exemple : l'épidémie d'Ebola à l'Est de la RDC en voie d'extinction
- Gel hydro alcoolique : liquide alcoolique pour la propreté des mains
- Gestes ou mesures barrières : l'ensemble des mesures édictées par l'OMS pour éviter la contagion. Exemple : la distanciation, lavage des mains au savon, masque
- Létalité : mortalité
- Masque : linge servant à protéger le nez et a bouche de toute contagion de ce virus aéroporté
- Montée exponentielle : la progression sensible ou géométrique du nombre des personnes atteintes du coronavirus
- Négativité : l'état de la personne dont le test s'avère négatif

- Pandémie : une pathologie qui s'abat sur l'humanité tout entière de manière instantanée ou concomitante. Exemple : le coronavirus
- Pathologies chroniques : des pathologies développées par des patients depuis des lustres créant ainsi un terrain fertile pour le coronavirus dont la dangerosité devient réelle, voire fatale.
- Personnes contacts : des personnes ayant eu des contacts physiques avec le patient du coronavirus devant être identifiées pour arrêter la chaine de contamination
- Pic : le sommet ou le paroxysme atteint par la maladie à partir duquel le nombre des personnes atteintes va decrescendo.
- Positivité : état de la personne dont le test s'avère positif
- Précautions sanitaires : les mesures ou gestes barrières consistant à éviter la contagion
- Respirateur : instrument médical servant à assister le patient en détresse respiratoire, suite à cette pathologie qui désagrège le système respiratoire
- Riposte : l'ensemble des stratégies socio-psycho-médicales mises en œuvre pour l'éradication de la maladie
- Vaccin : produit pharmaceutique procurant l'inimité corporelle
- Vecteur : les moyens humains et naturels par lesquels se répand la maladie. Exemple l'air, la salutation manuelle…
- Vitamine C et paracétamol : le traitement curatif préconisé par l'équipe de riposte contre le coronavirus en RDC
- Paludisme : c'est la malaria devenue pandémique en Afrique tropicale et qui y fait plus de 400.000 morts par an. Le coronavirus disparaitra et la malaria continuera à faire des ravages. D'où des précautions utiles pour se prévenir contre elle.
- Quarantaine : isolement des patients
- Quatorzaine : isolement ou surveillance des malades durant la période d'incubation de 14 jours.

III. Contexte linguistique générateur du lexique et quelques illustrations

Cette problématique soulevée nous renvoie à la différence linguistiquement établie entre langage, langue et parole.

Le Dictionnaire de linguistique nous offre les définitions suivantes de ces trois concepts

Le langage : est tout système de signes servant de communication psychique entre les individus.

La langue : est le langage humain articulé et auditif. C'est donc un système où tout se tient

La parole : est l'utilisation accidentelle et circonstancielle des morts de la langue.

Sans aucun doute, le champ lexical relevé dans cette étude se rattache plus à la parole ou au discours qui contraint le locuteur à sélectionner les énoncés de la langue considérés comme maillons de la chaine linguistique en vue de rendre la pensée en un moment donné de l'histoire dans des circonstances précises ?

En effet, les ravages causés par le coronavirus ont dû amener les locuteurs du français au cours de leurs discours à forger des néologismes ou à recourir à des mots anciens en leur donnant des sens particuliers. Ce sont des néologismes de sens.

Exemples :

➢ Riposte qui signifiait la contre-offensive dans le jargon militairerevêt ici le sens de réaction vigoureuse de la médecine contre le coronavirus.

➢ Détresse : angoisse, mais détresse respiratoire désigne le déficit respiratoire devant être comblé par un respirateur.

➢ La létalité : souvent utilisée dans l'armée en parlant des armes létales qui causent la mort. D'où le taux de létalité signifie ici le taux de mortalité due à la pandémie.

➢ La distanciation : un concept philosophique qui renvoie à l'homme considéré comme un être replié sur lui-même avec ses secrets qu'il emporte parfois jusqu'à la tombe sans pouvoir les partager avec ses proches. Distanciation en philosophie signifie donc le mur d'incommunicabilité séparant l'homme des autres. Ici le mot signifie l'espace d'au moins un mètre devant séparer les personnes comme mesure barrière portant protection contre le coronavirus.

➢ Pic signifie le sommet d'une montagne nous renvoie ici au point culminant atteint par la maladie de par le nombre le plus élevé des patients à partir duquel l'on note une sensible diminution jusqu'à l'éradication totale de la pathologie.

➢ Masque : objet d'art. Il désigne ici le linge devant couvrir le nez et la bouche en vue de la protection contre la propagation du coronavirus.

➢ Epicentre : concept géométrique qui désigne le noyau d'où partent les études. Ici le lieu central d'où se propage la maladie.

Conclusion

L'humanité tout entière fut frappée de plein fouet, de manière concomitante, par une horrible pandémie considérée comme un ennemi impitoyable, invisible et commun dont les scientifiques du monde ont tenu à l'unisson à se débarrasser au cours du premier semestre de l'année 2020.

Durant cette pandémie du coronavirus qui a décimé les populations entières de la planète, de nombreuses stratégies de survie se sont développées de plusieurs manières et furent exprimées par un lexique abondant et précieux que nous nous sommes proposé d'examiner, de comprendre, de diffuser et de conserver par l'écriture.

Dans ce champ lexical que nous avons circonscrit, nombre de concepts anciens ont revêtu des sens particuliers dictés par les circonstances de cette pandémie. Il s'agit essentiellement d'une inflation lexicale intense caractérisée principalement par la néologie de sens.

Quoiqu'appartenant essentiellement au registre médical et politique pour des raisons évidentes de gestion de la pandémie et de prophylaxie, ces concepts nous ont fort intéressés, comme philologues passionnés de mots et de leur portée sémantique. Des chercheurs pluridisciplinaires (en médecine, pharmacie, linguistique, philosophie...) pourraient également exploiter cette moisson abondante dans leurs champs d'action respectifs au cours de leurs recherches scientifiques.

Notre préoccupation ainsi que notre curiosité comme témoins de la pandémie ayant été surtout de faire œuvre utile d'historiens de la langue dans sa synchronie comme dans sa diachronie.

Bibliographie

1. DUBOIS, J. et ali, *Dictionnaire de linguistique et des sciences du langage*, Paris, Larousse, 2012
2. MANISA, O. et ali, *Manières de dire. Expression et locutions françaises*, Kinshasa, C.R .P. 1999
3. SESEP N'sial, La francophonie au cœur de l'Afrique. Le français zaïrois, Paris, ACCT-Didier Erudition 1993
4. SUMAÏLI NgayeLussa, G., Les techniques de l'expression en français, Kinshasa, Edition Balise, 2ème édition, 2016
5. FONTAINE, P., Les figures du discours, Paris, Flanmenon, 1968
6. LE GUERON, D., Langue et langage, sémantique de la métaphore et de la métonymie, Paris, Larousse, 1973

La médiamétrie et la médiasociométrie : les méthodes pour la rationalisation des médias pendant le confinement lié à la Covid19

Par
Bob BOBUTAKA Bateko[175]

Introduction

Le monde a connu sa plus importante pandémie qui l'a paralysé. Ce fléau dénommé soit coronavirus, soit Covid19 est « un nouveau coronavirus qui a été identifié pour la première fois à Wuhan (Chine) à la fin de 2019. Les coronavirus sont une grande famille de virus d'origine animale, mais on sait qu'ils causent des maladies respiratoires chez l'humain, en particulier pendant les mois d'automne et d'hiver. D'autres nouveaux coronavirus ont été associés notamment au syndrome respiratoire aigu sévère (SRAS) et au syndrome respiratoire du Moyen-Orient (MERS-CoV) »[176].

Il est important de signaler que le premier cas de coronavirus a été signalé en République Démocratique du Congo le 10 mars 2020.

Cette situation de santé publique mondiale a favorisé l'émergence de certains phénomènes, notamment dans le champ d'études de l'*l'info-com-média.*

Sur ce, la présente réflexion se focalise sur l'exploitation des approches métriques appliquées aux domaines scientifiques des médias, à savoir : la médialogie et la médiologie. Elle comporte deux composantes fondamentales, à savoir : la partie théorique avec la construction d'un corpus

---

[175] Il est professeur à la Faculté des Lettres et Sciences humaines de l'Université de Kinshasa. Il est affecté et enseigne au Département des Sciences de l'Information et de la Communication et au Département des Sciences et Techniques Documentaires.il est docteur en Sciences de l'Information et de la Communication.

[176] Santé Publique Ontario, *Maladie à coronavirus 2019 (COVID-19),* https://www.publichealthontario.ca/fr/diseases-and-conditions/infectious-diseases/respiratory-diseases/novel-coronavirus, consulté le 14 Août 2020 à 17h40.

devant faciliter la lecture et la partie applicative qui met en relief les considérations de l'évaluation des médias (la médiamétrie et la médiasociométrie) à la Covid19.

1. Le média, le média alternatif et le média interactif

Le média, par essence, désigne tout moyen de distribution, de diffusion ou de communication, d'œuvres, de documents, ou de messages écrits, visuels, sonores ou audiovisuels tels que la radio, la télévision, le cinéma, l'Internet, la presse, les télécommunications, etc. Il est une composante importante dans l'épistémologie des sciences de l'information et de la communication. En effet, en construisant la formule mathématique *SIC = SI+SC+SM*[177], nous prônons l'herméneutique suivante : SI sont les Sciences de l'Information, SC sont les Sciences de la Communication et SM sont les Sciences des Médias.

A ce stade, il sied de noter que notre heuristique dans ce champ scientifique a donné une nouvelle matière de réflexion épistémologique sur l'intitulé des Sciences de l'Information et de la Communication, lequel a un caractère limitatif à l'information et à la communication, et pourtant, c'est le média qui a redéfini le contenu de l'information et de la communication (lesquelles existantes depuis belle lurette pour les interactions humaines, etc.).

Certes, dans le contexte de l'avènement ou l'observation des phénomènes médiatiques, nous estimons que la dénomination des sciences de l'information et de la communication est vraiment non seulement réductionniste, mais aussi incomplète en termes d'appropriation globale de leurs préalables constitutifs, en omettant les médias. Au mieux, l'intitulé de cette discipline devrait être les *Sciences de l'Information, de la Communication et du Média.*

Dans la taxonomie des médias, il y en a toute une panoplie. Cependant, dans cette rubrique, nous allons nous focaliser sur la quintessence du média alternatif et du média interactif.

Ce faisant, le média alternatif est un genre de médias qui canalise les informations alternatives aux médias de masse commerciaux ou étatiques. Pour ce faire, on peut retenir qu'« Alternatifs, libres, indépendants, communautaires, associatifs, citoyens ... les qualificatifs associés à ces médias qui se veulent *différents* sont multiples (…). Par leur indépendance éditoriale et leur liberté de ton, les médias libres proposent une information différente de celle produite par les médias traditionnels ou institutionnels. Ils

---

[177] Bob BOBUTAKA Bateko, *Apports de Paul Otlet et de Robert Estivals à l'épistémologie des sciences de l'information et de la communication*, Paris, Edilivre, 2017, p. 330.

se sont construits en opposition à un discours standard sur la société et à une vision homogène et bien-pensante que véhicule certains grands médias »[178].

Cette même source présente les caractéristiques des médias alternatifs en six points qui sont : « *Une totale indépendance* qui représente un véritable contrepoids aux organes du pouvoir et à la logique dominante ; *Une structure démocratique* qui permet davantage de liberté de décision pour les équipes rédactionnelles travaillant collectivement et de manière horizontale ; *Des sources indépendantes, larges et multiples* qui permettent aux médias alternatifs de viser l'élargissement du pouvoir d'expression médiatique, contrairement aux médias traditionnels qui ont tendance à inviter les mêmes personnes, les *bons clients* considérés comme seuls *experts* en la matière, et à n'accorder que peu de places aux ONG, notamment ; *Le copyleft et les licences Creative Commons* sont pour les médias alternatifs les droits pour rejeter par nature la marchandisation de l'information, par conséquent, ils refusent de céder les droits de reproduction ou de rediffusion à titre payant. Les informations sont donc le plus souvent libres de droits d'auteur, dans le respect du copyleft (indication de la source et de ses coordonnées), par opposition au copyright de la presse classique ; *Une tribune citoyenne, populaire et participative* donne un profil des médias alternatifs qualifié d'ouverture par essence, car ils sont composés d'acteurs sociaux dont la participation favorise la démocratisation de l'information ; et *Un appel à agir*donnant aux médias alternatifs une sémantiqueà la fois par les démarches de coproduction de l'information avec la société civile et par un type de contenus à même de renforcer la capacité d'agir des personnes »[179].

Ce genre de médias nous intéresse d'autant plus qu'il y a de cela 14 ans, nous avons produit un *article scientifique*[180] y relatif publié dans la revue scientifique de l'Institut Facultaire des Sciences de l'Information et de la Communication.

Et quant au média interactif, nous retenons de l'Unesco qu'il « est défini comme interactif lorsque (i) au moins deux objets s'influencent mutuellement ; (ii) l'utilisateur peut modifier un objet ou un environnement (les utilisateurs de jeux vidéo) ; (iii) il implique une participation active de l'utilisateur ; ou (iv) on constate un effet à double sens ou à un effet à sens unique (ou effet-conséquence simple) »[181].

---

[178] Les Forums mondiaux des médias libres (FMML), *Qu'est-ce qu'un média alternatif? Essais de définition...*,https://uneseuleplanete.org/Qu-est-ce-qu-un-media-alternatif-Essais-de-definition, consulté le 1er août 2020 à 16h34.

[179] Ibidem.

[180] Bob BOBUTAKA Bateko, « Radio Okapi : Média alternatif », in Cahiers de Communication de l'Institut Facultaire des Sciences de l'Information et de la Communication (IFASIC), Kinshasa, 2006, pp. 67-81.

181 ISU, Cadre de l'UNESCO pour les statistiques culturelles 2009, Médias interactifs, http://uis.unesco.org/fr/glossary-term/medias-interactifs, consulté le 24 septembre 2019 à 12h45.

Dans cet ordre d'idées, nous avons noté dans notre thèse de doctorat que « Les supports de la communication digitale favorisent l'interaction entre marques et consommateurs. Sites, mini sites, blogs, réseaux sociaux, applications pour Smartphones, newsletters ont pour qualité et caractéristique communes la proximité et la rapidité, favorisant ainsi la communication numérique »[182].

Dans la revue internationale : Bibliologie, Schéma et Schématisation avec notamment le professeur Robert Estivals, nous avons publié un article sur cette thématique intitulé : « Courrier électronique ou media interactif : de la bibliomatique à l'archivologie électronique »[183]. Cette contribution scientifique a démontré l'interactivité numérique à travers un média technétronique qui est l'une des caractéristiques essentielles du courrier électronique. Et pendant cette période de Covid 19, beaucoup de terriens se sont aussi interagis par les emails.

La différence entre le média alternatif et le média interactif se présente dans la mesure où le premier est en opposition avec la stratégie des médias publics et traditionnels, alors que le second est davantage dans la constellation du numérique, par ricochet, un nouveau média.

2. Le self-media, le mass-média et le social-média

Le self-média est un néologisme qui a été utilisé par le canadien Jean Cloutier en 1973, en le qualifiant d'un *produit de communication*[184]. Il enchaîne en disant que le livre est aussi un self-média, c'est-à-dire un véritable livre contemporain mariant intimement le texte et le graphisme : un livre, un media scripto-visuel.

Quant à François Richaudeau, il définit le self–média en s'inspirant du schème de Cloutier, en ces mots : « cette classification claire des langages a l'immense avantage de balayer la confusion désastreuse qui faisait choisir à l'émetteur le média d'abord. Ce média, toujours rigide, le livre (...) a ses contraintes propres et n'offrait pas nécessairement le véhicule idéal de transmission des messages. Le choix du média s'impose dès lors de lui-même et il sera réellement le plus apte à la communication (...). Cloutier se

---

[182]BOBUTAKA Bateko Botako-Babo, *PaulOtlet et Robert Estivals : Contribution à la construction de l'épistémologie de la Bibliologie aux Sciences de l'Information et de la Communication,* Thèse de doctorat, Département des Sciences de l'Information et de la Communication, Faculté des Lettres et Sciences Humaines, Université de Kinshasa, 2015, f. 242.

[183]Bob BOBUTAKA Bateko, « Courrier électronique ou media interactif : de la bibliomatique à l'archivologie électronique », in Revue Bibliologie, Schéma et Schématisation : Hommage à Elena SAVOVA , n*75, Paris, L'Harmattan, 2011 pp. 107-124.

[184] Jean CLOUTIER, *La communication audio-scripto-visuelle à l'heure des self-média*, Montréal, Les Presses de l'Université de Montréal 1973, p.75.

montre également beaucoup plus réaliste que McLuhan, son homologue canadien anglophone (…) »[185].

Pour Éric George, dans son article intitulé : « En finir avec la société de l'information ? »[186] , la pensée de Cloutier sur le self-média annonçait au début de 1970 l'avènement de l'ère de la communication individuelle marquée. Enfin, Jean-Luc Michel en 2004 s'est appuyé sur un autre schème de la communication individuelle de Cloutier à travers son livre intitulé : *La communication audio-scripto-visuelle à l'heure des self-media ou l'ère d'emerec*.

Brunel et Lafont, dans leur publication collective avec Eric Sutter, Aubert Dulong, Hubert Fondin, Helene Dufau et Sylvianne Tribollet ont aussi exploité l'expression *self-média* en le différenciant de mass-média. Ils ont soutenu qu'« en 1930, c'est l'avènement des *mass-médias* (communication collective) d'un côté, avec la radio et des *self-média* (communication individuelle) autres que le livre, le téléphone et les disques. La télévision fait ses premiers pas»[187].

Et, « Si le livre est un self média, pouvons nous déduire que tout imprimé est un self-média ? »[188], certes, la liste doit être allongée en intégrant les archives, la photo, le périodique, la publication officielle, etc.

S'agissant de mass-média, en anglais : *mass media*, est un média capable d'atteindre et d'influencer une large audience. Par le recours à ce moyen, les annonceurs peuvent diffuser leurs messages en direction d'un très vaste et hétérogène public, réparti sur des espaces élargis pour un coût relativement raisonnable. La mesure de l'efficacité de ces diffusions donne lieu à un suivi.

Au-delà de la publicité, les sources d'information peuvent s'exprimer dans ces médias par différents moyens et bénéficient de la protection de la loi. C'est un ensemble des techniques et supports de diffusion massive de l'information (presse, radio, télévision, cinéma, etc.).

Tout compte fait, « Ce terme a été créé dans les années 1920. Dans un premier temps, du fait des techniques employées, les médias de masse se caractérisent par une logique *push*, c'est-à-dire, que l'information est poussée par un émetteur vers des destinataires à grande échelle ; d'où un

---

185 François RICHAUDEAU, *La communication audio-scripto-visuelle à l'heure des self-média de J. Cloutier* in Communication et langages, n* 20, 1973, pp 121-122.

186Eric GEORGE, *En finir avec la société de l'information ?* In TIC & société : Vol. 2, n° 2, 2008 : Société de l'information ?, http://ticetsociete.revues.org/497, consulté le 24 mars 2013 à 21h35.

187G.BRUNEL, S. LAFONT et al, *les technologies de l'information*, Paris, PUF, 1990, p.7.

188BOBUTAKA Bateko Botako-Babo,*PaulOtlet et Robert Estivals : Contribution à la construction de l'épistémologie de la Bibliologie aux Sciences de l'Information et de la Communication,* Thèse de doctorat, Département des Sciences de l'Information et de la Communication, Faculté des Lettres et Sciences Humaines, Université de Kinshasa, 2015, f. 235.

coût par contact très faible pour l'annonceur. Ainsi la télévision est considérée comme le *média de masse par excellence »*[189].

Pour enrichir cette rubrique relative au mass-média, nous retenons les publications des communicologues Lino Pungi et Dieudonné Tebangasa Apala. En effet, le premier a publié un livre intitulé : *Eduquer aux medias à l'ère de l'internet, repères théoriques et pistes d'action en RDC* ; et fait remarquer que les médias exercent une influence sur les mentalités, les comportements, mais également sur les connaissances. Vu de cette façon, il souligne que les médias ne peuvent pas être considérés comme des banalités, mais comme des dispositifs déterminants dans le processus de construction des personnes et, par ricochet, dans l'édification de la société. «A titre exemplatif, dit-il lorsqu'on parle dès aujourd'hui de la nouvelle citoyenneté dans la perspective de l'éducation aux médias, cela reviendrait à se poser les questions suivantes : Quelles sont les représentations d'une citoyenneté responsable dans les médias ? Quels sont les modèles de citoyenneté présentés afin que le public s'y modèle ? S'il y a des programmes qui vont dans le sens de la citoyenneté responsable, dans quelle mesure sont-ils connus ?»[190] s'interroge-t-il.

Le second a présenté une réflexion sur une approche médiamétrique de l'un des anciens présidents de la République Démocratique du Congo. L'auteur note que sur la « Réflexion au sujet de l'influence du personnage du chef sur les narrateurs des récits médiatiques, ce livre répond à la grande interrogation : dans le continent africain en voie de démocratisation et de développement, le personnage du chef, en l'occurrence Laurent-Désiré Kabila, n'influence-t-il pas le parcours narratif des récits médiatiques jusqu'à les désorienter ? »[191].

Enfin, dans le social media, on note que l'expression *médias sociaux* recouvre différentes activités qui intègrent la technologie, l'interaction sociale et la création de contenu. Les médias sociaux utilisent l'intelligence collective dans un esprit de collaboration en ligne. Par le biais de ces moyens de communication sociale, des individus ou des groupes d'individus qui collaborent créent ensemble le contenu Web, organisent le contenu, l'indexent, le modifient ou font des commentaires, le combinent avec des créations personnelles.

En fait, « Les médias sociaux sont des plates-formes qui peuvent être collaboratives, de partage et d'échange. Ils offrent des services très variés

---

[189] Ibidem.

[190] Le Potentiel, *INA : un livre plaide pour la promotion de l'éducation aux médias,* Publié le mercredi 12 juin 2013 01:02, http://lepotentielonline.com/site2/index.php?option=com_content&view=article&id=507:ina-un-livre-plaide-pour-la-promotion-de-l-education-aux-medias&catid=96:culture&Itemid=511, consulté le 12 décembre 2013 à 18h34.

[191] Dieudonné TEBANGASA Apala, *Le personnage de Laurent Désiré-Kabila dans la presse congolaise*, Paris, L'Harmattan, 2010, Synopsis.

aux utilisateurs : actualités, mails, chats, blogs, partage de photos, vidéos, géolocalisation, wiki, forum (...). Les réseaux sociaux font partie intégrante des médias sociaux, ils réunissent des individus autour d'intérêts communs »[192].

Une autre rationalité des médias sociaux met en exergue le fait qu'ils désignent un ensemble de services permettant de développer des conversations et des interactions sociales sur internet ou en situation de mobilité.

A ce niveau, nous avons jugé utile de faire la démarcation sémantique entre le social media et le réseau social. Sur ce, le social media a plus un contenu médialogique ou médiologique, tandis que le réseau social se définit dans la connectique.

3. La médiamétrie, la médiasociométrie et la sociomédiamétrie

Les considérations métriques nous intéressent dans la mesure où l'exploitation de la statistique, voire de l'orientation mathématique constitue un agrégat épistémologique pour l'opérationnalisation d'une science, sinon pour sa validation. Ce faisant, les recherches sur les sciences des médias ont conduit à une manipulation cognitive de la médiamétrie, la médiasociométrie et la sociomédiamétrie.

La médiamétrie est, par essence, une approche quantitative et qualitative basée sur l'analyse du média considéré dans sa dimension d'une unité statistique. Au-delà de ces considérations scientifiques, il sied de mentionner que d'autres dimensions notamment professionnelles sont exploitées. Pour ce faire, nous retenons que la *Médiamétrie, créée en 1985, est une société anonyme spécialisée dans la mesure d'audience et l'étude des usages des médias audiovisuels et numériques en France. Elle est notamment connue pour sa marque Audimat, dont le nom est devenu, par antonomase, un mot du langage courant ; la marque se nomme aujourd'hui Médiamat.*

La médiamétrie, dans ses dimensions opérationnelles, a été une de nos activités comme chargé de communication à la Banque mondiale (2003-2015). En fait, au quotidien, nous réalisions le *media monitoring* qui est un anglicisme traduit en veille médiatique. Cette opération nous permettait d'élaborer une étude médiamétrique en vue d'évaluer les différents médias exploités dans le media monitoring pour en faire entre autres une cartographie médiatique avec les médias internationaux, les médias régionaux (pour le cas du bureau de la RD Congo, c'est la région Afrique) et les médias nationaux ou locaux. En plus, de la construction des éléments sur

---

192 République Française, Ministère de la Défense et des anciens combattants, *Guide du bon usage médias sociaux*, www.defense.gouv.fr/guide-medias-sociaux/telecharger.pdf, consulté le 25 décembre 2012 à 18h45.

la géographie des médias, nous apprécions statistiquement les thèmes utilisés par ceux-ci selon le corpus thématique de la Banque mondiale, et en outre, on mesurait le degré d'occurrence des médias, etc.

Par ailleurs, nous nous rappellerons de l'enseignement de Médiamétrie que nous avions animé en 2006 pour les deux premières promotions de licence (Bac+5) au Département des Sciences de l'Information et de la Communication de la Faculté des Lettres et Sciences Humaines de l'Université de Kinshasa. Alors que nous étions Chef de Travaux, l'ancien vice-doyen chargé de l'Enseignement, le professeur Pierre SungiMawanda avait sollicité notre expertise en la matière pour la formation des étudiants. Certes, il faudra aussi noter que le doyen était le professeur Willy Bongo-Pasi Moke Sangol.

Concernant la *médiasociométrie* et la *sociomédiamétrie*, elles sont des néologismes que nous avons créés au début de la décennie 2010. La médiasociométrie s'identifie comme une approche statistique fondée sur l'impact sociologique (sociométrie) des médias, et ce au même titre que la sociomédiamétrie. Néanmoins, il y a lieu de souligner que la différence entre les deux se trouve dans leur appropriation domaniale scientifique. La première est plus l'œuvre des médiologues et des médialogues, alors que la seconde est exploitée par les sociologues.

Enfin, comme pour opérationnaliser les objectifs de l'entreprise Médiamétrie susmentionnée sur la corrélation entre la médiamétrie et l'audimétrie qui sera exploitée dans la prochaine rubrique de la présente réflexion, nous avions écrit en 2009 « (...) la réalisation du Media Monitoring avec l'analyse des médias avec une approche médiamétrique et l'audimétrie qui est l'évaluation et l'impact des audiences consommatrices de l'information (...) constituent les agrégats de la gestion de l'information actualisée, professionnelle et spécialisée sur les questions de développement »[193].

4. L'audimétrie, la médialogie et la médiologie

À propos de l'audimétrie, il importe de mettre en exergue le fait que l'audience d'un média qui est défini comme un ensemble des individus exposés, ou leur nombre ; elle fait l'objet de mesures audimétriques. Explicitement, l'audimétrie relève de sondages.

Selon le professeur Bertrand Bathelot, agrégé de marketing, « L'audimétrie regroupe l'ensemble des techniques de mesure d'audiences

[193] Bob BOBUTAKA Bateko, *Ecrit, information et communication en République Démocratique du Congo* : *Essai de bibliologie*, Paris, L'Harmattan, 2009, p.165.

télévisuelles. Les techniques d'audimétrie dominantes reposent sur l'utilisation d'un audimètre»[194].

Il enrichit son schème en stipulant que « L'audimètre est l'appareil qui permet de mesurer les comportements de consommation des programmes télévisés au sein d'un foyer. Un audimètre enregistre et transmet à la société d'étude la consommation du foyer, individu par individu, grâce à un système d'identification des individus présents devant un programme (le plus souvent un bouton poussoir).La société ayant mis en place le panel de foyers équipés établit l'audience des chaînes à partir des données de l'ensemble du panel. La mesure et l'analyse de l'audience grâce aux audimètres jouent un rôle important pour la commercialisation des espaces publicitaires »[195].

Il faudra clarifier que si l'audimétrie, au début était l'affaire des mass-médias telles que la télévision et la radio, son exploitation et celle de la médiamétrie s'étendent à l'analyse des nouveaux médias, d'une part, et des nouveaux types d'audiences : les followers, les twitters, les likers, les internautes, etc., d'autre part.

En ce qui concerne la médialogie, on note qu'elle est l'étude scientifique des médias. Ce terme a été conçu par Meyriat[196]. A cet effet, le bibliothécaire Bertrand Calenge soutient que « Jean Meyriat, tentant d'approcher une théorie de la documentation, distingue lui-même *deux grands chapitres dans la science de l'information* : l'informatologie qui étudie l'information *à l'état pur*, et la documentologie, science des documents, qui relève également de la médialogie (étude des moyens matériels de la communication sous tous leurs aspects) »[197].

Hubert Fondin, quant à lui, en s'appuyant sur la définition de Meyriat de 1989, précise que « (…), le *système éditorial* avec l'édition et la librairie, appartiendrait à la *médialogie* (science qui étudie les moyens de communication), éventuellement et plus spécifiquement à une sous-branche,

---

[194]Bertrand BATHELOT, *Audimétrie*, modifié le 5 septembre 2015, https://www.definitions-marketing.com/definition/audimetrie/#:~:text=L'audim%C3%A9trie%20regroupe%20l'ensemble,de%20mesure%20d'audiences%20t%C3%A9l%C3%A9visuelles., consulté le 10 Août 2020 à 17h35.

[195] Ibidem.

[196]Jean MEYRIAT est l'un des pionniers des sciences de l'information et de la communication. Il est connu pour ses travaux sur le document et sur les sciences de l'information, ainsi que pour son implication dans le développement de la SFSIC, qu'il a présidée de 1978 à 1986. La Société française des sciences del'information et de la communication (SFSIC) regroupe de nombreux acteurs qui travaillent dans le champ de l'information et de la communication en France, et quelques-uns à l'étranger. La SFSIC a été créée en 1972 par la volonté de quelques universitaires et chercheurs (parmi lesquels Roland Barthes, Robert Escarpit et Jean Meyriat). Aujourd'hui, la Société compte parmi ses adhérents un nombre croissant de membres venus des milieux professionnels (média, communication sociale, information scientifique et technique).

[197]Betrand CALENGE, « *A quoi former les bibliothécaires, et comment ?* » *in*, BBF : Dossiers : Métiers et formation, n° 6, t. 40, Paris, 1995, p.24.

la documentologie ou science du document, qui relève logiquement de la science de la communication »[198].

Gérard Régimbeau, quant à lui, en explicitant la genèse du concept *Médialogie* démontre que *celui-ci a été créé bien avant 1989, et que Jean Meyriat (1983) et Robert Estivals (1983) ont ainsi développé un travail classificatoire pour situer chacune des branches des SIC. Parfois, certains néologismes prennent des accents oulipiens, comme la discologie (étude des disques) ou la fugitivologie (étude des signes fugitifs, sons, gestes, odeurs, saveurs, touché) (Estivals, 1983 : 58) qui n'ont pas prospéré. Mais les schémas gardent une valeur cognitive pour comprendre les liens entre branches et rameaux de recherche.*

En 2018, nous avons publié un livre qui exploite les considérations sur la médialogie[199].

S'agissant de la médiologie, nous pouvons dire qu'*elle est une théorie des médiations techniques et institutionnelles de la culture*. C'est un néologisme apparu en 1979 dans la publication de Régis Debray, titré « Le pouvoir intellectuel en France »[200]. La démarche médiologique entend surmonter l'opposition habituelle entre technique et culture. Elle étudie les soubassements matériels du monde spirituel et moral (idéologies, croyances, etc.) ainsi que les effets des innovations techniques sur notre culture et nos comportements.

Dans *médiologie*, *médio* ne signifie pas média ni médium, mais *médiations*. En d'autres termes, elle est l'ensemble dynamique des procédures et des corps intermédiaires qui s'interposent entre une production de signes et une production d'événements.

Ce néologisme désigne l'étude des supports de transmission du message qui, selon lui, ont transformé les mœurs, les rapports au pouvoir, au savoir (...). Le texte fondateur en est son Cours de médiologie générale paru en 1991. Régis Debray souligne cependant que la médiologie s'appuie sur de nombreux précurseurs : Victor Hugo (ceci tuera cela), Walter Benjamin, Paul Valéry, Marshall McLuhan, Walter J. Ong, André Leroi-Gourhan, Gilbert Simondon (...). La pensée médiologique croise, en maints endroits, celle de François Dagognet, Bernard Stiegler, Pierre Lévy ou Jacques Derrida.

Dans son schème médiologique, « Régis Debray s'intéresse à trois exemples en particulier : (1) Le premier est ce qu'il appelle le codex, c'est-à-dire le premier livre relié, la Bible chrétienne, qui facilite la communication du Dieu unique. Cette *invention* du christianisme va transformer l'ordre

---

198 Hubert FONDIN, *La science de l'information ou le poids de l'histoire*, Article inédit. Mise en ligne : 24 mars 2006, http://w3.u-grenoble3.fr/les_enjeux/2005/Fondin/home.html, consulté le 24 novembre 2012 à 20h00.

199 Bob BOBUTAKA Bateko, *La Bibliologie entre Archivologie, Communicologie, Éditologie, Épistémologie, Informatologie et Médialogie*, Paris, Edilivre, 2018, 296 p.

200 Régis DEBRAY, *Le Pouvoir intellectuel en France*, Paris, Ramsay, 1979, 280 p.

social ; (2) La deuxième évolution du sacré est l'invention de l'imprimerie. Cette diffusion des livres, du savoir, générera l'École, la République et la laïcité ; (3) La troisième grande technologie est la révolution informatique avec le développement du Web. Sur cette toile géante, il n'y a plus de frontières, plus d'État. À quelle forme de *sacré* cela mène-t-il ? »[201].

En outre, le médiologue Debray « poursuit son idée en stipulant que « la médiologie sera le deuxième temps de son travail. Comment une idée abstraite peut-elle ainsi devenir une force matérielle ? Qu'est-ce-que la force des idées ? Comment l'idée d'un Dieu unique, total, universel a-t-elle acquis autant de force et comment s'est-elle traduite par des rites ? Comment l'idée d'un Dieu totalement abstrait, incarné dans un être, a-t-elle fait exploser la société romaine ? Comment peu à peu y'a-t-il eu une conversion dans cette croyance incongrue ? Debray va se pencher sur toutes ces questions en étudiant les moyens de transmission »[202].

Pour lui, le messager conditionne le message. Sa thèse est : *L'invention de l'écriture alphabétique jointe à une nouvelle technique de partage (le codex) dans un milieu nomad, mais sédentarisé a été la condition de naissance de Dieu comme universel.* Sans cela, l'idée d'un Dieu universel n'aurait pas été possible et le Dieu juif aurait été un dieu mort. Le transport s'est réalisé par l'écriture et le partage d'un Dieu transcendant. Debray va alors constituer une histoire des *médiasphères*, c'est-à-dire les techniques de transport qui ont impliqué des changements de croyance et donc des changements d'ordre social »[203].

De par ses réflexions sur la médiologie, nous pouvons dire que « Régis Debray a un profond penchant pour la*bibliologie théologique*, d'autant plus qu'il mise sur la bible, le christianisme et le sacré. Ceci nous amène à dire que le fondement de la pensée médiologique peut être aussi assimilée à l'épistémique anthropologique du geste de Jousse ; car il n'exploite pas le média ni le médium mais les *médiations*, soit l'ensemble dynamique des procédures et des corps intermédiaires »[204].

En guise de parallélisme, nous soutenons que la médialogie est une science des médias selon l'approche fondamentalement livresque, alors que la médiologie se veut une science des médias dans une approche mass médiatique d'autant plus que le media est considéré comme un intermédiaire à grande échelle.

201Régis DEBRAY, *Médiologie*, http://fr.wikipedia.org/wiki/R%C3%A9gis_Debray, consulté le 14 décembre 2012 à 20h12.

202Ibidem.

203Ibidem.

204 BOBUTAKA Bateko Botako-Babo,*PaulOtlet et Robert Estivals : Contribution à la construction de l'épistémologie de la Bibliologie aux Sciences de l'Information et de la Communication,* Thèse de doctorat, Département des Sciences de l'Information et de la Communication, Faculté des Lettres et Sciences Humaines, Université de Kinshasa, 2015, f. 231.

5. L'anthropologie numérique

L'anthropologie est une science qui étudie l'être humain et les groupes humains sous tous leurs aspects, à la fois physiques et culturels.

Quant au *numérique,* il vient du latin numerus (*nombre*, *multitude*) et signifie *représentation par nombres. On dit numérique une information qui se présente sous forme de nombres associés à une indication de la grandeur physique à laquelle il s'applique, permettant les calculs, les statistiques, la vérification des modèles mathématiques.* Le monde numérique rassemble les outils et l'exploitation de ces données. Ce sont des millions de Teras octets (Exa octets donc) qui sont dans le ciel. Et, c'est aussi vaste que l'univers.

L'identité numérique peut être comprise comme un lien technologique entre une entité réelle et des entités virtuelles. Elle permet l'identification de l'individu en ligne ainsi que la mise en relation de celui-ci avec l'ensemble des communautés virtuelles présentes sur le Web. En d'autres termes, elle est également un ensemble des traces numériques qu'une personne ou une collectivité laisse sur Internet. Toutes ces informations, laissées au fil des navigations, sont collectées par les moteurs de recherche, comme Google, et sont rendues publiques.

Certes, il est pertinent de mettre en relief le fait que c'est Fanny Georges qui a conçu le modèle de l'identité numérique, pour Erving Goffman, l'identité d'un individu se construit dans les interactions et le modèle de Corinne Rostaing, ce n'est pas un attribut en soi et il se définit dans le regard d'autrui.

De nos jours, il y a notamment la carte bancaire qui est aussi l'expression de l'identité numérique ; c'est pour noter que l'*homo informaticus* est de plus en plus numérisé ayant ainsi une définition selon le sujet ou l'individuel numérique. Et delà, nous prônons l'anthropologie numérique qui fait partie de l'anthropologie de la communication.

Dans le livre : *Science, multimédia, archives, publicité et journal officiel* publié en Allemagne en 2019, dans un chapitre, nous avons expliqué le multimédia dans ses dimension technétronique en soulignant que « La révolution technétronique a été conçue par *Zbigniew Kazimierz Brzeziński* qui l'a fondée en considérant l'observation selon laquelle la planète assiste à la disjonction et à la désintégration de l'ordre d'autrefois, et qu'actuellement nous assistons à la gestation d'un monde nouveau avec la mondialisation engendrée par la technologie soutenue par l'électronique. La technétronique est un terme conçu à partir de deux mots, à savoir, la technologie et l'électronique »[205].

---

[205] Bob BOBUTAKA Bateko, *Science, Multimédia, Archives, Publicité et Journal Officiel,* Mauritius, Éditions Universitaires Européennes, 2018,p. 124.

Et, bien avant en 2015, pour mettre en relief les considérations sur la bibliomatique qui est la jonction de la bibliologie et de l'informatique, il a été noté que « La révolution technétronique prône le nouvel ordre mondial de l'information et le technétronique est défini comme la contraction de la technologie et de l'électronique. Elle a changé la vie de l'homme dans une société de plus en plus cybernétisée. La miniaturisation et le stockage par mémorisation constituent autant de résultats de cette révolution qui a profondément bouleversé les activités de l'homme »[206].

Ceci nous amène à souligner que l'actuelle civilisation de l'humanité ne peut se passer de l'électronique ou du numérique.

6. Du Coronas virus à la Covid19

La maladie à coronavirus 2019 (Covid19) est une maladie infectieuse due à un coronavirus découvert récemment. La majorité des personnes atteintes de la Covid 19 ne ressentiront que des symptômes bénins ou modérés et guériront sans traitement particulier. Le virus qui entraîne la Covid19 se transmet principalement par des gouttelettes produites lorsqu'une personne infectée tousse, éternue, ou lors d'une expiration. Ces gouttelettes sont trop lourdes pour rester dans l'air et tombent rapidement sur le sol ou sur toute surface proche. L'infection peut se faire en respirant le virus si la personne est à proximité d'une personne malade, ou en touchant une surface contaminée puis les yeux, le nez ou la bouche.

La Covid19 affecte les individus de différentes manières. Selon, l'Organisation Mondiale de la Santé, les symptômes les plus fréquents sont: la fièvre, la toux sèche, la fatigue, etc. Et les symptômes les moins fréquents sont les courbatures, les maux de gorge, la diarrhée, la conjonctivite, les maux de tête, la perte de l'odorat ou du goût, l'éruption cutanée, ou la décoloration des doigts ou des orteils, etc.

Pour les mesures de protection essentielles contre le nouveau coronavirus, l'OMS note que « *Se laver fréquemment les mains* : avec une solution hydro-alcoolique ou à l'eau et au savon ; *Éviter les contacts proches* : maintenir une distance d'au moins 1 mètre avec les autres personnes, en particulier si elles toussent, éternuent ou ont de la fièvre ; *Éviter de se toucher les yeux, le nez et la bouche* : les mains sont en contact avec de nombreuses surfaces qui peuvent être contaminées par le virus ; *Respecter les règles d'hygiène respiratoire* : se couvrir la bouche et le nez avec le pli du coude ou avec un mouchoir en cas de toux ou d'éternuement –

---

[206] Bob BOBUTAKA Bateko, *Archivistique, Bibliothéconomie, Documentation et Légistique : disciplines de la Bibliologie*, Paris, L'Harmattan, 2015, p.148.

jeter le mouchoir immédiatement après dans une poubelle fermée et se laver les mains avec une solution hydro-alcoolique ou à l'eau et au savon »[207].

7. La communication sanitaire autour de la pandémie

Les deux mots clés dans le contexte de cette réflexion sont l'épidémie et la pandémie qui nécessitent un certain éclaircissement pour leur économie médiatique.

Par épidémie, il s'agit de l'apparition et la propagation d'une maladie infectieuse contagieuse qui frappe en même temps et en un même endroit un grand nombre de personnes (humaines) alors que pour les animaux, c'est l'*épizootie* et pour les plantes, c'est l'*épiphytie*. En d'autres termes, elle est ce qui touche un grand nombre de personnes en se propageant *(phénomène nuisible)*.

La pandémie, quant à elle, c'est une épidémie présente sur une large zone géographique internationale. Dans le sens courant, elle touche une partie particulièrement importante de la population mondiale. Dans le cas d'espèce, « Le nouveau coronavirus découvert en Chine en décembre 2019 s'est propagé à grande vitesse, balayant la quasi-totalité des pays, et faisant des milliers de morts. L'épidémie de Covid-19 est déclarée comme pandémie par l'OMS. En juin, elle s'accélère encore dans le monde »[208].

Précisément, il faudra retenir que « Selon l'Organisation mondiale de la Santé (OMS), on parle de pandémie en cas de propagation mondiale d'une nouvelle maladie. A ce jour 188 pays et territoires du monde sont touchés (sur 198 reconnus par l'ONU). L'épidémie de coronavirus est devenue une pandémie le 11 mars 2020 comme annoncé par l'OMS, dépassant la barre des 100 pays infectés dans toutes les zones du globe. La grande majorité de la population n'étant pas immunisée contre ce nouveau virus, son impact et sa gravité sont potentiellement plus élevés que dans le cas d'un virus déjà connu. En juin, alors que plusieurs pays ont entamé leur déconfinement, l'OMS s'inquiète de l'accélération de la pandémie dans le monde, notamment aux Etats-Unis d'Amérique et en Amérique Latine »[209].

En outre, « Depuis plus de 30 ans, les recherches alliant la communication et la santé se sont multipliées, amenant le développement d'un champ de recherche et d'intervention appelé « communication pour la

---

[207] Organisation Mondiale de la Santé, *Nouveau coronavirus (COVID-19): conseils au grand public*, https://www.who.int/fr/emergencies/diseases/novel-coronavirus-2019/advice-for-public, consulté le 08 Août 2020 à 13h56.

[208] Le Journal des Femmes Santé, *Pandémie : définition, différence avec une épidémie*, Article mis à jour le 01/07/20 16:35, https://sante.journaldesfemmes.fr/fiches-maladies/2619795-pandemie-coronavirus-covid-19-definition-signification-difference-epidemie-exemple-monde/, consulté le 12 Août 2020 à 13h52.

[209] Ibidem.

santé » (*Health Communication*). Renaud et Rico de Sotelo (2007) définissent ce champ comme l'étude et l'utilisation de stratégies de communications interpersonnelles, organisationnelles et médiatiques visant à informer et à influencer les décisions individuelles et collectives propices à l'amélioration de la santé »[210].

La communication sanitaire appelée aussi *la communication en matière de santé* est le transfert d'informations des experts dans les domaines de la médecine et de la santé publique aux patients et au public, c'est également l'étude et l'utilisation de stratégies de communication pour informer et influencer les décisions individuelles et communautaires qui améliorent la santé. « Ces études portent également sur la communication entre le médecin et le patient. On parle également de la *communication sur la santé* qui peut être comprise comme le fait de « Mettre en place une stratégie de communication sur la santé systématique et fondée sur les faits, qui s'appuie sur plusieurs moyens de communication, pour que les gens puissent prendre des décisions volontaires et éclairées concernant leurs soins de santé »[211].

Qu'il s'agisse de spécialiste, de chargé de communication, de théoricien de communication ou de communicologue, chacun s'intéresse aux échanges ou interactions autour et sur la Covid19 pour la régulation de la société, sinon du monde pendant cette période de crise sanitaire mondiale.

8. L'Organisation Mondiale de la Santé et l'information sur la Covid19

Pendant cette période de crise sanitaire mondiale, la quête de l'information sur la Covid19 est vraiment indispensable pour alerter, sensibiliser, soigner, protéger, etc. Dans ce cadre, il faudra mentionner les efforts importants et utiles fournis par l'OMS pour accompagner les peuples du monde pendant cette traversée difficile.

L'Organisation Mondiale de la Santé est une agence spécialisée de l'Organisation des Nations unies pour la santé publique créée en 1948. Elle dépend directement du Conseil économique et social des Nations unies et son siège se situe à Pregny-Chambésy, dans le Canton de Genève, en Suisse.

Pour les aspects sur l'information de la Covid19, l'OMS note que « Sur ce site Web, vous trouverez des informations et des conseils de l'OMS concernant la flambée actuelle de maladie à coronavirus 2019 (Covid19) qui

---

[210]Lise RENAUD, « Communication pour la santé : construction d'un champ de recherche et d'intervention », in Revue de communication sociale et publique, La communication à l'UQCAM, 2020, p.61.

[211]Pratiques à haut impact dans la planification familiale, *Communication sur la santé : Favoriser des décisions volontaires et éclairées*, https://www.fphighimpactpractices.org/wp-content/uploads/2017/05/PHI_Communication-sur-la-sante%CC%81.pdf, consulté le 10 juillet 2020 à 12h56.

a été signalée pour la première fois à Wuhan, en Chine, le 31 décembre 2019. Nous vous invitons à visiter cette page pour consulter les mises à jour quotidiennes.

L'OMS travaille en étroite collaboration avec les experts mondiaux, les gouvernements et les partenaires pour élargir rapidement les connaissances scientifiques sur ce nouveau virus, suivre la propagation et la virulence du virus, et donner des conseils aux pays et aux individus sur les mesures à prendre pour protéger la santé et empêcher la propagation de cette flambée »[212].

En exploitant l'architecture du site d'information de cette organisation de l'Onu, on peut lire les rubriques suivantes : Faites un don, Protégez-vous, Questions fréquentes, Idées reçues, Questions sur les voyages, Documents d'information »[213].

9. La Covid19 entre la communication de crise et la communication politique

Les interactions sociales font partie des phénomènes d'observation pour arriver à analyser, à expliquer et à comprendre la gestion d'une société. La Covid 19 a impacté réellement les interactions entre les individus, les communautés, les pays notamment. Et ces échanges sociétaux sont compris comme à la fois une communication de crise et une communication politique.

Une communication de crise est, par essence, un des domaines de la communication institutionnelle avec la communication interne, la communication externe, les relations publiques, les relations presse, la publicité, etc.

A en croire, Bathelot « La communication de crise peut souvent être entendue dans un sens plus large et être comprise aussi bien des éléments et dispositifs destinés à détecter et anticiper les crises (veille de crise) que les éléments de réponse à ces crises (cellule de crise, site web de crise, etc.) relevant du domaine de la communication »[214].

La Covid19 a occasionné une communication de crise mondiale qui se stratifie tant au niveau macro que micro. Par conséquent, elle a permis à l'humanité de mettre en place des mécanismes, des stratégies, des plans et

[212] OMS, *Flambée de maladie à coronavirus 2019 (COVID-19),* https://www.who.int/fr/emergencies/diseases/novel-coronavirus-2019?gclid=CjwKCAjwps75BRAcEiwAEiACMf_HOSq_fFai015V4eO1ac2b33yJ33E3yLTRi5MkNUVA91ohUDgsfBoCYyUQAvD_BwE, Consulté le 12 Août 2020 à 14h22.

[213] Ibidem.

[214] Bertrand BATHELOT, *Communication de crise*, écrit le 10/10/2019, https://www.definitions-marketing.com/definition/communication-de-crise/, consulté le 10 Août 2020 à 13h29.

des moyens de communication pour sensibiliser et anticiper les conséquences sur les populations à travers la planète. A ce stade, il sied de noter que la communication sanitaire est également un élément de la communication de crise dès lors qu'on doit mettre en musique des stratégies de communication pour alerter ou réparer le disfonctionnement liés à l'homme.

Parlant de la communication politique, on retient qu'elle est une forme de communication spécifique aux affaires politiques. Dans le système démocratique, elle a généralement pour vocation d'aider à l'élection de la personne qu'elle sert avant ou pendant une campagne électorale et à favoriser le soutien de l'opinion publique lors de l'exercice d'un mandat. Selon Dominique Wolton, la communication politique s'opérationnalise grâce à trois facteurs que sont la politique, les médias et l'opinion publique. Quant à nous, la communication politique est exploitée dans la dimension de la légistique et de la bibliologie politique ; elle met en relief les interactions entre le gouvernant et le gouverné pour la gestion de la cité.

Pendant cette période de turbulence pandémique, « La communication politique adoptée par les leaders politiques revêt un aspect circonstancié étant donné la particularité de cette nouvelle conjoncture liée à la propagation de Covid-19. En fait, la nécessité d'accroître le taux de participation effective des citoyens passe par la mobilisation qui fait appel à des procédés pertinents. Par conséquent, le recours aux arguments d'autorité consolide toutes les décisions prises et leur accordent un aspect actionnel»[215].

En République Démocratique du Congo, l'opérationnalisation de la communication politique sur la Covid19 a été la préoccupation essentielle pour les autorités nationales en vue de rassurer les congolais. En effet, le président de la République, Felix-Antoine Tshisekedi a géré au plus haut niveau cette communication à travers notamment ses discours à la nation, les conseils des ministres, ses rapports avec le parlement pour cette fin. Et dans cette approche, il faudra mettre en considération, l'expertise de l'équipe de riposte coordonnée par le professeur virologue Jean-Jacques *Muyembe*[216].

10. Les médias, les amis fidèles de l'homme pendant le confinement

L'observation faite pendant cette pandémie de Covid19 est que les médias à travers les selfs médias, les mass médias et les médiaux sociaux ont

---

[215]Ferram RABIE, *La communication politique en temps de crise ; cas de COVID-19*, Journal of Media Studies : Issue Atheistten, A Periodical International Journal published by the "Democratic Arab Center" Germany, Berlin, May 2020, https://democraticac.de/?p=66710, consulté le 12 Août 2020 à 17h34.

[216]Il est un virologue congolais né en 1942. Il est notamment connu pour être l'un des co-découvreurs du virus Ebola en 1976. Il est le directeur général de l'Institut national de recherche biomédicale de la République démocratique du Congo.

été les amis fidèles de l'homme. Cette fidélisation était notamment pour chercher l'information sur l'évolution, les mesures barrières, les informations politiques sur la Covid19, notamment.

Pour ce faire, du point de vue médiamétrique, s'agissant de medias numériques, on a pu observer l'utilisation exponentielle des blogs, des courriels, des WhatsApp, des twitter, etc. La radio et la télévision ont réussi à socialiser les informations pour la protection des citoyens du monde et aussi l'évolution démographique de la pandémie. À ce propos, nous fleurissons l'université Johns-Hopkins[217] d'avoir œuvré positivement pour la diffusion des statistiques sur la Covid 19 aux Etats-Unis d'Amérique. Pour les documents textuels, on a constaté une exploitation généreuse des documents tels que les livres, les périodiques, les archives et les publications officielles pour lutter contre la mise en quarantaine lié au confinement.

Certes, autant les document-textes ont joué leur rôle de distraction et de connaissance, etc. pendant la période d'isolement, autant nous notons avec bonheur la réflexion de Delphin Bateko, journaliste au quotidien de Kinshasa, Le Potentiel et à la Radio 7, que « *Les livres, les journaux et d'autres documents écrits sont manipulables et donc susceptibles d'exposer ceux qui les touchent ou les échangent à la contamination au Coronavirus. (...)*Le Coronavirus vient de bousculer le monde. Il a créé la méfiance parmi les individus entre eux, et les individus et leurs biens. Cet état de choses n'a pas épargné le monde du livre et de la documentation. Il y a donc naissance de méfiance entre les utilisateurs des documents physiques. Les utilisateurs de demain vont plus tourner leur regard vers le monde des documents virtuels pour éviter la maladie »[218].

Concernant l'impact médiasociométrique, il sied de noter que les médias ont substantiellement influencé la vie au quotidien des habitants de la Terre, à titre d'illustration, beaucoup de groupes WhatsApp ont vu le jour et les communicants ont été nombreux à se connecter pour échanger en groupe favorisant ainsi l'opérationnalisation de la communication groupale. Dans cette approche, nous citons le groupe WhatsApp de la Faculté des Lettres et Sciences humaines créé par son doyen, le professeur Léon Matangila ; il a été un outil utilitaire pour la synergie de partage des informations entre les membres de cette communauté académique de l'Université de Kinshasa.

---

[217]Université Johns-Hopkins est une université privée américaine, située à Baltimore, dans le Maryland. L'université dispose également de ses propres campus à Washington, à Bologne en Italie, à Singapour et à Nankin, en Chine.

[218] Delphin BATEKO Moyikoli, *Covid-19 face au monde du livre, de la presse écrite et des archives*, 13 juillet 2020, http://archivistebateko.canalblog.com/archives/2020/07/13/38428285.html, consulté le 14 Août 2020 à 13h45.

Conclusion

Il est vrai que le monde a connu de maintes pandémies, cependant la Covid19 a influencé le monde entier, par ricochet, elle est devenue un phénomène d'observation pour l'analyse et l'explication scientifique. C'est dans cette orientation que le doyen de notre faculté a bien voulu que les professeurs de son entité managériale puissent produire des réflexions sur cette pandémie, et ce, en fonction de chaque département pour consolider ainsi les approches de la bibliologie et de l'éditologie.

L'observation médiamétrique et médiasociométrique sur la Covid19 a favorisé la création d'un corpus pour la consolidation aussi bien de la médiamétrie que de la médiasociométrie de par cette réflexion.

L'étude de la Covid19, selon l'angle des sciences de l'information et de la communication, a permis de rationaliser le comportement médiatique des hommes et des femmes durant cette période qui a impacté négativement le monde entier. Les phénomènes de cette pandémie ont été vécus en temps réel et dans une interactivité holistique. De la mémoire de l'humanité, jamais un cas de santé publique n'a été amplement médiatisé pour la survie de l'humanité, tel est le cas de Covid19.

Certes dans les interactions sur la Covid19, nous avons déploré aussi les *fake news* qui sont des fausses nouvelles, des infox, des informations fallacieuses et des informations mensongères diffusées dans le but de manipuler ou de tromper le public. Et à côté, on a aussi vécu l'importance sociétale de *deepfake* ou hyper-trucage qui est une technique de synthèse d'images basée sur l'intelligence artificielle. Elle sert à superposer des fichiers audio et vidéo existants sur d'autres vidéos. Le terme *deepfake* est un mot-valise formé à partir de *deeplearning*. Cette technique a favorisé le partage des *deep news* (mauvaises informations) à travers les médias.

Telle est la quintessence de cette réflexion qui aborde lamédiamétrie et la médiasociométriedans le cadre de la pandémie de la Covid19.

Bibliographie et webographie

I. Bibliographie

1. BOBUTAKA Bateko Bob, « Courrier électronique ou media interactif : de la bibliomatique à l'archivologie électronique », in Revue Bibliologie, Schéma et Schématisation : Hommage à Elena Savova, n*75, Paris, L'Harmattan, 2011 pp. 107-124.

2. BOBUTAKA Bateko Bob, « Radio Okapi : Média alternatif », in Cahiers de Communication de l'Institut Facultaire des Sciences de l'Information et de la Communication (IFASIC), Kinshasa, 2006, pp. 67-81.

3. BOBUTAKA Bateko Bob, *Apports de Paul Otlet et de Robert Estivals à l'épistémologie des sciences de l'information et de la communication*, Paris, Edilivre, 2017, 341p.
4. BOBUTAKA Bateko Bob, *Archivistique, Bibliothéconomie, Documentation et Légistique : disciplines de la Bibliologie*, Paris, L'Harmattan, 2015, p.148.
5. BOBUTAKA Bateko Bob, *Bibliologie entre Archivologie, Communicologie, Éditologie, Épistémologie, Informatologie et Médialogie*, Paris, Edilivre, 2018, 296 p.
6. BOBUTAKA Bateko Bob, *Ecrit, information et communication en République Démocratique du Congo : Essai de bibliologie*, Paris, L'Harmattan, 2009, 186 p.
7. BOBUTAKA Bateko Bob, *Science, Multimédia, Archives, Publicité et Journal Officiel*, Mauritius, Éditions Universitaires Européennes, 2018, p. 124.
8. BOBUTAKA Bateko Botako-Babo,*Paul Otlet et Robert Estivals : Contribution à la construction de l'épistémologie de la Bibliologie aux Sciences de l'Information et de la Communication,* Thèse de doctorat, Département des Sciences de l'Information et de la Communication, Faculté des Lettres et Sciences Humaines, Université de Kinshasa, 2015, 605 f.
9. BRUNEL G., LAFONTS.et al, *les technologies de l'information*, Paris, PUF, 1990, 240 p.
10. CALENGE Bertrand, « *A quoi former les bibliothécaires, et comment ? » in,* BBF : Dossiers : Métiers et formation, n° 6, t. 40, Paris, 1995, pp.24-32.
11. CLOUTIER Jean, *La communication audio-scripto-visuelle à l'heure des self-média*, Montréal, Les Presses de l'Université de Montréal 1973, 185 p.
12. DEBRAY Regis, *Le Pouvoir intellectuel en France*, Paris, Ramsay, 1979, 280 p.
13. RENAUD Lise, « Communication pour la santé : construction d'un champ de recherche et d'intervention », in Revue de communication sociale et publique, La communication à l'UQCAM, 2020, p.61. (pp. 61-76).
14. RICHAUDEAU François, *La communication audio-scripto-visuelle à l'heure des self-média de J. Cloutier* in Communication et langages, n* 20, 1973, pp 121-122.
15. TEBANGASA Apala Dieudonné, *Le personnage de Laurent Désiré-Kabila dans la presse congolaise*, Paris, L'Harmattan, 2010, 178 p.

Webographie

1. BATEKO Moyikoli Delphin, *Covid-19 face au monde du livre, de la presse écrite et des archives*, 13 juillet 2020, http://archivistebateko.canalblog.com/archives/2020/07/13/38428285.html, consulté le 14 Août 2020 à 13h45.

2. BATHELOT Bertrand, *Audimétrie*, modifié le 5 septembre 2015, https://www.definitions-marketing.com/definition/audimetrie/#:~:text=L'audim%C3%A9trie%20regroupe%20l'ensemble, de%20mesure%20d'audiences%20t%C3%A9l%C3%A9visuelles., consulté le 10 Août 2020 à 17h35.

3. BATHELOT Bertrand, *Communication de crise*, écrit le 10/10/2019, https://www.definitions-marketing.com/definition/communication- de-crise/, consulté le 10 Août 2020 à 13h29.

4. DEBRAY Régis, *Médiologie*,

5. http://fr.wikipedia.org/wiki/R%C3%A9gis_Debray, consulté le 14 décembre 2012 à 20h12.

6. FONDIN Hubert, *La science de l'information ou le poids de l'histoire*, Article inédit. Mise en ligne : 24 mars 2006, http://w3.u-grenoble3.fr/les_enjeux/2005/Fondin/home.html, consulté le 24 novembre 2012 à 20h00.

7. GEORGE Eric, En finir avec la société de l'information ? In TIC & société : Vol. 2, n° 2, 2008 : Société de l'information ?, http://ticetsociete.revues.org/497, consulté le 24 mars 2013 à 21h35.

8. ISU, *Cadre de l'UNESCO pour les statistiques culturelles 2009, Médias interactifs, http://uis.unesco.org/fr/glossary-term/medias-interactifs*, consulté le 24 septembre 2019 à 12h45.

9. Le Journal des Femmes Santé, *Pandémie : définition, différence avec une épidémie*, Article mis à jour le 01/07/20 16:35, https://sante.journaldesfemmes.fr/fiches-maladies/2619795-pandemie-coronavirus-covid-19-definition-signification-difference-epidemie-exemple-monde/, consulté le 12 Août 2020 à 13h52.

10. Le Potentiel, *INA : un livre plaide pour la promotion de l'éducation aux médias,* Publié le mercredi 12 juin 2013 01:02, http://lepotentielonline.com/site2/index.php?option=com_content&view=article&id=507:ina-un-livre-plaide-pour-la-promotion-de-l-education-aux-medias&catid=96:culture&Itemid=511, consulté le 12 décembre 2013 à 18h34.

11. Les Forums mondiaux des médias libres (FMML), *Qu'est-ce qu'un média alternatif ? Essais de définition...,* https://uneseuleplanete.org/Qu-est-ce-qu-un-media-alternatif-Essais-de-definition, consulté le 1er août 2020 à 16h34.

12. Organisation Mondiale de la Santé, *Flambée de maladie à coronavirus 2019 (COVID-19),*

13. https://www.who.int/fr/emergencies/diseases/novel-coronavirus-2019?gclid=CjwKCAjwps75BRAcEiwAEiACMf_HOSq_fFai015V4eO1ac2b33yJ33E3yLTRi5MkNUVA91ohUDgsfBoCYyUQAvD_BwE, Consulté le 12 Août 2020 à 14h22.

14. Organisation Mondiale de la Santé, *Nouveau coronavirus (COVID-19): conseils au grand public*,

15. https://www.who.int/fr/emergencies/diseases/novel-coronavirus-2019/advice-for-public, consulté le 08 Août 2020 à 13h56.

16. Pratiques à haut impact dans la planification familiale, *Communication sur la santé : Favoriser des décisions volontaires et éclairées*, https://www.fphighimpactpractices.org/wp-content/uploads/2017/05/PHI_Communication-sur-la-sante%CC%81.pdf, consulté le 10 juillet 2020 à 12h56.

17. RABIE Ferram, *La communication politique en temps de crise ; cas de COVID-19*, Journal of Media Studies : Issue Atheistten, A Periodical International Journal published by the *Democratic Arab Center* Germany, Berlin, May 2020, https://democraticac.de/?p=66710, consulté le 12 Août 2020 à 17h34.

18. République Française, Ministère de la Défense et des anciens combattants, *Guide du bon usage médias sociaux*, www.defense.gouv.fr/guide-medias-sociaux/telecharger.pdf, consulté le 25 décembre 2012 à 18h45.

19. Santé Publique Ontario, *Maladie à coronavirus 2019 (COVID-19)*, https://www.publichealthontario.ca/fr/diseases-and-conditions/infectious-diseases/respiratory-diseases/novel-coronavirus, consulté le 14 Août 2020 à 17h40.

Les auteurs

1 BOBUTAKA BATEKO Bob, Docteur en Sciences d l'Information et de la Communication de l'Université de Kinshasa, Professeur Associé à la Faculté des Lettres et Sciences Humaines, Université de Kinshasa.

2 BONGO-PASI MOKE SANGOL Willy, Docteur en Philosophie de l'Université de Kinshasa, Professeur Ordinaire au Département de Philosophie, Doyen honoraire de la Faculté des Lettres et Sciences Humaines/ UNIKIN et Vice-président du Comité d'Éthique de l'Ecole de Santé Publique de l'Université de Kinshasa, auteur des plusieurs ouvrages.

3 DIAMA A KIBOBA Jean Didace, Doctorant en Sciences de l'Information et de la Communication / Faculté des Lettres et Sciences Humaines, Université de Kinshasa

4 KAUMBA Lufunda Prince, Docteur en Philosophie de l'Université de Louvain-la-Neuve en Belgique, Recteur Honoraire de l'Université de Lubumbashi, Rapporteur du Sénat (RD Congo), Professeur Ordinaire à la Faculté des Lettres et Sciences Humaines, Université de Kinshasa (RDC), profkaumba@gmail.com

5 KHONDE NGOMA DI MBUMBA Côme, Docteur en Histoire de l'Université Paris 7 en France, est Professeur Full à la Faculté des Lettres/ et Sciences Humaines, Université de Kinshasa, auteur des plusieurs ouvrages.

6 KUTUMISA Kyota Omer, Professeur Ordinaire, Département des langues et civilisation africaines à la Faculté des Lettres et Sciences Humaines, l'Université de Kinshasa, Ministre Honoraire de l'Enseignement Supérieur et Universitaire en RD Congo, auteur des plusieurs ouvrages

7 KWETU KADILA, Docteur en Langue et civilisations africaines de l'Université de Kinshasa, Professeur Full Département des Langues et civilisations africaines à la Faculté des Lettres et Sciences Humaines, Université de Kinshasa

8 MANWELO MANGWANDA Paulin, S.J., Docteur en Philosophie Politique de l'Université de Boston College aux USA, il a fait sa Thèse de

Doctorat sur John Rawls. Directeur des Editions Loyola du Congo. Professeur Full, Chef de Département de Philosophie Faculté des Lettres et Sciences Humaines/UNIKIN, auteur des plusieurs ouvrages

E-mail : manwelop@hotmail.com

9 MATANGILA Musadila Léon est détenteur d'une Habilitation à Diriger des Recherches en Philosophie (jadis Doctorat d'Etat) de l'Université Paris 8 Saint Denis Vincennes en France, Docteur en Philosophie de l'Université Paris 1, Panthéon Sorbonne, Ricoeurien et Herméneute, Professeur des Universités, Doyen Honoraire et Professeur Ordinaire de Philosophie, Faculté des Lettres et Sciences Humaines, Université de Kinshasa et dans plusieurs institutions nationales et internationales de formation universitaire. Léon MatangilaMusadila est aussi Licencié (Master 1) en Théologie de l'Institut Catholique de Paris et a fait les études en Sciences Politiques à l'Ecole des Hautes Etudes de Paris en France. Il est Directeur des EditionsL'HarmattanR.D.Congo, auteur des plusieurs ouvrages. Il est membre du réseau panafricain de Philosophie avec Paulin Hountondji, Membre du réseau International de Philosophie basé à l'Université Paris 8, Saint Dénis Vincennes en France et Membre du Laboratoire de Philosophie de l'Université Paris 8, Saint Dénis Vincennes en France.

10 MILALA LUNGALA Jean-Barnabé, Docteur en Philosophie de l'Université de Kinshasa, est Professeur Associé à la Faculté des Lettres et Sciences Humaines, Université de Kinshasa. Domaine de recherche : Histoire et Epistémologie des sciences

11 MOKOHA MONGA-ADOGO Jean-Baudouin, Docteur en Langue et civilisations françaises de l'Université de Kinshasa, Professeur Full à la Faculté des Lettres et Sciences Humaines, Université de Kinshasa, auteur des plusieurs articles

12 MPAY Kemboly, philosophe et égyptologue de l'Université d'Oxford, Doyen Honoraire de la Faculté de Philosophie Saint Pierre Canisius-Kimwenza de l'Université Loyola du Congo. Professeur Ordinaire à la Faculté des Lettres et Sciences humaines, Université de Kinshasa, et professeur à temps partiel à l'Université Catholique du Congo.

mkemboly@yahoo.com

13 MUKWASA GIPELA Marie Claire, Docteur en Sciences de l'Education, est Professeure Associée à la Faculté des Sciences de l'Education, Université de Kinshasa.

14 MUNGENGA Kawanda Fulgence, Docteur en en Sciences de l'Information et de la Communication,, Professeur Ordinaire en Communication, Département des Sciences de l'Information et de la Communication, Faculté des Lettres, Université de Kinshasa.

15 NDZIA LIKOMBE MOLABU Jean-Vincent, Assistant à l'Institut Supérieur de Développement Rural de Bosondjo à Lisala.

16 OKITADJONGA ANYIKOY Gaspard, Docteur en Philosophie de l'Université Libre de Bruxelles, est Professeur Full à la Faculté des Lettres et Sciences Humaines de l'Université de Kinshasa.

okitagas@gmail.com

Table des matières

Structures éditoriales du groupe L'Harmattan

L'Harmattan Italie
Via degli Artisti, 15
10124 Torino
harmattan.italia@gmail.com

L'Harmattan Hongrie
Kossuth l. u. 14-16.
1053 Budapest
harmattan@harmattan.hu

L'Harmattan Sénégal
10 VDN en face Mermoz
BP 45034 Dakar-Fann
senharmattan@gmail.com

L'Harmattan Cameroun
TSINGA/FECAFOOT
BP 11486 Yaoundé
inkoukam@gmail.com

L'Harmattan Burkina Faso
Achille Somé – tengnule@hotmail.fr

L'Harmattan Guinée
Almamya, rue KA 028 OKB Agency
BP 3470 Conakry
harmattanguinee@yahoo.fr

L'Harmattan RDC
185, avenue Nyangwe
Commune de Lingwala – Kinshasa
matangilamusadila@yahoo.fr

L'Harmattan Congo
67, boulevard Denis-Sassou-N'Guesso
BP 2874 Brazzaville
harmattan.congo@yahoo.fr

L'Harmattan Mali
ACI 2000 - Immeuble Mgr Jean Marie Cisse
Bureau 10
BP 145 Bamako-Mali
mali@harmattan.fr

L'Harmattan Togo
Djidjole – Lomé
Maison Amela
face EPP BATOME
ddamela@aol.com

L'Harmattan Côte d'Ivoire
Résidence Karl – Cité des Arts
Abidjan-Cocody
03 BP 1588 Abidjan
espace_harmattan.ci@hotmail.fr

Nos librairies en France

Librairie internationale
16, rue des Écoles
75005 Paris
librairie.internationale@harmattan.fr
01 40 46 79 11
www.librairieharmattan.com

Librairie des savoirs
21, rue des Écoles
75005 Paris
librairie.sh@harmattan.fr
01 46 34 13 71
www.librairieharmattansh.com

Librairie Le Lucernaire
53, rue Notre-Dame-des-Champs
75006 Paris
librairie@lucernaire.fr
01 42 22 67 13

www.ingramcontent.com/pod-product-compliance
Lightning Source LLC
LaVergne TN
LVHW050643051026
849532LV00002B/499